Grundbildung in der Sekundarstufe I

Arbeitsgruppe Entwicklung des Bildungswesens
der Deutschen Gesellschaft für Erziehungswissenschaft

Strukturprobleme, Disparitäten, Grundbildung in der Sekundarstufe I

Herausgegeben von Peter Zedler

Mit Beiträgen von
Tino Bargel, Rainer Brockmeyer, Elisabeth Fuhrmann, Walter Georg, Helmut Heid, Adolf Kell, Klaus Klemm, Manfred Kuthe, Achim Leschinsky, Hans-Günther Rolff, Horst Weishaupt, Manfred Weiß und Peter Zedler

Deutscher Studien Verlag · Weinheim 1992

Druck nach Typoskript

Druck: Druck Partner Rübelmann, 6944 Hemsbach
Seriengestaltung des Umschlags: Atelier Warminski, 6470 Büdingen 8
Printed in Germany

ISBN 3 89271 350 2

Inhalt

Vorwort

1990 verständigte sich der neu gewählte Vorstand der Deutschen Gesellschaft für Erziehungswissenschaft auf die Einrichtung einer Arbeitsgruppe "Entwicklung des Bildungswesens". Der vorliegende Band stellt erste Ergebnisse dieser Arbeitsgruppe vor. Anlaß zur Einrichtung dieser Arbeitsgruppe gaben die sich in den neuen und alten Bundesländern massierenden Probleme der weiteren Entwicklung und Gestaltung des Schulangebots sowie der vielfach artikulierte Bedarf für ein unabhängiges Gesprächs- und Expertenforum zur Erarbeitung erziehungswissenschaftlich fundierter bildungspolitischer Empfehlungen.

Bildungsforschung und Erziehungswissenschaft sind wie kaum eine andere Disziplin gefordert, Grundlagenwissen für bildungspolitische Entscheidungen zur Verfügung zu stellen. Im Unterschied jedoch zu anderen Politikbereichen existiert für den Bereich der Bildungspolitik kein erziehungswissenschaftliches Sachverständigengremium, in dem anstehende Fragen kontinuierlich beraten werden. Besonders gravierend muß dieser Mangel angesichts der Herausforderungen und Regelungsaufgaben erscheinen, vor die Bildungspolitik und Bildungsplanung in den kommenden Jahren gestellt sein werden.

Stichpunktartig aufgelistet, gehören hierzu: Vereinheitlichung der Bildungsabschlüsse in den alten und neuen Bundesländern, Schaffung gleichwertiger Schulangebots- und Ausbildungsstrukturen, schlagartige Expansion der Bildungsbeteiligung in den neuen Bundesländern bei gleichzeitig starkem Rückgang der Schülerzahlen, Ausbau von Ganztagsangeboten, Lehrerversorgung in den 90er Jahren, Bestandsgefährdung vorhandener Schulversorgungsnetze, Sicherung von Mindeststandards im Kurswahlangebot der gymnasialen Oberstufe, Folgen der anhaltenden Nachfrage nach höherwertigen Bildungsabschlüssen für das Schulangebot in der Sekundarstufe I und für die Weiterentwicklung vollzeitschulischer Angebote im Bereich der Sekundarstufe II, Konzentrationstendenzen der Fachklassenbildung im beruflichen Schulwesen. Eng mit diesen anstehenden Regelungs- und Gestaltungsaufgaben verknüpft sind eine Reihe mittel- und langfristig weitreichender Herausforderungen wie die Zunahme regionaler Disparitäten in den Schulangeboten und das Anwachsen alter und neuer Ungleichheiten in den Bildungs- und Lebenschancen, der Verlust an Bildungswirksamkeit des Unterrichts angesichts veränderter Anforderungen in nahezu allen Lebensbereichen, die Auswirkungen der Enttraditionalisierung sozialer Lebens- und Beziehungsformen auf Kinder, Jugendliche und die Aufgaben von Schule, schließlich last not least die mit einer fortschreitenden europäischen Integration verbundenen Erwartungen an sie stützende Bildungsinhalte und miteinander vergleichbare Bildungsgänge und Abschlüsse.

Mit Blick auf die genannten Probleme der Weiterentwicklung und Gestaltung des Schulwesens besteht unter Experten weithin Einigkeit, daß die herkömmlichen und parteipolitisch zumeist noch favorisierten Schulorganisationsmodelle der 70er Jahre keine tragfähigen Lösungen für die 90er Jahre und darüber hinaus bieten. Im Gegenteil ist zu erwarten, daß ein Festhalten z.B. an der Hauptschule als zentralem Element des sog. dreigliedrigen Schulsystems oder an bisherigen Gesamtschulregelungen die innerhalb und zwischen den Bundesländern vorhandenen Disparitäten im Schulangebot und in den Chancen für den Erwerb von Bildungsabschlüssen beschleunigen und die schulpolitisch in den 70er und 80er Jahren in den alten Bundesländern erzielten Erfolge rückgängig machen würde. Längst ist auch die schulpraktische Entwicklung in den Kommunen und Kreisen an den erstarrten parteipolitischen Optionen vorbeigelaufen, ohne daß dieser Realitätsverlust der bildungspolitischen Leitprogramme von diesen bemerkt worden ist. Dies verstärkt derzeit den Eindruck, daß die gravierenden Veränderungen in der Problemlage des Schul- und Unterrichtsangebotes im Konkurrenzkampf der Politikfelder kaum zulänglich zur Kenntnis genommen worden sind.

Angesichts der Mannigfaltigkeit der Problem- und Themenfelder und der beschränkten Arbeitskapazitäten entschied sich die Arbeitsgruppe dafür, den Schwerpunkt ihrer Analysen und Empfehlungen auf den Bereich der Sekundarstufe I zu legen. Zum einen, weil sich bundesweit gesehen in diesem Bereich derzeit die stärksten Nachfrage- und Angebotsänderungen vollziehen und der konzeptionell-qualitative Gestaltungsbedarf in diesem Bereich besonders hoch ist; zum anderen, weil diesem Bereich zugleich eine Schlüsselbedeutung für Entwicklungen in der Sekundarstufe II zukommt.

Die Ausrichtung auf den Bereich der Sekundarstufe I schließt - wie die Beiträge des Bandes deutlich machen - darüber hinaus reichende Analysen nicht aus, sondern aufgrund der hierbei zu berücksichtigenden Entwicklungen und Herausforderungen notwendig mit ein.

Nahezu sämtlichen Beiträgen lagen meist mehrere Fassungen zugrunde, die auf Tagungen der Arbeitsgruppe eingehend erörtert wurden. Die Beiträge bildeten zugleich die Grundlage für die von der Arbeitsgruppe gemeinsam erarbeitete und einstimmig verabschiedete bildungspolitische Erklärung. Am Zustandekommen der inhaltlich erzielten Ergebnisse kommt daher allen Mitgliedern der Arbeitsgruppe ein erhebliches Verdienst zu. An der Arbeitsgruppe nahmen teil: T. Bargel (Universität Konstanz), Prof. Dr. J. Baumert (IPN Kiel), Prof. Dr. D. Benner (Humboldt-Universität Berlin), Prof. Dr. R. Brockmeyer (KM NW Düsseldorf), MinDirig. K. Brenner (BMBW Bonn-Bad Godesberg), Prof. Dr. E. Fuhrmann (Landesinstitut Brandenburg), Prof. Dr. W. Georg (Fernuniversität Hagen), Prof. Dr. H. Heid (Universität Regensburg), Prof. Dr. A. Kell (Universität Siegen), Prof. Dr. K. Klemm (Universität Essen), Dr. W. Klotz (Universität Magdeburg), MinDirig. G. Knauss (KM BY München), M. Kuthe (Konstanz), Prof. Dr. A. Leschinsky (MPI Berlin), Prof. Dr. P. M. Roeder (MPI Berlin), Prof. Dr. H.-G. Rolff (Universität Dortmund), Dr.sc. I. Steinert (Berlin), Dr. H. Weishaupt (DIPF Frankfurt a. M.), Dr. M. Weiß (DIPF Frankfurt a. M.), MinR. Dr. H. Wilhelmi (BMBW Bonn-Bad Godesberg), Prof. Dr. P. Zedler (PH Erfurt).

Ihnen allen gilt ein Dank des Vorstandes der DGfE, der die bildungspolitische Erklärung begrüßt hat und sich von dieser Initiative einen Beitrag zur Versachlichung und Intensivierung der bildungspolitischen Diskussion erhofft.

Besonders zu danken ist der Robert-Bosch-Stiftung und der Cornelsen-Stiftung im Stifterverband für die Deutsche Wissenschaft, die die Tagungen der Arbeitsgruppe finanziell ermöglicht haben.

Altenberge/Erfurt, im Februar 1992 Peter Zedler

Arbeitsgruppe »Entwicklung des Bildungswesens«

Strukturprobleme, Disparitäten, Grundbildung in der Sekundarstufe I

Bildungspolitische Erklärung zu Brennpunkten der Schulentwicklung in der Bundesrepublik Deutschland

Vorbemerkung

Eine wichtige Aufgabe erziehungswissenschaftlicher Politikberatung besteht darin, die sich verändernden externen und internen Bedingungen des Bildungssystems unter pädagogischen Fragestellungen zu analysieren und so Voraussetzungen für sachangemessene Entscheidungen zur Weiterentwicklung des Bildungssystems zu klären. Insbesondere mit Blick auf die Folgeprobleme des deutschen Einigungsprozesses und der europäischen Integration tritt die Deutsche Gesellschaft für Erziehungswissenschaft dafür ein, daß Bildungspolitik, Bildungsfinanzierung und erziehungswissenschaftliche Politikberatung im öffentlichen Bewußtsein einen neuen Stellenwert erhalten.

Um die erziehungswissenschaftliche Politikberatung in einem überparteilichen Sinne zu intensivieren, hat der Vorstand der DGfE im Jahre 1990 eine Arbeitsgruppe »Entwicklung des Bildungswesens« eingesetzt, der neben Mitgliedern des Vorstandes Experten aus den Bereichen Bildungsplanung, Bildungsforschung und Bildungsverwaltung angehören. Aufgabe der Arbeitsgruppe war es, zum Berliner Kongreß eine bildungspolitische Erklärung und einen Materialienband vorzubereiten, der aktuelle Probleme der Entwicklung des Bildungssystems im Bereich der Sekundarstufe I analysiert und beurteilt.

Die folgende Empfehlung weist auf *strukturelle* Probleme der Entwicklung des allgemeinen Schulwesens und die Entstehung neuer *Disparitäten* im Bildungssystem hin und entwickelt Perspektiven für eine zeitgemäße *Grundbildung* aller Bildungsgänge der Sekundarstufe I, die als Empfehlungen für die Weiterentwicklung des Bildungswesens zur Diskussion gestellt werden. Hinsichtlich ihrer empirischen und theoretischen Absicherung wird auf den

Materialienteil verwiesen.

Strukturelle Probleme der Entwicklung der Sekundarstufe I

Die Diskussion der Folgen der Entwicklung und Expansion des Bildungswesens und der Veränderung seiner gesellschaftlichen Rahmenbedingungen konzentriert sich im Bereich der Sekundarstufe I derzeit auf Fragen der

- Entwicklung des Sekundarstufen I - Angebots im Zusammenhang mit der rückgehenden Nachfrage im Bereich der Hauptschule;

- Gestaltung des Schul- und Unterrichtsangebots für leistungsschwächere Schüler einschließlich der Entwicklung neuer Konzeptionen für die vorberufliche Bildung;

- Gestaltung des Unterrichts angesichts veränderter pädagogischer Herausforderungen und Aufgaben.

Als Erfolge der Entwicklung des Bildungswesens und seiner Reform sind in diesem Zusammenhang zu nennen:

- die Expansion der Bildungsbeteiligung, die zum Mittleren Bildungsabschluß als Standardabschluß sowie zum Abbau geschlechtsspezifischer und regionaler Ungleichheiten geführt hat;

- die Individualisierung und Differenzierung der Bildungsgänge;

- die Professionalisierung und Verwissenschaftlichung der Lehrerausbildung, einschließlich des Ausbaus des erziehungswissenschaftlichen Teilstudiums;

- die Weiterentwicklung der Lehrpläne und Curricula im allgemeinen und beruflichen Schulwesen.

Zu den Folgeproblemen der Entwicklung des Bildungswesens und der veränderten gesellschaftlichen Rahmenbedingungen, welche die durch die

Bildungsreform erreichten Fortschritte gefährden, gehören insbesondere:

- die im Zusammenhang mit der demographischen Entwicklung, den Disparitäten im Schulangebot und den Konjunkturen des Beschäftigungssystems neu entstehenden Ungleichheiten der Bildungschancen;

- die unter dem Einfluß von technologischer Entwicklung und Bildungsexpansion sprunghaft sich ändernden Ansprüche an die Qualifikation und Mobilität von Schulabgängern;

- die sich verändernden kulturellen Lebensbedingungen und ihre Einflüsse auf schulische und außerschulische Lernprozesse;

- die Tendenz, daß vor allem junge Frauen ihre Erfolge im allgemeinen Schulwesen nicht in der Berufsbildung angemessen nutzen können;

- die übermäßige Bürokratisierung des Bildungssystems und die damit zusammenhängende Einengung der für die Entwicklung des Bildungssystems unverzichtbaren pädagogischen Gestaltungsfreiräume;

- die sich verengenden Finanzierungsspielräume der öffentlichen Haushalte, die eine angemessene Ressourcenausstattung des Schulwesens zunehmend erschweren.

Deutlich zeichnet sich gegenwärtig ab, daß die Verwirklichung von Chancengleichheit, die Einheitlichkeit der Lebensverhältnisse und die Vermittlung von Kompetenzen zur gesellschaftlichen Partizipation mit den Organisationskonzepten der frühen 70er Jahre nicht mehr erreichbar sind. Dies gilt sowohl für die Versuche, die Hauptschule als Teil eines dreigliedrigen Schulsystems zu erhalten, wie für das Reformziel, die Gesamtschule flächendeckend einzuführen. Der Anspruch der Hauptschule, allgemeine Schule für die Mehrheit der Schülerinnen und Schüler zu sein, ist nicht mehr haltbar. Die Versuche, das dreigliedrige Schulwesen in die Gesamtschule zu überführen, haben vielerorts zu einem viergliedrigen Schulsystem (Hauptschule, Realschule, Gesamtschule, Gymnasium) geführt, das aus pädagogischen und ökonomischen Gründen keine zukunftsweisende Lösung sein kann.

Inzwischen ist abzusehen, daß sich die strukturellen und qualitativen Probleme des Bildungssystems angesichts veränderter externer Bedingungen noch verschärfen werden. Zu nennen sind insbesondere

- die Integrationsaufgaben im Hinblick auf die neuen und die alten Bundesländer und die Schaffung gleichwertiger Schulangebote, Ausbildungsstrukturen und Abschlüsse;

- die demographischen Veränderungen und die anhaltende Nachfrage nach höherwertigen Schulabschlüssen;

- die Entwicklung des europäischen Binnenmarktes, der Wanderungsbewegungen innerhalb Europas und des Zustroms aus außereuropäischen Ländern;

- die Enttraditionalisierung sozialer und kultureller Lebensformen und ihre Auswirkungen auf Familie, Kindheit, Jugend und Erwachsenenstatus.

Soll die Leistungsfähigkeit des deutschen Schulwesens auch in Zukunft erhalten bleiben, so gilt es neue, flexiblere Organisationsformen im Sekundarbereich zu entwickeln,

- welche die neu entstehenden Disparitäten und Benachteiligungen hinsichtlich der Qualifikations-, Berufs- und Lebensgestaltungschancen verringern und

- die Bildungswirksamkeit und pädagogische Qualität des schulischen Unterrichtsangebots einschließlich seiner Individualisierungs- und Differenzierungskonzepte verbessern können.

Disparitäten des Schulangebots und der Bildungs- und Berufschancen

Der in den zurückliegenden beiden Jahrzehnten erfolgte Ausbau weiterführender Schulangebote hat in allen Bundesländern zu einer stärkeren Bildungsbeteiligung und einem erheblichen Anstieg mittlerer und höherer Bildungsabschlüsse geführt. Soweit diese Entwicklung in den neuen Bundesländern sich noch nicht vollzogen hat, wird sie derzeit dort »im Eiltempo« nach- und aufgeholt. Der allgemeine Anstieg der Bildungsbeteiligung und der höherwertigen Schulabschlüsse hat jedoch das relative Ausmaß an Disparitäten der Bildungs- und Berufschancen nicht verändert. Vielmehr drohen sich die Disparitäten innerhalb sowie zwischen den Bundesländern noch zu verstärken.

Ein Grund hierfür sind die Unterschiede im regionalen Schulangebot und die unterschiedlichen Wahl- und Abschlußchancen, die sich in den letzten Jahren im Zeichen zurückgehender Schülerzahlen noch verstärkt haben. Unterscheidet man Schullandschaften nach der Vielfalt und Dichte des wohnortnahen Schulangebots, so reicht das Spektrum von einem mehrfach vorhandenen Angebot aller allgemeinen und beruflichen Schulformen bis hin zur alleinigen Versorgung durch eine unvollstständige Hauptschule. Auch bei gleicher Bevölkerungs- und Schülerdichte sind die Unterschiede im Schul- und Unterrichtsangebot der Sekundarstufe I und II erheblich; im Bereich der Sekundarstufe II gilt dies insbesondere für das Leistungskursangebot in der gymnasialen Oberstufe, das Angebot an vollzeitschulischen beruflichen Bildungsgängen und das Fachklassenangebot in der (Teilzeit-) Berufsschule.

Deutlich erkennbar ist nach wie vor ein Stadt-Land-Gefälle in den Wahl- und Abschlußchancen. Es wird in dem Maße verstärkt, in dem die Schulorganisation sich als inflexibel gegenüber der Nachfrage nach differenzierten Bildungsabschlüssen erweist. Besonders benachteiligt werden davon diejenigen, die später mit Schülerinnen und Schülern aus besser ausgestatteten Nachbarregionen um Ausbildungsplätze und Beschäftigungsmöglichkeiten konkurrieren müssen. Angesichts des sich durchsetzenden Mittleren Bildungsabschlusses wirken sich angebotsbedingte Disparitäten im Bereich der Sekundarstufe I besonders nachteilig aus.

Ein weiterer Grund für anhaltende Disparitäten liegt darin, daß die Ungleichheit in den Ausbildungs- und Berufswahlchancen durch die hohen regionalen Unterschiede in den betrieblichen und schulischen Ausbildungsangeboten noch verstärkt wird. So wird zum Beispiel das Ausbildungsplatzangebot weitgehend von der einzelbetrieblichen Personalentwicklung, von Branchenspezifika und Konjunktureinflüssen bestimmt, weshalb die Ausbildungs- und Berufswahlchancen vor allem in strukturschwachen Regionen ungleich schlechter sind. In ländlichen Regionen verstärken sich diese Effekte, weil der wählbare Ausbildungsberuf in diesen Regionen häufig nur eine Entscheidung »zweiter Wahl« darstellt und die für einen Strukturwandel benötigten beruflichen Qualifikationen gerade dort nicht zu erwerben sind, wo sie für eine regionale Strukturverbesserung am dringendsten benötigt werden.

Nach wie vor benachteiligt sind Absolventen ohne Schulabschluß, Jugendliche ohne abgeschlossene Berufsausbildung und Angehörige ethnischer und kultureller Minderheiten. Hinzu kommt, daß junge Frauen heute Bildungschancen stärker wahrnehmen und häufiger als junge Männer zu qualifizierten Bildungsabschlüssen gelangen, sich im verschärften Wettbewerb um eine qualifizierte schulische und betriebliche Berufsausbildung und entsprechende Arbeitsplätze gleichwohl schwerer durchsetzen können.

Als eine zentrale Voraussetzung für den Abbau regional- und angebotsbedingter Chancenunterschiede muß die Einführung von flexiblen Schulorganisationsformen der Sekundarstufe I angesehen werden. Sie können durch eine flexible Binnendifferenzierung des Unterrichts der gegebenen Nachfrage nach unterschiedlichen Abschlußprofilen Rechnung tragen, über die der Mittlere Bildungsabschluß erreicht werden kann. Darüber hinaus sind auch für diejenigen weiterführende Lernangebote bereitzustellen, die einer besonderen und zusätzlichen Förderung bedürfen. Daher sind im Sinne einer erziehungswissenschaftlichen Beratung der Bildungspolitik folgende Empfehlungen für die Weiterentwicklung des allgemeinen Schulwesens sinnvoll:

- Planung eines Schulangebots, das einen Sekundarstufen I - Abschluß von jedem Schultyp aus mit Ende der Klasse 10 unter Zulassung flexibler Organisationsformen zu erreichen erlaubt;

- Entwicklung und Erprobung von Bildungskonzepten zur schulischen und außerschulischen Förderung von Schülerinnen und Schülern, die den Sekundarstufen I-Abschluß nicht erreichen;

- Sicherung eines Mindestangebotes im Bereich weiterführender allgemeiner und beruflicher Bildungsgänge und Abschlußprofile der Sekundarstufe II.

Für solche Reformen ist die Verständigung über ein für die gesamte Sekundarstufe I geltendes Konzept von Grundbildung erforderlich, das unter verschiedenen organisatorischen Rahmenbedingungen realisiert werden kann.

Grundbildung als Auftrag und Gestaltungsperspektive der Sekundarstufe I

Die Entwicklung der Abschlüsse in der Sekundarstufe I zeigt, daß der Mittlere Bildungsabschluß von Eltern und Schülern mehrheitlich als Mindestvoraussetzung für den weiteren Bildungsweg angesehen wird. Dieser Abschluß wird in den alten und neuen Bundesländern inzwischen von zwei Dritteln aller Fünfzehn- bis Zwanzigjährigen erreicht. Parallel zur Nachfrageentwicklung für höherwertige allgemeinbildende Abschlüsse haben sich die Qualifikationsanforderungen in einer Vielzahl von Ausbildungsberufen erhöht. In mindestens ebenso starkem Ausmaß ist die Komplexität der die gesellschaftliche Kommunikation und Reflexion leitenden Denkformen und Orientierungsprobleme gestiegen.

Die kompetente Mitwirkung an der Verständigung über zentrale Bereiche gesellschaftlicher Praxis - angefangen von der Ökologie und Technikfolgenabschätzung bis hin zu den Abstimmungsproblemen zwischen unhintergehbaren menschheitsbezogenen Ansprüchen und der Anerkennung kultureller Besonderheiten - stellen heute fundamentale Fragen und Aufgaben einer allgemeinen Menschenbildung dar. Auf sie sind die Heranwachsenden durch die Berücksichtigung neuer Unterrichtsinhalte und -formen sowie eine verstärkte Zusammenarbeit der Fächer vorzubereiten.

Eine zeitgemäße Grundbildung verlangt heute mehr und mehr eine Auseinandersetzung mit Fakten, Strukturen, Zusammenhängen, Voraussetzungen und Folgen gesellschaftlicher Wandlungsprozesse sowie die Einübung in die Fähigkeit, das eigene Handeln zu reflektieren und Problemlösungen im Lichte seiner Folgen in den verschiedenen Lebensbereichen und Praxisfeldern zu verantworten.

Die Entwicklung einer zeitgemäßen Grundbildung wird gegenwärtig gleichermaßen erschwert und notwendig gemacht durch Erscheinungen und

Entwicklungen wie

- die Auflösung tradierter Norm- und Wertvorstellungen und die Pluralität von Lebensstilen,

- den Rückgang familial vermittelter Orientierungsmuster und die Variabilität von Lebenskonzepten,

- den wachsenden Einfluß der Medien und den Rückgang authentischer Erfahrungen.

Die veränderten Rahmenbedingungen verlangen nach einer Reform der inhaltlichen, der didaktisch-methodischen und der organisatorischen Vorgaben für Schule und Unterricht. Mit Blick auf den Erwerb einer allgemeinen Grundbildung in der Sekundarstufe I ist besonders hinzuweisen auf eine

- Erweiterung der kommunikativen Fähigkeiten, einschließlich des Erwerbs (wenigstens) einer Fremdsprache,

- Befähigung zum Erkennen und Reflektieren von Zusammenhängen zwischen Naturerkenntnis und Gesellschaftsentwicklung unter Einschluß von Fragen der Konstruktion und des Gebrauchs neuer Technologien,

- Befähigung zu demokratischer Konsensbildung und Austragung von Konflikten.

Curricular und didaktisch-methodisch ist zu sichern, daß die Lehr- und Lernprozesse auf die Selbsttätigkeit und Mitwirkungsmöglichkeiten der jeweiligen Schülerinnen und Schüler abgestimmt, natur- und gesellschaftswissenschaftliche Erkenntnisse mit handlungstheoretischen Fragestellungen verknüpft, theoretische und pragmatische Kompetenzen bei den Schülerinnen und Schülern gleichermaßen gefördert werden.

Darum ist es zweckmäßig und notwendig, schulischen Unterricht auf Profile hin zu entwickeln, die einerseits von allen Heranwachsenden theoretische und praktische Leistungen verlangen, andererseits Schwerpunktsetzungen erlauben, die zu einem für den Erwerb weiterer Qualifikationen gleichwertigen Bildungsabschluß führen. Zu einem so profilierten Unterricht gehört auch die Realisierung einer vorberuflichen Bildung, welche die Jugendlichen auf die Arbeitswelt hin orientiert und zur Berufswahl befähigt.

Auch wenn ein schulischer Abschluß nicht erreicht wird, dürfen die skizzierten Zielsetzungen für die betroffene Gruppe nicht gegenstandslos werden. Diese Jugendlichen haben einen Anspruch auf eine schulische und über schulische Mittel hinausgehende Unterstützung beim Aufbau einer selbständigen Existenz.

Mit Blick auf die Bildungswirksamkeit eines dem Konzept der Grundbildung verpflichteten Unterrichts kommt es darauf an, die curricularen Rahmenvorgaben im Sinne einer stärkeren Ausrichtung an unterschiedlichen Voraussetzungen der Schülerschaft hinreichend flexibel zu gestalten und Lehrer auf eine pädagogisch orientierte Organisationsentwicklung und Currculumarbeit durch Studium und Weiterbildung vorzubereiten.

Angesichts der familialen Rahmenbedingungen der Schülerinnen und Schüler und der pädagogisch-erzieherischen Anforderungen und Erwartungen an Schule erscheint es schließlich geboten, Ganztagsangebote in der Form von Angebotszweigen einzurichten, die der Gestaltung des Schullebens eine besondere Aufmerksamkeit widmen und einer Verschulung ganztägiger Erziehung durch Einbeziehung außerschulischer Kooperationspartner entgegenwirken.

Ein solches Konzept der Grundbildung zu realisieren, ist angesichts der aufgezeigten Disparitätenprobleme von höchster Dringlichkeit. Ohne eine gemeinsame Grundbildung für alle besteht die Gefahr, daß sich die Disparitäten noch vergrößern. Eine gemeinsame Grundbildung ist die Voraussetzung dafür, daß sich ein pädagogisch aufgeklärtes, regional angemessenes, strukturell differenziertes und auf die neuen gesellschaftlichen Herausforderungen vorbereitendes Schulwesen entwickeln kann.

Um Ziele wie die genannten zu erreichen, ist es notwendig,

- in ständiger Kooperation von Bildungsplanung, Bildungsforschung und Erziehungswissenschaft Strategien der Innovation und Evaluation von

Reformvorhaben (u.a. Modellversuche) zu entwickeln,

- durch die Schulgesetzgebung flexiblere Organisationsformen zu unterstützen und die Selbstverantwortlichkeit der Schulen zu stärken sowie

- in der Öffentlichkeit für die Entwicklung eines größeren Problembewußtseins hinsichtlich der Voraussetzungen gelingender Bildungsprozesse einzutreten.

Zusammenfassung

Vor dem Hintergrund der aufgezeigten strukturellen und qualitativen Entwicklungsprobleme des Bildungswesens wird empfohlen,

- den Streit um die flächendeckende Einführung der Gesamtschule oder die Beibehaltung des dreigliedrigen Schulwesens zu beenden,

- der Entstehung neuer Disparitäten vorzubeugen und bestehende abzubauen,

- der Entwicklung und Erprobung flexibler Organisationsformen im Bereich der Sekundarstufe I besondere Aufmerksamkeit zu widmen,

- sich auf ein verbindendes Konzept von Grundbildung in der Sekundarstufe I zu verständigen,

- den Gestaltungsspielraum der einzelnen Schulen stärker an pädagogischen Ansprüchen auszurichten und diesen gemäß zu erweitern und

- Einsichten erziehungswissenschaftlicher Forschung und Theoriebildung für bildungspolitische Entscheidungsprozesse stärker in Anspruch zu nehmen.

Achim Leschinsky

Dezentralisierung im Schulsystem der Bundesrepublik Deutschland

Gegenüber der Blütezeit der Bildungsreform während der späten sechziger und frühen siebziger Jahre haben Reformanstrengungen im Schulwesen der Bundesrepublik einen anderen Zuschnitt erhalten. An die Stelle der damals angestrebten grundlegenden strukturellen Veränderungsversuche, die auf eine Horizontalisierung und Integration des allgemeinbildenden Schulsystems ausgerichtet waren, sind seit Mitte der achtziger Jahre vielfältige Aktivitäten getreten, die an der einzelnen Schule ansetzen.

Dieser Perspektivenwechsel "von der Schulstruktur zur Schulkultur" ist zweifellos Ausdruck konsolidierter Bildungsverhältnisse und insofern Privileg einer der reichen westlichen Industriegesellschaften, für die angesichts des hohen Beschulungsgrades intern Strukturfragen in den Hintergrund treten. Auf der innergesellschaftlichen Ebene hatte die bildungspolitische Akzentverlagerung in der Bundesrepublik verschiedene Ursachen. Maßgeblich ist einmal die politische Erfahrung, daß die gesellschaftlichen Kräfteverhältnisse, aber auch die im Bildungssystem selbst etablierten Interessen, eine rasche und grundlegende Strukturveränderung des Schulwesens in der Bundesrepublik nicht zugelassen haben und auch gegenwärtig nicht erlauben. Der langjährige Konflikt um die Einführung der integrierten Gesamtschule, auf die sich die Reformpläne nach 1969 insbesondere konzentriert haben, fand 1982 durch einen Kompromiß in der Kultusministerkonferenz (KMK) ein formelles Ende. Mit der gemeinsamen Definition von Anforderungen an die Gesamtschule erhielten die einzelnen Bundesländer Freiräume für eine unterschiedlich akzentuierte Bildungspolitik. Damit konnte sich die bildungspolitische Polarisierung entspannen, die Reformbemühungen im Schulbereich überhaupt zu lähmen begonnen hatte und oft auch die stärker horizontale Ausrichtung übersehen ließ, die das Schulwesen in allen Bundesländern allmählich erfuhr (ARBEITSGRUPPE BILDUNGSBERICHT 1990). Für diesen Prozeß war die Gesamtschule nur ein Ferment. Zum anderen wurde die dominante Strukturfrage aber auch durch die erziehungswissenschaftliche Forschung relativiert, die die Bedingungen für das Gelingen von Innovationen gerade auch auf der Ebene der einzelnen Schulen identifizierte. Systemvergleiche kamen zu der Feststellung, daß sich einzelne Schulen derselben Schulform bisweilen stärker voneinander unterscheiden als von Einrichtungen anderer Schulformen (FEND 1982). Angelsächsische Untersuchungen belegten zudem seit den siebziger Jahren den großen Einfluß eines gemeinsamen "Schulethos" auf die Leistungsfähigkeit der einzelnen Einrichtung und auf die Befindlichkeit ihrer Mitglieder (RUTTER u.a. 1979, dt. 1980; PURKEY/SMITH 1983; AURIN 1990).

Es ist also nicht bloß als Ausweichen vor den eigentlich bewegenden Fragen der Schul- und Bildungsreform zu deuten, wenn inzwischen Probleme der einzelnen Schule, ihres internen Lebens sowie der Öffnung zur jeweiligen Umwelt in der bundesdeutschen Reformdebatte in den Vordergrund treten (TILLMANN 1989). Vielmehr bemüht man sich offenbar, die Erkenntnisse der Implementationsforschung sowie neuerer schulpädagogischer Effektivitätsstudien (LENZ 1991) praktisch umzusetzen. Weitergehende - strukturelle - Reformziele sind auf diese Weise auch nicht ausgeschlossen (ROLFF 1991). Ferner ist darauf zu verweisen, daß bei der Vermehrung schulischer Gestaltungsfreiheiten unmittelbar an Programmpunkte der Bildungsreformzeit vor zwei Jahrzehnten angeknüpft werden kann. Der Abbau administrativ-hierarchischer Strukturen im Bildungsbereich zugunsten verstärkter Mitbestimmungsrechte der beteiligten Schüler, Eltern und Lehrer hat die Reformbestrebungen in der Bundesrepublik von Beginn an als ein zentrales Thema begleitet (DEUTSCHER BILDUNGSRAT 1973).

Dennoch kann die gegenwärtige Entwicklung oberflächlich als weitgehender Bruch mit den vorangegangenen Reformaktivitäten und den dadurch ausgelösten Konflikten erscheinen. Es fehlt an spektakulären Initiativen, die im positiven oder negativen Sinne die allgemeine Aufmerksamkeit auf sich ziehen. Die Bildungspolitik hat in der Bundesrepublik seit vielen Jahren schon ihren früheren Rang eingebüßt. Dazu paßt, daß sich die Reformarbeit inzwischen im kleinen Maßstab vollzieht: von der Öffentlichkeit wenig beachtet und dadurch mehr entlastet; vielfältig und wenig übersichtlich, aber darum wohl keineswegs weniger wirksam.

I.

Ihre Signatur erhält die gegenwärtige politische Situation in der Bundesrepublik durch den Prozeß der deutsch-deutschen Einigung. Er begreift alle Politikbereiche ein, auch die Bildungspolitik, die auf diese Weise gewissermaßen extern neuen Anschub erhalten hat. Dabei ist ein Paradox zu beobachten: Gerade weil sich die Entwicklung im früheren Gebiet der DDR insgesamt als weitgehende Assimilation an die rechtlichen Strukturen der alten Bundesrepublik vollzieht, kann die Vielfalt der Verhältnisse im Bildungswesen zunehmen. Verantwortlich ist dafür das System des "kooperativen Föderalismus", das dem bundesdeutschen Bildungswesen seit je auch international ein spezifisches Profil gibt (BAUMERT/GOLDSCHMIDT 1980; FÜSSEL 1989; ARBEITSGRUPPE BILDUNGSBERICHT 1990). Der Föderalismus, der in allen Fragen der Kulturpolitik und Kulturverwaltung, vornehmlich auf dem Gebiet des allgemeinbildenden Schulwesens, grundsätzlich den einzelnen Bundesländern die Zuständigkeit zuweist (Kulturhoheit), verhindert Vereinheitlichung und zentralstaatliche Steuerung, wie sie etwa gerade in der DDR gegeben war (ANWEILER u.a. 1990). Aus der kritischen Erfahrung von Bevormundungsansprüchen und zentralistischer Kontrolle dürfte ein stärkeres Motiv für die Neubildung der Länder in der ehemaligen DDR hervorgegangen sein als aus dem Fortleben regionaler Eigenheiten. Auch die alten Bundesländer beziehen ihre Bedeutung schon lange nicht mehr aus dem Zusammenhang deutscher Stammestraditionen wie in den zwanziger Jahren und vielleicht noch bei der Formulierung des Grundgesetzes. Auch wenn sie derartige Traditionselemente im Interesse ihres eigenen Zusammenhalts symbolisch immer wieder inszenieren (müssen), haben die Länder in der Bundesrepublik ihren Platz als intermediäre Glieder eines Gesamtsystems staatlicher Willensbildung und demokratischen Zusammenlebens.

Entsprechend impliziert die Form der föderalistischen Kompetenzaufteilung auch im Bereich von Kultur und Bildung nicht die völlige Freigabe von bildungspolitischen Lösungsalternativen. Vielmehr ist ein Toleranzbereich für unterschiedliche Entscheidungsvarianten geschaffen, dessen Grenzen zwischen den Ländern, zum Teil unter Einbeziehung des Bundes, jeweils mehr oder weniger mühsam ausgehandelt werden müssen. Hebel für die gegenseitige Einflußnahme der Länder ist die Anerkennung der jeweils vergebenen schulischen Abschlüsse. Die heftig und lange umstrittene wechselseitige Anerkennung von Gesamtschulabschlüssen aus dem Jahre 1982 ist ein besonders markanter Modellfall dieses notwendigen Abstimmungs- und Einigungsprozesses. Jedenfalls geben erst die verschiedenen Koordinationsgremien, neben der 1970 geschaffenen Bund-Länderkommission für Bildungsplanung und Forschungsförderung (BLK) seit 1948 vor allem die Ständige Konferenz der Kultusminister der Länder (KMK), dem Bildungsföderalismus in der Bundesrepublik Bestand und Erfolg.

Es hängt zweifellos mit den Festschreibungen zusammen, die durch den umfangreichen Kodex von (etwa 1.000) Vereinbarungen der Kultusminister der alten Bundesländer entstanden sind, daß die (im Sommer 1990) fünf neu gebildeten Länder auf dem Territorium der DDR[1] ihren bildungspolitischen Gestaltungsfreiraum weniger ausgeschöpft haben als viele Betrachter erhofft hatten. Die Erwartungen reichten von der Bewahrung bestimmter positiv bewerteter Eigenheiten des ehemaligen Schulsystems der DDR, beispielsweise der ganztägigen Betreuung der (Grund-)Schüler, bis zur Spekulation auf einen neuerlichen Impuls für eine grundlegende Strukturreform des Schulwesens in der gesamten Bundesrepublik. Außerdem spielte der Vorsatz der politischen Oppositionsbewegung in der DDR eine Rolle, die Schule nach den Erfahrungen staatlicher Bevormundung künftig möglichst weitgehend administrativer Kontrolle zu entziehen und freien Initiativen der "Basis" zu öffnen. In den Reformdebatten, die in der DDR zwischen dem November 1989 und dem Beitritt am 3. Oktober 1990 geführt worden sind, hatten derartige Vorstellungen - nicht nur in bildungspolitischer Hinsicht - Konjunktur (vgl. zum Beispiel die Dokumentationen von REUTER 1990 und von Mitarbeitern der Gemeinsamen Einrichtung der neuen Länder für Aufgaben in Bildung und Wissenschaft 1991; auch FAULHABER 1991).

---

[1]Es handelt sich um Brandenburg, Mecklenburg-Vorpommern, Sachsen, Sachsen-Anhalt und Thüringen, die mit Gesetz vom 22.7.1990 in der DDR "eingeführt" und mit dem Beitritt der DDR am 3.10.1990 konstituiert worden sind. Ostberlin ist mit Westberlin vereinigt worden (vgl. Art. 1 Abs. 1 und 2 des sogenannten Einigungsvertrages vom 6.9.1990). Insgesamt bestehen nun 16 Bundesländer in der Bundesrepublik Deutschland.

Gemessen an diesen Ansprüchen erscheint der Neuigkeitswert der Schul- bzw. Vorschaltgesetze, die in den neuen Bundesländern zum Schuljahrsbeginn 1991/92 in Kraft gesetzt worden sind, in der Tat eher schmal. Allerdings fällt ein abschließendes Urteil deswegen schwer, weil die gesetzlichen Bestimmungen unter dem vorhandenen Zeitdruck - mit der Ausnahme Sachsens - nur vorläufig und darum mit (etwa auf zwei Jahre) befristeter Dauer sowie als Teilregelungen verabschiedet worden sind[2]. Man kann von daher streiten, ob die wesentlichen Züge des Schulsystems in den neuen Ländern schon festgelegt worden oder wichtige Teilbereiche für Experimentalerfahrungen noch offen gehalten sind. Zumindest Brandenburg hat sich - etwa auf dem Gebiet des Religionsunterrichts bzw. möglicher unterrichtsfachlicher Äquivalente oder bei der Delegation von Entscheidungen an die einzelnen Schulen -um solche Zonen freier Entwicklungsmöglichkeiten bemüht. Aber dies variiert offenbar von Land zu Land und ist insofern Hinweis auf die letztlich doch erstaunliche Toleranzbreite zwischen den schulgesetzlichen Länderregelungen (vgl. zum Beispiel AVENARIUS 1991; SCHMIDT 1991 und die DOKUMENTATION IM RECHT DER JUGEND UND DES BILDUNGSWESEND 1991, Heft 3). Die Unterschiede entsprechen nur zum Teil den überlieferten bildungspolitischen Konfliktfronten, auf die die neuen Bundesländer durch die Patenschaftsrolle der Bildungsadministration aus einigen alten Ländern hätten vollständig festgelegt werden können[3].

---

[2]Erstes Schulreformgesetz für das Land Brandenburg (Vorschaltgesetz) vom 28.5.1991; erstes Schulreformgesetz des Landes Mecklenburg-Vorpommern vom 25.4.1991; Schulgesetz für den Freistaat Sachsen vom 20.6.1991; Schulreformgesetz für das Land Sachsen-Anhalt (Vorschaltgesetz) vom 24.5.1991; vorläufiges Bildungsgesetz des Landes Thüringen vom 25.3.1991. (Quelle: Gesamtdeutsches Institut, Bundesanstalt für gesamtdeutsche Aufgaben 1991.)

[3]An einer derartigen Unterstützungsaktion waren Baden-Württemberg (für Sachsen), Niedersachsen (für Sachsen-Anhalt), Nordrhein-Westfalen (für Brandenburg), Rheinland-Pfalz (für Thüringen) und Schleswig-Holstein (für Mecklenburg-Vorpommern) beteiligt. Diese administrative Hilfe diente dem Ziel, angesichts der großen Aufgaben, die sich aus der kurzfristigen Umstellung auf ein demokratisches System auf dem Territorium der DDR ergaben, die schwierige Anlaufphase personell und durch know-how zu überbrücken. Hervorzuheben ist, daß diese Hilfsaktion zwischen den Ländern teilweise auch über die parteipolitischen Grenzen hinweg erfolgte, die gewöhnlich große Bedeutung haben. Auch wenn der Austausch oft seine eigenen Probleme hatte, ist er Zeugnis eines lebendigen Föderalismus.

Am deutlichsten sind die Differenzen - sowohl unter den neuen als auch gegenüber den alten Bundesländern - in der Struktur des jeweiligen Schulsystems wahrzunehmen. Während im Bereich der Grundschule nur Brandenburg (in Anlehnung an Berlin) mit der sechs- statt vierjährigen Dauer eigene Wege geht, laufen die Entscheidungen für das Sekundarschulniveau stärker auseinander. Das Modell des dreigliedrigen Schulsystem hat sich im strengen Sinne nur Mecklenburg-Vorpommern zu eigen gemacht; wahrscheinlich ist es aber gerade das Land mit den größten demographisch bedingten Schwierigkeiten beim Aufbau eines entsprechend ausdifferenzierten Schulnetzes. Brandenburg hingegen hat versucht, zugunsten der integrierten Gesamtschule, die in den anderen Ländern oft nur einen quasi irregulären Status haben soll, zu votieren, auch wenn politische Rücksichten und die demokratisch gebotene Freigabe des Elternwillens die klare Linie verwässern: Realschule und vor allem das Gymnasium behaupten eine starke Stellung. Bemerkenswert ist insbesondere die "dritte" Alternative, die die drei südlichen neuen Länder gewissermaßen zwischen den beiden schon bezeichneten Positionen steuern wollen. Ihr Modell einer "Sekundar-, Regel- oder Mittelschule", die neben dem Gymnasium stehen soll, lehnt sich einerseits durch die von vornherein hierarchische Abstufung der Schulformen stärker an das vertraute Gliederungsschema des vorhandenen bundesdeutschen Schulsystems an. Andererseits soll es gleichzeitig durch die Vereinigung von Haupt- und Realschule darüber hinausführen. Mit dem dezidierten Übergang in die "Zweigliedrigkeit", der in der Bundesrepublik schon länger als überfällig postuliert worden ist (HURRELMANN 1988; krit. KLEMM/ROLFF 1988), scheint der Vorteil nachholender Modernisierung genutzt. Aber ist die Hauptschule auf diese Weise wirklich aufgehoben oder behauptet sie sich letztlich doch in Form eines intern abgetrennten Schulzuges? (Die 5. und 6. Jahrgangsstufe sind ja beispielsweise auch in Bayern seit langem für Haupt- und Realschüler gemeinsam, die erst anschließend getrennte Schulformen besuchen.) Und werden vor allem die sozialen und pädagogischen Probleme, die sich in dieser Schulform in den alten Bundesländern sammeln (ARBEITSGRUPPE BILDUNGSBERICHT 1990), gelöst oder auch nur besser zu bearbeiten sein?

Dies sind nicht die einzigen Fragen, denen sich das skizzierte Schulszenario und die gesetzlichen Regelungen in den neuen Bundesländern werden stellen müssen. Neben dem Problem der praktischen Bewährung oder der fortdauernden Akzeptanz bei Eltern und Schülern steht das der Anerkennung durch die alten Bundesländer. Über die Dauer der Schulzeit bis zur Hochschulreife beispielsweise, die in den neuen Bundesländern - mit Ausnahme Brandenburgs (und Ostberlins) - wie in der DDR auf 12 statt 13 Jahre bemessen ist, soll bis 1994 ein Einverständnis in der KMK erzielt werden. So steht die deutliche Ausweitung der bildungspolitischen Variationsbreite, die in der Bundesrepublik unter dem Eindruck der Einigung gegenwärtig zu beobachten ist, langfristig unter Vorbehalt. Es gibt aufgrund dieser Entwicklung Gründe, sowohl von einer Stärkung als auch von einer Bewährungsprobe des Föderalismus in der Bundesrepublik zu sprechen: Gelingt es, die erreichte Vielfalt von bildungspolitischen Optionen langfristig zu erhalten oder werden diese mit der Zeit auf vernachlässigenswerte Modifikationen eines einheitlichen Rahmengefüges ermäßigt?

Die hemmende Kraft des Föderalismus ist in der Bundesrepublik vor einigen Jahren schon einmal Anlaß für den Versuch gewesen, sich seiner zu entledigen. Aber der Vorstoß der damaligen sozialliberalen Bundesregierung, den sie im sogenannten Mängelbericht (1978) unter anderem mit der systembedingten Immobilität des föderalistischen Systems, konkret dem Scheitern struktureller Reforminitiativen begründete (Bericht der BUNDESREGIERUNG 1978; BUNDESMINISTER FÜR BILDUNG UND WISSENSCHAFT 1980), hätte das Übel in anderer Hinsicht vergrößert. Durch die angestrebte Zentralisierung der Kompetenzen hätte man sich eine Vereinheitlichung des Bildungssystems eingehandelt, die ihrerseits vielleicht die Durchsetzung einer Strukturreform im Bildungsbereich gestattet hätte, langfristig jedoch keineswegs eine flexiblere und effektivere Gestaltung des Bildungswesens zu garantieren vermag. Ernster ist die Gefährdung des bundesdeutschen Föderalismus zu nehmen, die heute von dem Prozeß der europäischen Einigung ausgeht. Es ist notwendigerweise die Bundesregierung, die bei den Verhandlungen mit den europäischen Partnern auch in Bildungs- und Schulfragen das Wort führt und Vereinbarungen zeichnet. Die Länder nehmen darauf - inzwischen u.a. mittels Mehrheitsentscheidungen des Bundesrats[4] - Einfluß, aber durch die Dynamik der Entwicklung sind sie unübersehbar schon jetzt an den Rand und in die Defensive gerückt

[4]Formell wahrt im strengen Sinne nur das Einstimmigkeitsprinzip der KMK die Kulturhoheit des einzelnen Bundeslandes.

worden (OSSENBÜHL 1989; BERGGREEN 1990; SCHRÖDER 1990). Dies ist um so bemerkenswerter, als über das Erfordernis einer Verstärkung regionaler Vielfalt und über ihre politische Absicherung gegenüber europäischen Zentralisierungstendenzen allgemein Einigkeit besteht. Der Bildungsbereich nimmt in diesen Überlegungen eine wichtige Stellung ein. Aber liefert der bundesdeutsche Kulturföderalismus noch ein generalisierbares Lösungskonzept?

II.

Es gibt mithin Zweifel am föderalistischen Prinzip aus einer politisch übergeordneten Perspektive; ihnen kommt gewissermaßen von unten die Frage entgegen, für wen denn konkret mit dem Föderalismus pädagogische Freiheitsgrade und Gestaltungsräume gegeben sind. Wieweit ist nicht auch die Schule im föderalistischen System zentral verwaltet und - mehr oder weniger effektiv - reglementiert? Maßnahmen zugunsten einer Dezentralisierung im Schulsystem erscheinen erst dann wirksam, wenn sie bis auf die Ebene der einzelnen Schule durchgreifen.

Brennpunkt der entsprechenden Bemühungen ist unter rechtlichem Aspekt die Schulverfassung. Darunter versteht man den Kanon jener Rechtsvorschriften, welche die innere Organisation der Schule, die Kompetenzen und Aufgaben ihrer Organe und Gremien sowie die Beteiligung und Stellung der ihr angehörenden Personengruppen - einschließlich der Eltern - normieren. Wenn man die Entwicklung der vergangenen Jahrzehnte in der Bundesrepublik Revue passieren läßt, gab es drei Komplexe, die politisch besondere Aufmerksamkeit und Konflikte erregten: das Verhältnis von Schulaufsicht und Schule, die Kompetenzverteilung zwischen Schulleiter und Kollegium, schließlich die Mitwirkung von Eltern und Schülern. Hinsichtlich aller drei genannten Themen hat es während der vergangenen Jahre in der Bundesrepublik relativ wenig Bewegung gegeben (ARBEITSGRUPPE BILDUNGSBERICHT 1990; vgl. auch HABERMALZ 1991).

Auffällig ist dies besonders bei den neuen Ländern, auch wenn die erwähnte Eile und Vorläufigkeit des Gesetzgebungsverfahrens dabei berücksichtigt werden müssen. Aber es ist schon bemerkenswert, daß in einigen Schul- bzw. den entsprechenden Vorschaltgesetzen der neuen Länder innerschulische Mitwirkungsgremien neben dem Schulleiter gar nicht aufgeführt werden bzw. die nähere Ausgestaltung der Schulverfassung der jeweiligen Zentrale überantwortet wird. Diese Lücken kontrastieren scharf zu den verschiedenen Initiativen des DDR-Bildungsministeriums vom Sommer 1990, nach der politischen Wende gerade für den inneren Schulbetrieb eine weitgehende Demokratisierung herbeizuführen und gesetzlich abzusichern. Die entsprechenden Rechtsvorschriften, die deutlich von den Vorstellungen der Schulrechtskommission des Deutschen Juristentages aus dem Jahre 1981 geprägt waren (DEUTSCHER JURISTENTAG 1981), sind - wie die vorläufige Schulordnung vom September 1990 - nur ausnahmsweise in die einzelne Ländergesetzgebung übernommen worden. In der Regel sind sie nach dem Beitritt gegenstandslos geworden, obwohl mit der Erwähnung im Einigungsvertrag bzw. der ihn begleitenden Ergänzungsvereinbarung (vom 18.9.1991) zunächst ausdrücklich ihre Fortgeltung betrieben worden ist (HAGE 1991). Die getroffenen Bestimmungen entsprachen dem Bestreben, die Rechte der einzelnen Person gegen staatliche Übergriffe abzuschirmen und gerade im bisher scharf überwachten Bildungsbereich der DDR Vielfalt und Raum für eigenverantwortliche Entscheidungen zu schaffen.[5] Aber sie standen technisch unter dem Vorbehalt, den Regelungen der (damals noch nicht handlungsfähigen) Länder auf dem Gebiet der DDR nicht vorgreifen zu dürfen, diese allenfalls vorzubereiten und ganz im Sinne der verschiedenen verabschiedeten Verordnungen Möglichkeitshorizonte offenzuhalten. Es mag sein, daß darum auch von der demokratischen DDR-Regierung (im Frühjahr und Sommer 1990) vorwiegend nur mit administrativen Regelungen gearbeitet worden ist. Derartige Rechtsvorschriften gehörten von der Form her allerdings auch zum vertrauten Handlungsrepertoire des überwundenen Regimes, so daß auch Zweifel entstanden sind, ob denn dieses Bildungsrecht aufgrund des Widerspruchs zu rechtsstaatlichen

---

[5]Neben der "Verordnung über Mitwirkungsgremien und Leitungsstrukturen im Schulwesen" vom 30.5.1990, einigen entsprechenden Durchführungsbestimmungen sowie der "Verordnung über Grundsätze und Regelungen für allgemeinbildende Schulen und berufsbildende Schulen - Vorläufige Schulordnung -" vom 18.9.1990 ist an dieser Stelle darum das "Verfassungsgesetz über Schulen in freier Trägerschaft" vom 22.7.1990 zu nennen. Privatschulen waren in der DDR nicht erlaubt; sie waren und sind auch in den alten Bundesländern ein sensibler Bereich der Schulpolitik (vgl. das Urteil des Bundesverfassungsgerichts vom 8.4.1987, BVerfGE 75, S. 40 ff.)

Prinzipien über den Beitritt hinaus wirklich Geltung beanspruchen konnte (HAGE 1991). Jedenfalls waren die Aktivitäten des Bildungsministeriums immer der Befürchtung ausgesetzt, sie könnten - unfreiwillig und langfristig - die Vereinheitlichung der Bildungsverhältnisse mehr fördern als zu ihrer Überwindung beitragen. Dabei ist jedoch die Bedeutung unstrittig, die die entsprechenden Verordnungen mit der formellen Beseitigung der bisherigen autoritär-kollektivistischen Rechtsverhältnisse im Schulsystem erwarben.

Wenn man nach Gründen für die merkliche Zurückhaltung der neuen Bundesländer bei der Demokratisierung des Schulbetriebs fragt, sind ohne Zweifel die Erfahrungen in Rechnung zu stellen, die zwischenzeitlich mit der schwierigen Überführung der Schule aus autoritären in demokratische Strukturen zu machen waren und sind. Die Freigabe von Handlungsspielräumen - von der pädagogischen Freiheit des Lehrers bis zur Autonomie der einzelnen Schule - verlangt zuvor die Schaffung eines gemeinsamen Rahmens, in dem die jeweiligen Aktivitäten zuverlässig verortet sind. So steht die Bildungspolitik in den neuen Ländern unter konkurrierenden Imperativen: Die Übergangssituation legt die Wahrung staatlicher Initiativ- und Eingriffsrechte nahe, die in einer offenen Schule langfristig nicht erhalten bleiben sollen. Ja, mehr noch, wenn sich diese vorübergehend geschaffenen (oder festgehaltenen) Strukturen verfestigen, werden sie zu einer Gefahr für das prinzipielle Ziel einer Demokratisierung, das sie doch gerade herbeiführen sollten (FÜSSEL/LESCHINSKY 1991).

Von einem solchen Dilemma ist die Entwicklung in den alten Bundesländern frei. Entsprechend lassen sich hier vereinzelt Novellierungen von Schul- oder Schulverfassungsgesetzen beobachten, die eine sehr weitgehende Autonomisierung der einzelnen Schule intendieren. Nicht zufällig sind diese Initiativen in Ländern mit rot-grünen Koalitionen zu finden, auf deren Handlungsprogramm durchgängig entsprechende Gesetzesvorhaben festgehalten sind.[6] In der Koalitionsvereinbarung beispielsweise, die jüngst zwischen SPD, Grünen und FDP in Bremen abgeschlossen wurde, wird ausdrücklich ein größeres Maß an Autonomie für die einzelnen Schulen

---

[6]Das vorzeitige Zerbrechen einer solchen Regierungskoalition (1988-1990) hat es in Westberlin allerdings auch erst einmal bei bloßen Plänen bzw. angelaufenen Beratungen belassen.

gefordert. Diese sollen über zugewiesene finanzielle Mittel, aber auch über Fragen der curricularen Gestaltung künftig selbst entscheiden können. Für die entsprechend erweiterte Selbstbestimmung werden einmal leistungsfähigere Schulleitungen und vermehrte Verwaltungskräfte (in der Schule) verlangt. Zum anderen sollen die Befugnisse der Schulkonferenz als des Gremiums ausgeweitet werden, das in der Tat alle Beteiligten der einzelnen Einrichtung - gelegentlich bis hin zum Schulträger - an einen Tisch bringt. Der Entwurf der Landtagsfraktionen von SPD und Grünen zur Hessischen Schulgesetznovelle sieht für die Schulkonferenz Kompetenzen vor, die weit in den bisher der zentralen Verwaltung vorbehaltenen Bereich der inneren Schulaufsicht und Schulverwaltung reichen.

Dabei sind es nicht nur basisdemokratische Bestrebungen, die diese staatliche Generalzuständigkeit relativieren wollen. Auch unter Rationalisierungs- und Effektivitätskriterien, wie sie jüngst in dem Gutachten einer Unternehmensberatungsfirma über das nordrhein-westfälische Schulwesen öffentlichkeitswirksam geltend gemacht worden sind (KULTUSMINISTERIUM DES LANDES NORDRHEIN-WESTFALEN 1991), erscheint die Ausstattung lokaler Instanzen mit eigenen Planungs- und Entscheidungsfunktionen vorteilhaft. Die Landesregierung hat auf das Gutachten mit einem Handlungskonzept reagiert, wonach im Interesse flexiblerer Abstimmungsprozesse u.a. auch den kommunalen Schulträgern Informations- und Anregungsrechte auch in inneren Schulangelegenheiten eingeräumt werden sollen. Dieser vorsichtige Schritt ist wie die Stärkung der einzelschulischen Entscheidungsfreiheiten nicht nur deswegen schwierig, weil traditionell verankerte Kompetenzabgrenzungen in Deutschland, wie die Trennung von inneren und äußeren Schulangelegenheiten, in Frage gestellt werden. Nicht übersehen werden können auch die Folgen für die Legitimation bildungspolitischer Entscheidungen. Es ist richtig, daß sich der freiheitliche und demokratische Charakter der Verfassung auch in der Schule zeigen muß; insofern ist also den unmittelbar Beteiligten ein direkter Einfluß auf die Gestaltung ihrer Schule zu geben. Aber diese Mitbestimmung kann doch im demokratischen Rechtsstaat nicht die parlamentarisch legitimierte staatliche Verantwortung ersetzen. Die Schulrechtskommission des Deutschen Juristentages hat bei all ihrem Bemühen um die Stärkung unmittelbarer Partizipationsrechte mehrfach diese verfassungsrechtliche Begrenzung von Dezentralisierungsmaßnahmen hervorgehoben: Mehr als gewisse plebiszitäre

Anreicherungen eines insgesamt repräsentativ organisierten Entscheidungs- und Steuerungsprozesses schienen der Kommission bei ihrem eigenen Modellentwurf im Rahmen der bundesdeutschen Rechtsordnung nicht möglich (DEUTSCHER JURISTENTAG 1981).

Schließlich lassen sich auch praktische Gründe dafür benennen, daß lokale sowie persönliche Freiheitsgrade einerseits und übergeordnete Steuerungsmechanismen in einem komplizierten Wechselverhältnis stehen müssen. Das Schulsystem verfügt nur begrenzt über die Selbstregulierungskräfte des Marktes (vgl. auch WEISS 1988; 1991) und bedarf im Interesse der "Konsumenten" bestimmter Rahmenvorgaben, die die Qualität des Schulangebots garantieren und mit der Nachfrage ausbalancieren. Man kann es im weiteren Sinn wohl derartigen Überlegungen zuschreiben, daß insgesamt in der Bundesrepublik während der letzten Jahre doch nur wenig rechtliche Vorstöße zur weiteren lokalen Dezentralisierung im Schulbereich zu registrieren sind. Sicher ist dabei wiederum auch das bildungspolitische Klima von Einfluß, das sich gegenüber dem Reformaufschwung vor zwanzig Jahren merklich abgekühlt hat. Partizipationsprogrammen wohnte - ähnlich wie Strukturforderungen - eine besondere Sprengkraft inne. Die kritische Resonanz auf die entsprechenden Empfehlungen des Bildungsrats bzw. das daran geknüpfte Schicksal dieses Gremiums selbst, dem ja in der Bundesrepublik keine vergleichbare Einrichtung gefolgt ist, sind dafür Beleg (RASCHERT 1980). Aber allein aus parteipolitischen Voreingenommenheiten und dem Wechsel von Konstellationen ist die Brisanz dieser Fragen nicht zu erklären. Dennoch sind in der Aktivierung von individuellen Gestaltungschancen sowie Gruppensolidaritäten wichtige Mittel für die Stabilität moderner Gesellschaften und für den Erfolg ihrer Institutionen, auch der Schule, zu sehen. Diese Wirkungen können allerdings wohl nur noch begrenzt auf dem Wege einer bloßen Erweiterung von Individualrechten erreicht werden.

III.

Gleichgültig, ob aus politischer Klugheit oder aus strukturellen Gründen, läuft die schulpraktische Entwicklung, wie eingangs angedeutet, in der

Bundesrepublik inzwischen an den alten Aufgeregtheiten vorbei. Der Einigungsprozeß hat in mancher Beziehung für eine - verhaltene - Wiederbelebung vergangener Konfliktthemen im Bildungsbereich gesorgt. Aber dies kann wohl nicht auf Dauer die Tendenz verändern, daß die einzelne Schule in den Mittelpunkt des bildungspolitischen Interesses gerückt ist. In den alten Bundesländern gilt der gegebene rechtliche Rahmen - mit allerdings erheblichen Variationen -offenbar insgesamt als weit genug, um den Beteiligten verstärkte Einflußnahme zu gestatten. Die entsprechende Politik kommt darum bezeichnenderweise nicht so sehr auf rechtlichem Wege als vielmehr in pädagogischen Initiativen zum Tragen. Zum einen besteht sie in der gezielten Eröffnung von Wahlspielräumen. Im Kurssystem der neuen gymnasialen Oberstufe sind solche Möglichkeiten institutionalisiert, wenngleich das konkrete Angebotsspektrum vor Ort durch die Rahmenbedingungen jeweils empfindlich eingeschränkt werden kann. Darüber hinaus lassen die Gymnasien im Bereich der Sekundarstufe I zunehmend die Wahl unterschiedlicher Fremdsprachen und Fremdsprachenfolgen zu. Ein anderes Beispiel dieser Liberalisierung ist der Verzicht auf Ziffernoten in der Grundschule; er gehört (nach einer Empfehlung der KMK aus dem Jahre 1970!) inzwischen für das erste und zweite Schuljahr meist zur Regel und ist in einigen Bundesländern für weitere Klassenstufen vom Votum der Klasseneltern abhängig gemacht worden (HAUSSER 1991). Sicher darf man in die Effekte einer entsprechend veränderten Beurteilungspraxis keine übertriebenen Erwartungen setzen (BENNER/RAMSEGER 1985; SCHEERER u.a. 1985; INGENKAMP 1989). Aber Berichts-Zeugnisse stehen im Kontext einer generellen Veränderung des Grundschulunterrichts und des sozialen Beziehungsgefüges, die nicht zuletzt durch die bewußte Entscheidung der Eltern noch intensiviert werden dürfte.

Zum anderen werden Schulen zu verstärkter Selbstgestaltung ihres unterrichtlichen und außerunterrichtlichen Programms sowie zu vermehrten Kontakten mit ihrer jeweiligen Umwelt stimuliert. Besonderen Erfolg hat das Konzept des "Erweiterten Bildungsangebots", das in Baden-Württemberg speziell zur Verbesserung der Attraktivität der Hauptschulen entwickelt worden ist und an dem sich inzwischen alle entsprechenden Einrichtungen des Landes beteiligen. Das Programm hat inzwischen auf andere Bundesländer wie zum Beispiel Nordrhein-Westfalen ausgestrahlt. Noch umfangreicher ist das Rahmenkonzept "Gestaltung des Schullebens und Öffnung von

Schule" angelegt, das das nordrhein-westfälische Kultusministerium seit 1988 in die Praxis umsetzt. Es erstreckt sich auf alle allgemeinbildenden Schulen und bezieht auch angrenzende Bereiche wie die Jugendarbeit ein (LANDESINSTITUT FÜR SCHULE UND WEITERBILDUNG 1988 a und b; 1989 a, b und c; 1990 a und b). Verbindungen lassen sich darüber hinaus zur Förderung von ausländischen Kindern und interkultureller Arbeit ziehen, die in Nordrhein-Westfalen über die Einrichtung regionaler Arbeitsstellen unterstützt wird (RASCHERT u.a. 1987). Derartige Programme geben sich oft als bildungspolitische und pädagogische Versuchsplanung; an ihrer Evaluation ist die Erziehungswissenschaft jedoch bislang so gut wie nicht beteiligt.

Das ist nicht nur deswegen bedauerlich, weil die genannten Initiativen auf diese Weise "ungeschützt" in den Strudel politischer Konflikte geraten. Der erziehungswissenschaftlichen Diskussion droht selbst ein auch theoretisch interessanter Realitätsbezug verloren zu gehen. Am Rande geht es dabei auch um die Frage nach den Folgen der seit Jahren zu beobachtenden wachsenden Überalterung der Lehrerkollegien in den alten Bundesländern. Sie wird, abgesehen von den damit verbundenen längerfristigen Kapazitäts- und Entwicklungsrisiken des Schulsystems, als Eindämmung des Ideenflusses interpretiert, den der Zugang jüngerer Lehrkräfte gewährleistet (dazu auch TERHART 1991). Der entsprechende Verlust an Innovationspotential ist durch die pädagogischen Autonomisierungs-Programme gewiß nicht zu kompensieren, aber er gibt diesen als Stimulation vermehrter Selbstbetätigung und der Suche nach weniger vertrauten Bahnen zusätzliches Gewicht. Gleichzeitig ist die Erweiterung von Verantwortung und Handlungsspielräumen, die die einzelne Schule damit erhält, wiederum nur mit einem Stamm an erfahrenen Lehrkräften durchzuführen. Auch diese Feststellung unterstreicht übrigens noch einmal die veränderte Situation in der Bundesrepublik gegenüber dem Ende der sechziger bzw. dem Beginn der siebziger Jahre.

Interessant sind die erwähnten Konzepte vermehrter pädagogischer Autonomie der einzelnen Schule vornehmlich, weil sie in eine Institution mit spezifischen strukturellen "Defiziten" oder jedenfalls Schwachstellen eingebracht werden. Nach vorwiegend in den USA entwickelten Modellen ist die Schule vor allem durch eine quasi-feudale Struktur nur "lose-verbundener" Handlungs- und Verfügungsbereiche sowie eine "zelluläre"

Arbeitsorganisation charakterisiert (WEICK 1976; MEYER/ROWAN 1978; TERHART 1986; ROLFF 1991). Die Schwierigkeit solcher Einrichtungen besteht in der Integration der in ihr wirksamen Kräfte, deren Gelingen wiederum eine entscheidende Bedingung für das Erreichen der institutionellen Ziele darzustellen scheint. Gerade dieses Erfordernis wird aber möglicherweise noch erschwert, wenn bestehende fachliche und soziale Strukturen der Schule durch eine Ausweitung von Aufgaben in Frage gestellt werden. Und eben dafür lassen sich im programmatischen Bestreben, die Schule nach außen bzw. für Impulse ihrer jeweiligen Umwelt zu öffnen sowie jenseits des (fachlichen) Unterrichts verstärkt soziale Funktionen zu übernehmen, Anhaltspunkte entdecken (vgl. beispielsweise MAUTHE 1991). Nun trifft es nicht zu, daß die Initiatoren derartiger Programme die mögliche Gefährdung der Schule durch Überforderung und innere Erosion verkennen. Das Rahmenkonzept "Gestaltung des Schullebens und Öffnung von Schule" aus Nordrhein-Westfalen beispielsweise durchzieht wie ein roter Faden die Mahnung, es bedürfe für jede Schule einer "reflektierten Konzeption", um die einzelnen Vorhaben gegeneinander abwägen und sich von Zufälligkeiten sowie pädagogisch unerwünschten Einflüssen freihalten zu können. Und sofern dies wirklich gelingt - welche sind die Bedingungen? -, ist in der Tat die Erwartung plausibel, daß die betreffenden Schulen ihre Rolle mit großer, möglicherweise gesteigerter Effektivität wahrnehmen.

Die Mutmaßung wird gestützt durch die Befunde einer großen amerikanischen Längsschnittstudie, in der seit Beginn der achtziger Jahre verschiedene High-Schools bzw. ihre Schüler miteinander verglichen werden (COLEMAN u.a. 1982; COLEMAN/HOFFER 1987). Diese Untersuchung hat in den USA eine überaus breite, kaum noch überschaubare Diskussion ausgelöst (WEISS 1988; zuletzt MARSH 1991), die wesentlich die qualitativen und quantitativen Differenzen zwischen öffentlichen und privaten Schulen betreffen. COLEMAN erklärt die (mit Vorbehalten zu konstatierende) Überlegenheit katholischer Privatschulen in den USA mit deren Einbettung in eine religiös geprägte "funktionale Gemeinschaft". In ihrem Milieu erhalte die einzelne Schule stützenden normativen Rückhalt und durch den vielfältigen Kontakt mit der Erwachsenenwelt außerhalb der Schule zusätzliche soziale Ressourcen. In diesem Fall steht gewissermaßen die gemeinsame Orientierung einer religiösen Gemeinde dafür, daß sich die Schule in den an sie herangetragenen Erwartungen nicht "verzettelt".

COLEMAN ist als Soziologe sehr wohl bewußt, daß dies Ideal in der modernen Gesellschaft langfristig und unwiederbringlich selbst verschwindet, wie unter anderem die rückläufigen Schülerzahlen an den katholischen Privatschulen der USA signalisieren. Besteht dann nicht der zeitgemäße Ausweg in dem - riskanten - Versuch, von den Institutionen dieser Gesellschaft aus, also auch und gerade von der Schule selbst aus, ein unterstützendes soziales Netzwerk aufzubauen? Viele namhafte amerikanische Soziologen geben in den letzten Jahren einer kulturkritischen Stimmung Ausdruck (BELLAH u.a. 1987; WALZER 1990), in der sie die fortschreitende Individualisierung gerade auch als bedrohliches Destruktionspotential darstellen. Es ist als ein Ergebnis der Debatte zwischen diesen "Kommunitaristen" und den Liberalen zu verbuchen, daß auch die westliche liberale Zivilisation sich nicht ungestraft von der Idee und Wirklichkeit sittlich integrierter Gemeinschaften lossagen kann (HONNETH 1991). Der Zusammenbruch des realen Sozialismus in der DDR und die sich gegen den zentralstaatlichen Anspruch neu entfaltenden Aktivitäten sozialer und politischer Gruppen sind aus einer solchen Perspektive geradezu als Impuls für die Herausbildung einer "Bürgergesellschaft" in Deutschland gewertet worden. Zu den pädagogischen treten in unserem Diskussionskontext demnach sozialphilosophische Begründungen für das Bestreben, die Schule zu einem sozialen Substrat intermediärer Assoziations-Bildung zu machen. Aber es wächst auch das Bewußtsein für kritische Fragen: Was hält die damit geschaffenen oder befestigten kleinräumigen Bindungen vereinbar mit den universalistischen Prinzipien einer offenen Gesellschaft und mit einer unabweisbar gewordenen Weltbürgerrolle? Und wie ist die Sozialintegration von seiten der einzelnen Schule zu bewerkstelligen, wenn diese dabei nicht tendenziell zu einer "totalen Institution" werden soll?

In diesem Zusammenhang ist bemerkenswert, daß sich die Partizipationsdiskussion in der Bundesrepublik von Kompetenz- und Entscheidungsmodellen zu lösen begonnen hat und zur Erörterung von Integrations- und Gestaltungsmodellen übergeht (KNAB 1991)[7]. In den oben genannten

---

[7]Man kann es als - nicht unproblematischen - Ausdruck dieser Entwicklung werten, daß das Schulreformgesetz für Sachsen-Anhalt (vgl. Anm. 2) nicht mehr Gremien gesonderter Interessenvertretung (von Schülern oder Eltern), sondern nur die Schulkonferenz (mit Untergliederung nach Fächern und Klassen) vorsieht, die alle Beteiligten zusammenbringt.

Fällen geht es durchgängig um die Stärkung dezentraler Aktivitäten im Schulwesen, in denen zugleich ein Beitrag zur pädagogischen Qualitätsverbesserung gesehen wird. Aber dabei ist doch unübersehbar, daß auch diese einzelschulischen Initiativen ohne zentrale Anleitung nicht denkbar sind: Die Rolle der Zentralinstanz hat sich allerdings, wie sich bis in die Wahrnehmung schulaufsichtlicher Funktionen in der einzelnen Schule zeigt, grundlegend im Sinne von Animation und Unterstützung gewandelt. Dezentralisierung bedeutet mithin nicht den Austausch von Machtpolen, sondern eine umfassende Umdefinition von Aufgaben.

Literaturverzeichnis

ANWEILER, O. u.a. (Wissenschaftliche Kommission): Vergleich von Bildung und Erziehung in der Bundesrepublik Deutschland und in der Deutschen Demokratischen Republik. Köln 1990 (Materialien zur Lage der Nation, hrsg. vom Bundesministerium für innerdeutsche Beziehungen).

ARBEITSGRUPPE BILDUNGSBERICHT AM MAX-PLANCK-INSTITUT FÜR BILDUNGSFORSCHUNG: Das Bildungswesen in der Bundesrepublik Deutschland. Ein Überblick für Eltern, Lehrer, Schüler. Vollständig überarbeitete und erweiterte Neuausgabe. Reinbek bei Hamburg 1990.

AURIN, K. (Hrsg.): Gute Schulen - worauf beruht ihre Wirksamkeit? Bad Heilbrunn/Obb. 1990.

AVENARIUS, H.: Die Schulgesetzgebung in den neuen Bundesländern (1-4). In: Deutsche Lehrerzeitung, (1991), 21, S. 3; (1991), 22; (1991), 24, S. 6; (1991), 25, S. 12.

BAUMERT, J./GOLDSCHMIDT, D.: Centralisation and Decentralisation as Determinants of Educational Policy in the Federal Republic of Germany (F.R.G.). In: Education, 22 (1980), S. 65-99.

BELLAH, R.N. u.a.: Gewohnheiten des Herzens. Individualismus und Gemeinsinn in der amerikanischen Gesellschaft. Köln 1987.

BENNER, D./RAMSEGER, J.: Zwischen Ziffernzensur und pädagogischem Entwicklungsbericht: Zeugnisse ohne Noten in der Grundschule. In: Zeitschrift für Pädagogik, 31 (1985), 2, S. 151-174.

BERGGREEN, I.: Europa '92 - Konsequenzen der Europäischen Einigung für den Kulturföderalismus in der Bundesrepublik Deutschland. In: Zeitschrift für Pädagogik, 36 (1990), 6, S. 827-847.

BERICHT DER BUNDESREGIERUNG über die strukturellen Probleme des föderativen Bildungssystems. Bundestagsdrucksache 8/1551 vom 23.2.1978.

BUNDESMINISTER FÜR BILDUNG UND WISSENSCHAFT (Hrsg.): Zum Thema: Bildungsföderalismus - Diskussionsbeiträge, Meinungen und Kommentare zum Bericht der Bundesregierung über die strukturellen Probleme des föderativen Bildungssystems. Bonn 1980.

COLEMAN, J.S./HOFFER, Th.: Public and Private High Schools. The Impact of Communities. New York 1987.

COLEMAN, J.S./HOFFER, Th./KILGORE, S.: High School Achievement. Public, Catholic, and Private Schools Compared. New York 1982.

DEUTSCHER BILDUNGSRAT: Empfehlungen der Bildungskommission. Zur Reform von Organisation und Verwaltung im Bildungswesen. Stuttgart 1973.

DEUTSCHER JURISTENTAG: Schule im Rechtsstaat. Bd. I: Entwurf für ein Landesschulgesetz. Bericht der Kommission Schulrecht des Deutschen Juristentages. München 1981.

FAULHABER, L.: Haben Bürgerinitiativen Schule gemacht? In: Die Deutsche Schule, 83 (1991), 3, S. 273-279.

FEND, H.: Gesamtschule im Vergleich. Weinheim 1982.

FÜSSEL, H.-P.: Kooperativer Föderalismus im Bildungswesen. Über die Arbeit von Kultusministerkonferenz und Bund-Länder-Kommission für Bildungsplanung und Forschungsförderung. In: Recht der Jugend und des Bildungswesens, 37 (1989), 4, S. 430-442.

FÜSSEL, H.-P./LESCHINSKY, A.: Diskussionsberichte über die Entwicklung des Schulrechts in den neuen Bundesländern. In: Recht der Jugend und des Bildungswesens, 39 (1991), 3, S. 294-303.

HABERMALZ, W.: Die Stellung des Schulleiters - eine Momentaufnahme. In: Pädagogische Führung, 2 (1991), 3, S. 126-130.

HAGE, K.-H.: Einheits-Schulrecht: Das Schulwesen im Einigungsvertrag. In: Recht der Jugend und des Bildungswesens, 39 (1991), 1, S. 49-59.

HAUSSER, K.: Verbalbeurteilung in Schulzeugnissen. Eine psychologische Inhaltsanalyse. In: Die Deutsche Schule, 83 (1991), 3, S. 348-359.

HONNETH, A.: Grenzen des Liberalismus. Zur politisch-ethischen Diskussion um den Kommunitarismus. In: Philosophische Rundschau, (1991), 2, S. 82-102.

HURRELMANN, K.: Schulische "Lernarbeit" im Jugendalter. Zur Verbindung von theoretischem und praktischem Lernen. In: Zeitschrift für Pädagogik, 34 (1988), 6, S. 761-780.

INGENKAMP, K.: Diagnostik in der Schule. Beiträge zu Schlüsselfragen der Schülerbeurteilung. Weinheim und Basel 1989.

KLEMM, K./ROLFF, H.-G.: Der heimliche Umbau der Sekundarschule. In: Jahrbuch der Schulentwicklung. Daten, Beispiele und Perspektiven. Bd. 5. Hrsg. von H.-G. ROLFF u.a. Weinheim und München 1988.

KNAB, D.: Gesetzgebung aus erziehungswissenschaftlicher Sicht. In: Recht der Jugend und des Bildungswesens, 39 (1991), 3, S. 257-263.

KULTUSMINISTERIUM DES LANDES NORDRHEIN-WESTFALEN (Hrsg.): Organisationsuntersuchung im Schulbereich. Abschlußgutachten der Kienbaum Unternehmensberatung GmbH. Düsseldorf 1991.

LANDESINSTITUT FÜR SCHULE UND WEITERBILDUNG (Hrsg.): Begabung - Lernen - Schulqualität. Soester Symposion 1987. Vorträge, Diskussionen und Materialien. Bearb. von H. SCHIRP/K. NEVERMANN/Chr. LEHFELDT/H. HAENISCH. Soest 1987.

-- (Hrsg.): Gestaltung des Schullebens und Öffnung von Schule - ein Beitrag zur Qualitätsverbesserung von Schule? Soest 1988 a.

-- (Hrsg.): Projektorientiertes Arbeiten in der Realschule. Handreichung. Soest 1988b.

-- (Hrsg.): Arbeitshilfen für den Förderunterricht. Soest 1989 a.

-- (Hrsg.): Gestaltung des Schullebens und Öffnung von Schule. Konzepte und Beispiele der Gesamtschule. Soest 1989 b.

-- (Hrsg.): Kinder lernen selbständig. Arbeitshilfen für freie Arbeit und Wochenplanunterricht in der Grundschule. Soest 1989 c.

-- (Hrsg.): Gemeinwesenorientierte Hauptschule. Ein Beitrag zur Gestaltung des Schullebens. Soest 1990 a.

-- (Hrsg.): Jugendarbeit und Schule. Beiträge zur Gestaltung des Schullebens und Öffnung von Schule. Soest 1990 b.

LENZ, J.: Die Effective School Forschung der USA - ihre Bedeutung für die Führung und Lenkung von Schulen. Frankfurt/ Main u.a. 1991.

MARSH, H.W.: Public, Catholic Single-Sex, and Catholic Coeducational High Schools: Their Effects on Achievement, Affect, and Behaviors. In: American Journal of Education, 11 (1991), S. 320-356.

MAUTHE, A.: Verflechtung von Schule und Quartier - Öffnung von Schule. In: Entwicklung kommunaler Bildungsangebote in Großstädten. Dokumentation des 2. IFS-Fachkongresses am 17. September 1991 in Dortmund. Hrsg. vom Institut für Schulentwicklungsforschung (Werkheft 36). Dortmund 1991, S. 161-173.

MEYER, J.W./ROWAN, B.: The Structure of Educational Organizations. In: M.W. MEYER u.a. (Hrsg.): Environments and Organizations. Theoretical and Empirical Perspectives. San Francisco u.a. 1978, S. 78-109.

MITARBEITER DER GEMEINSAMEN EINRICHTUNG DER NEUEN LÄNDER FÜR AUFGABEN IN BILDUNG UND WISSENSCHAFT: Dokumentation zum Schulwesen Ostdeutschlands. Eine Darstellung ausgewählter Sachverhalte und ihrer Rechtsgrundlagen des Schulwesens der ehemaligen DDR vor und nach der Wende mit Ausblick auf die Neugestaltung in den fünf neuen Ländern. Berlin 1991.

OSSENBÜHL, F.: Föderalismus nach 40 Jahren Grundgesetz. In: Deutsches Verwaltungsblatt, (1989), S. 1230-1237.

PURKEY, S.C./SMITH, M. S.: Effective Schools: A Review. In: The Elementary School Journal, 83 (1983), S. 427-452.

RASCHERT, J.: Bildungspoltitik im kooperativen Föderalismus. Die Entwicklung der länderübergreifenden Planung und Koordination des Bildungswesens der Bundesrepublik Deutschland. In: Max-Planck-Institut für Bildungsforschung, Projektgruppe Bildungsbericht: Bildung in der Bundesrepublik Deutschland. Daten und Analysen. Bd. 1: Entwicklungen seit 1950. Stuttgart und Reinbek bei Hamburg 1980, S. 103-215.

RASCHERT, J./REINHARDT, K./SCHULTZE-SCHARNHORST, E.: Wie Schulen zu interkulturellen Handlungseinheiten werden. In: Zeitschrift für Pädagogik, 33 (1987), 6, S. 841-860.

RECHT DER JUGEND UND DES BILDUNGSWESENS, 39 (1991), H. 3.

REUTER, L. R. (Hrsg.): Die bildungspolitische Entwicklung in der DDR vom November 1989 bis zum August 1990. Eine Dokumentation. Hamburg: Universität der Bundeswehr Hamburg, Fachbereich Pädagogik 1990.

ROLFF, H.-G.: Schulentwicklung als Entwicklung von Einzelschulen? Theorien und Indikatoren von Entwicklungsprozessen. In: Zeitschrift für Pädagogik, 37 (1991), 6, S. 865-886.

RUTTER, M./MAUGHAN, B./MORTIMER, P./OUSTON, J.: Fifteen Thousand Hours. Secondary Schools and their effects on Children. London 1979.
Dt.: Fünfzehntausend Stunden. Schulen und ihre Wirkung auf die Kinder. Weinheim und Basel 1980.

SCHEERER, H./SCHMIED, D./TARNAI, Chr.: Verbalbeurteilung in der Grundschule. Arbeits- und Sozialverhalten in Grundschulzeugnissen in Nordrhein-Westfalen. In: Zeitschrift für Pädagogik, 31 (1985), 2, S. 175-200.

SCHMIDT, W.: Die Neustrukturierung der allgemeinbildenden Schulen in den neuen Bundesländern. In: Aus Politik und Zeitgeschichte, Nr. B 37-38/91 vom 6.9.1991.

SCHRÖDER, M.: Europäische Bildungspolitik und bundesstaatliche Ordnung. Baden-Baden 1990.

TERHART, E.: Organisation und Erziehung. Neue Zugangsweisen zu einem alten Dilemma. In: Zeitschrift für Pädagogik, 32 (1986), 2, S. 205-223.

-- Überaltertes Kollegium = schlechte Schule? Befunde und Überlegungen zu einem schulpädagogischen und bildungspolitischen Problem. In: Die Deutsche Schule, 83 (1991), 4, S. 408-423.

TILLMANN, K.-J. (Hrsg.): Was ist eine gute Schule? Hamburg 1989.

WALZER, M.: The Communitarian Critique of Liberalism. In: Political Theory, 18 (1990), 1, S. 6 ff.

WEICK, K.E.: Educational Organizations As Loosely Coupled Systems. In: Administrative Sciences Quarterly, 21 (1976), S. 1-19.

WEISS, M.: Der "Dritte Sektor" im Bildungsbereich: Zum Stand der Forschung I. September 1988 (Forschungsberichte des Deutschen Instituts für Internationale Pädagogische Forschung).

-- Schulreform in den 80er Jahren. In: Die Deutsche Schule, 83 (1991), 3, S. 360-372.

Tino Bargel/Manfred Kuthe

Regionale Disparitäten und Ungleichheiten im Schulwesen

1. Regionale Disparitäten: ein verdrängtes Problem

Die Ungleichheit in den Zugangschancen für den Erwerb von Bildungsabschlüssen und regionale Disparitäten im Schulangebot haben in den 60er Jahren vielfältige Debatten über den Zusammenhang von sozialer Lage und Bildungschancen sowie über die Förderung von "Begabungsreserven" im ländlichen Raum und unter Arbeiterkindern ausgelöst. Der Ausbau des Bildungswesens und der Abbau von Ungleichheiten der Bildungschancen erhielten deshalb in den Reformbestrebungen der frühen 70er Jahre eine hohe politische Priorität.

Im Verlauf der 80er Jahre sind demgegenüber aus der öffentlichen Diskussion Probleme der Disparität und der Ungleichheit im Bildungswesen nahezu verschwunden, so als gäbe es diese Probleme nicht mehr, als seien sie aufgrund der allgemeinen Expansion in der Bildungsbeteiligung überwunden. In einer ersten Bilanz auf die Frage "Wem hat die Bildungsexpansion genutzt?", 1980 gezogen, kamen EIGLER/HANSEN/KLEMM zu dem Schluß: "Regionale Unterschiede bestehen fort" (1980, S. 56). Sie bezogen dies auf das Fortbestehen länderspezifischer Unterschiede in der Bildungsbeteiligung und auf die Benachteiligung von Kindern kleinerer Wohngemeinden in ländlichen Regionen.

So wichtig der Aufweis länderspezifischer Unterschiede in der Bildungsbeteiligung ist, so wenig geben entsprechende Vergleiche doch Auskunft über die konkret vorhandenen Rahmenbedingungen und Chancen des Erwerbs von Bildungsabschlüssen, über lokal und regional vorhandene Benachteiligungen. Erst auf der Basis sozialräumlich tief gegliederter Analysen - seien es Kreise oder Gemeinden, seien es innerstädtische Grundschulbezirke oder Stadtteile - läßt sich klären, in welchem Ausmaß z.B. das traditionelle Stadt-Land-Gefälle in den Bildungschancen abgebaut wurde, wie sich ein vergleichsweise geringes Schul- und Bildungsangebot auf den

Erwerb von Bildungsabschlüssen auswirkt und welche Benachteiligungen daraus resultieren.

Innerhalb der Bildungsforschung blieben regionalisierte Analysen der vorhandenen und sich entwickelnden Disparitäten die Ausnahme. Nicht ohne Grund konstatierten deshalb BERTRAM/DANNECKER 1990 einen Mangel an Theorie wie Empirie regionaler Disparitäten (1990, S. 220). Diesem Mangel, zumindest in empirischer Hinsicht, etwas abzuhelfen, ist Absicht der nachfolgenden Darstellungen.

1.1 Regionale Disparitäten als Herausforderung

Regionale Disparitäten und soziale Ungleichheiten bleiben Kennzeichen der Bildungslandschaften auch im vereinigten Deutschland. Sie stellen eine der zentralen Herausforderungen an die erziehungswissenschaftliche und bildungssoziologische Forschung, an die Politik und Planung des Bildungswesens sowie an die Pädagogik und Praxis der Gestaltung von Schulen und Unterricht dar. Auf diese Herausforderung soll im folgenden aufmerksam gemacht werden, indem auf bestehende, eklatante Unterschiede in ihren verschiedenartigen Aspekten und Facetten hingewiesen wird.

In der gegenwärtigen Gesellschaft werden über Schulen und ihre Zertifikate in entscheidendem Maße nicht nur Bildungschancen eröffnet, sondern Lebenschancen vorgezeichnet. Die "Dirigierungsfunktion" von Schulen ist schon früh herausgestellt worden (SCHELSKY 1957). Was für die industrielle Gesellschaft gilt, erhält für die postindustrielle Gesellschaft, die auch als Informations- oder Wissensgesellschaft bezeichnet wird, einen noch höheren Stellenwert. In einer Gesellschaft im Umbruch, angesichts absehbarer gesellschaftlicher Entwicklungen im Arbeitsleben wie im politischen Leben, angesichts verlangter Qualifikationen und Kompetenzen, haben Wissen und Schule eine herausragende Bedeutung (BELL 1975; BARGEL 1991).

Die individuellen Möglichkeiten und Lebenschancen werden vom erreichten "Schulerfolg" maßgebend vorbestimmt. Aber auch die gesellschaftliche Entwicklung selbst, in ihren Potentialen wie Brüchen, wird mittlerweile in relevanter Weise von der Konstitution und Qualität des Bildungswesens beeinflußt. Wichtig erscheint es deshalb, insbesondere zwei Fragenkreise aufzuhellen: Welche Benachteiligungen gibt es noch im Schulwesen, welche Disparitäten und Ungleichheiten bestehen weiterhin? Wodurch wirken sie sich aus, und wie ließe sich ihnen entgegenwirken?

Um Disparitäten und Ungleichheiten aufzuzeigen, sind die lokale und regionale Schulversorgung und Bildungsbeteiligung in den Blick zu nehmen. Denn für Eltern und deren Kinder ist es wenig hilfreich, wenn Schulangebote zwar "im Prinzip" vorhanden sind, aber nicht wohnortnah und regional erreichbar, oder wenn das lokale Schulangebot hinter dem Standard von vergleichbaren Versorgungen zurückbleibt. Im Rahmen des kommunalen Schulangebotes sind der Hauptschule als Sorgenkind der Schulentwicklung, aber auch der gymnasialen Oberstufe besondere Aufmerksamkeit zuzuwenden, da sie vor schwerwiegenden Problemen der Tragfähigkeit und pädagogisch wie ökonomisch sinnvollen Vertretbarkeit stehen.

Ein wichtiger Ausweis dafür, inwieweit regionale Disparitäten und Ungleichheiten fortbestehen, sind die Indikatoren der Bildungsbeteiligung und des Schulerfolgs. Vor dem Hintergrund allgemeiner Trends bestehen gravierende regionale Differenzen, die zum Teil vom Schulangebot, zum Teil von den Bildungsaspirationen der ansässigen Bevölkerung abhängen.

Von besonderem Gewicht ist der Schulerfolg und seine regionale Verteilung: Denn von diesen Qualifikationen und Zertifikaten hängt es in starkem Maße ab, welche weiteren Optionen bestehen, welche Wege offen stehen und in welchem Maße "Lebenschancen" zugeteilt werden. Zwei Gruppen sind dafür besonders aufschlußreich: zum einen die Problemgruppe jener Jugendlichen, die keinen Hauptschulabschluß erreicht haben, zum anderen jene Erfolgreichen, die das Abitur absolviert und damit die Hochschulreife erworben haben.

1.2 Bestimmung und Analyse regionaler Disparitäten

Um Schul- und Ausbildungsangebote in ihrer sozialräumlichen Verteilung zu beurteilen, müssen Maßstäbe der Gleichwertigkeit zugrundegelegt werden, da von gleichen Angeboten bei der Vielgestaltung von Schulen und

Bildungsgängen nicht mehr ausgegangen werden kann. Fünf grundsätzliche Kriterien sind heranzuziehen, um Gleichwertigkeit zu bestimmen:

(1) Die Struktur, der Umfang und das Muster der Angebote und ihrer Versorgungsleistungen;

(2) vorhandene Optionen, Chancen und Selektivitäten, die durch diese Angebotsstrukturen gegeben sind;

(3) der Aufwand, der zur Erreichbarkeit der Angebote benötigt wird, d.h. Entfernung, Dauer und Kosten (privat wie öffentlich);

(4) die Akzeptanz der Angebote bei den Abnehmern im Sinne von Nutzung und Schulwahl;

(5) Qualifikationen und Kompetenzen, die sie vermitteln; die Abschlüsse, die über sie erreichbar sind und die tatsächlich erreicht werden.

Bei der Ermittlung der Gleichwertigkeit schulischer Ausbildungsangebote sollte nicht nur das Vorhandensein oder Fehlen einzelner Schulformen beachtet werden, sondern es sollten das Muster und die Palette typischer Angebotsstrukturen und der Abschlußchancen, die sie eröffnen, Berücksichtigung finden.

Neben den Kriterien der Abschlußangebote im lokalen oder regionalen Raum, den Optionen und Wegen zu diesen Abschlüssen sind drei weitere Aspekte ebenfalls zu beachten:

- der Versorgungsgrad, der dadurch erreicht wird, etwa mit Gymnasien oder Ganztagsschulen (in bezug auf die Bevölkerung, auf zugehörige Jahrgangsstärken oder Nachfragezahlen);

- die Lernbedingungen bezüglich Tragfähigkeit, Zügigkeit, Lehrerversorgung und Wahlchancen bei Unterrichtsangeboten, etwa von Hauptschulen oder gymnasialen Oberstufen;

- die Entwicklungsdynamik der Schulangebote, d.h. ihre Stabilität und damit Zuverlässigkeit oder ihre Labilität bei wechselnden demographischen Schülerzahlen oder sich veränderndem Bildungsverhalten.

Angesichts des erheblichen Wandels der Schulstrukturen in den neuen Bundesländern sowie des Fehlens zugänglicher Daten ist es bislang noch nicht möglich, auf den verschiedenen Ebenen von Disparitäten und Ungleichheiten die Situation in den alten und neuen Bundesländern unmittelbar zu vergleichen. Um wenigstens einen Anhaltspunkt zu gewinnen, werden auf der Ebene der Kreise die Studienquoten zwischen alten und neuen Bundesländern unmittelbar verglichen. Der Vergleich verdeutlicht nicht nur das "Bildungsgefälle" zwischen den Bundesländern, sondern auch die regionale Disparität innerhalb der Länder hinsichtlich der vorhandenen Bildungschancen.

2. *Die Entwicklung der Schullandschaft*

Das Schulangebot in den nunmehr 16 Bundesländern Deutschlands ist sehr vielfältig, im einzelnen sogar unübersichtlich. Neben die traditionellen Hauptschulen, Realschulen und Gymnasien (häufig unterschiedlichen Typs und Profils) sind Gesamtschulen getreten (additive oder integrierte) sowie mancherlei Schulen besonderer Art in privater Trägerschaft. Durch die Schulentwicklung in den neuen Bundesländern ist die grundsätzliche Palette noch weiter geworden: hervorzuheben sind die neue Mittelschule und die verkürzte Schulzeit bis zur allgemeinen Hochschulreife von zwölf Jahren. Schließlich haben mancherorts Angebote im Bereich des beruflichen Schulwesens Funktionen des allgemeinbildenden Bereichs übernommen, wenn es um das Erreichen der Hochschulreife geht.

Solche "Vielfalt" des Schulangebots hat auf den ersten Blick einen "postmodernen" Charakter. Sie ist aber gleichzeitig Ausweis des Mißlingens, im Konsens gemeinsame Schulstrukturen herzustellen. Hinter einer solchen, auf den ersten Blick vielleicht sogar erfreulichen Vielfalt, verbergen sich jedoch erhebliche Disparitäten der Schulstrukturen. Sie werden vor allem sichtbar, wenn man sich auf die Ebene der Kreise, Städte und Gemeinden begibt, um das jeweilige Schulangebot zu vergleichen.

2.1 Kommunale Strukturen des Schulangebots

Für die einzelnen Gemeinden, ihren Status und ihre Qualität, gilt es als bedeutungsvoll, überhaupt über ein Schulangebot der Sekundarstufe I zu verfügen. Die "letzte Schule" am Ort, zumeist eine Hauptschule, hat daher einen besonderen Stellenwert für Funktion und Leben in den Gemeinden. Bei einer bestimmten Größenordnung von Gemeinden muß es daher als nachteilig gelten, wenn Schulangebote der Sekundarstufe I oder Bildungsgänge fehlen, die zumindest zu einem mittleren Abschluß führen. Zugleich ist es aufschlußreich, ob alternative Wege zu den verschiedenen Abschlüssen vorhanden sind oder bei fehlenden örtlichen Möglichkeiten Auspendlungen über die Gemeindegrenzen notwendig werden.

Für den Vergleich der kommunalen Struktur der Schulangebote sind die beiden Bundesländer Baden-Württemberg und Nordrhein-Westfalen als Exponenten unterschiedlicher Schulentwicklung aufschlußreich. In Baden-Württemberg dominiert das gegliederte Schulangebot, integrierte Schulangebote sind eher die Ausnahme. In Nordrhein-Westfalen sind integrierte Schulangebote ein Bestandteil der kommunalen Schullandschaft in weiten Teilen des Landes (vgl. Übersicht 2.1, S. 47).

In beiden Ländern finden sich Gemeinden ohne jedes Schulangebot in der Sekundarstufe I. Außerdem gibt es in Baden-Württemberg viele Gemeinden, die nur über eine Hauptschule verfügen, die zudem von sehr unterschiedlicher Tragfähigkeit und damit Qualität sind (zum Teil nur eine Rumpf-Hauptschule, vgl. Abschnitt 3). In Nordrhein-Westfalen haben mittlerweile viele Gemeinden bereits das komplette Angebot alternativer Wege; in Baden-Württemberg gibt es dies auch, allerdings viel seltener.

Naheliegenderweise hängt die Schulangebotsstruktur mit der Gemeindegröße zusammen, jedoch keineswegs in eindeutiger Weise. Denn bei den Gemeinden gleicher Größenordnungen treten zugleich spezifische Polarisierungen in der Schulversorgung auf, wie sich am Beispiel Baden-Württembergs zeigen läßt (vgl. Übersicht 2.2, S. 47).

Übersicht 2.1:

Kommunale Struktur des Schulangebots in den Gemeinden von Baden-Württemberg und Nordrhein-Westfalen (1990/91)

Struktur des Schulangebotes HS RS GY GE	Baden-Württemberg absolut (1.111)	Baden-Württemberg Gemeinden in % (100.0)	Nordrhein-Westfalen absolut (396)	Nordrhein-Westfalen Gemeinden in % (100.0)
ohne Schulangebot				
- - - -	310	27.9	5	1.3
nur Hauptschulangebot				
x - - -	436	39.2	80	20.2
Unvollständig gegliedertes Schulangebot				
x x - -	130	11.7	56	14.1
x - x -	33	3.0	23	5.8
Gegliedertes Schulangebot				
x x x -	172	15.5	145	36.6
Integriertes Schulangebot				
- - - x	-	-	17	4.3
(x) (x) (x) x	2	0.2	4	1.0
Vielfältiges Schulangebot				
x x x x	28	2.5	66	16.7

Übersicht 2.2:

Gemeindegröße und Schulangebotsstruktur in Baden-Württemberg

Einwohner	Anzahl Gemeinden	ohne HS	HS	HS +RS	HS +GY	HS +RS +GY	und andere
-1.999	230	195	34	-	-	-	-
2.000-4.999	417	110	265	26	11	5	-
5.000-9.999	247	5	121	76	15	28	2
10.000-24.999	158	-	16	26	9	103	5
25.000+mehr	59	-	-	-	-	36	23
Insgesamt	1.111	310	436	128	35	172	30

Kleine Gemeinden (bis 2.000 Einwohner) haben meist keine Hauptschule, jedoch verfügen noch 34 solcher kleinen Gemeinden über dieselbe. Weit größere Gemeinden verfügen demgegenüber nicht über ein Hauptschulangebot; so 110 Gemeinden mit 2.000 bis 4.999 Einwohnern. Auf der anderen Seite gibt es 42 Gemeinden dieser Größenordnung, die neben der Hauptschule noch eine andere Schule der Sekundarstufe I vorhalten.

Bei den Gemeinden zwischen 10.000 und 25.000 Einwohnern gehört es offenbar zum Standard, das gegliederte Schulangebot vorzuhalten (103 dieser Gemeinden); allerdings erreichen 51 Gemeinden diesen Standard nicht, 16 dieser schon größeren Gemeinden führen sogar nur die Hauptschule.

Die Gemeinden mit mehr als 25.000 Einwohnern sind in ihrem Schulangebot aufgespalten: ein Teil (36 Gemeinden) begnügt sich mit dem gegliederten Angebot, ein anderer Teil (23 Gemeinden) weist noch ein anderes Angebot (Gesamtschule, Freie Waldorfschule) auf.

Alles in allem ergibt sich: Die Gemeindegröße allein bestimmt keineswegs die Schulstruktur. Gemeinden gleicher Größenordnung haben Schulangebote ganz unterschiedlicher Qualität. Insofern bestehen für die einzelnen Kommunen breitere Handlungsspielräume der Gestaltung ihres Schulwesens als vielfach angenommen wird (vgl. RUSSIG-KALFASS 1977).

Hinsichtlich Art und Umfang der Struktur des Schulangebotes zeichnen sich im Vergleich der Gemeinden zwei problematische Entwicklungen ab:

(1) Eine insgesamt große, zum Teil extreme Disparität zwischen den kommunalen Schulangebotsstrukturen. Auf der einen Seite sind in manchen Regionen kaum Schulen mit weiterführenden Abschlußchancen anzutreffen; bei dem Wunsch nach einem solchen Abschluß müssen Kinder und Jugendliche lange Fahrtzeiten in Kauf nehmen. Auf der anderen Seite finden sich Gemeinden, in denen es vielfältige und alternative Schulen und Schularten gibt und damit verschiedene Wege zu den Abschlüssen.

(2) Zum anderen bestehen Disparitäten zwischen Orten etwa gleicher Größenordnung, die weiter ausfallen, als man vorab vermuten würde. Einige Gemeinden, selbst größere, haben vor Ort durch die Art ihrer Schulstruktur ein sehr eingeschränktes Potential bezüglich der Abschlußchancen. Andere bieten alle Abschlußmöglichkeiten am Ort an, sogar alternative Wege zu den verschiedenen Abschlüssen. Hier verfügen die Eltern über vielfältige Optionen und Wahlchancen hinsichtlich der Bildungswege ihrer Kinder.

Die erstgenannte Entwicklung mit vergleichsweise zahlreichen bildungsrückständigen Gebieten ist kennzeichnend für die Schulentwicklung in Baden-Württemberg (vgl. Abschnitt 6). Die zweite Entwicklung ist eher für Nordrhein-Westfalen bezeichnend: Sie ist davon abhängig, welche Optionen die einzelnen Kommunen für ihr Schulangebot wählen und ob sie die Möglichkeit zur Einführung von Gesamtschulen wahrnehmen.

Vor diesem Hintergrund läßt sich für Art und Qualität der Schulangebote im einzelnen feststellen:

Gemeinden *ohne Schule oder nur mit einer Hauptschule* in der Sekundarstufe I sind ein Charakteristikum Baden-Württembergs. Fast drei Viertel der Gemeinden weisen keinen Schulbestand in der Sekundarstufe I auf oder nur die Hauptschule. Dagegen ist diese Form des fehlenden oder sehr eingeschränkten Schulangebots in Nordrhein-Westfalen verhältnismäßig selten: nur in jeder fünften Gemeinde. Diese ungleiche Präsenz solcher Gemeinden in den beiden Ländern ist darauf zurückzuführen, daß nach der Verwaltungsreform der 70er Jahre in Baden-Württemberg viele kleine Gemeinden verblieben.

Das unvollständig gegliederte Schulangebot (mit Haupt- und Realschule bzw. Hauptschule und Gymnasium) ist in beiden Ländern in den Kommunen anteilsmäßig gleich vertreten: jede siebte baden-württembergische und jede fünfte nordrhein-westfälische Gemeinde gehören dazu.

Das gegliederte Schulangebot (mit Hauptschule, Realschule und Gymnasium) ist die traditionelle Form des Schulangebots in den Ballungs- und regionalen Verdichtungsräumen einschließlich der Randgebiete in Baden-

Württemberg. In Nordrhein-Westalen ist dieses Schulangebot hauptsächlich in den industrialisierten Gemeinden, aber auch im ländlichen Raum vertreten. Es ist durch den Rückgang der Schülerzahlen in beiden Ländern nicht selten labil geworden, weil der Verteilungskampf um die Schülerklientel seit längerem anhält.

Das integrierte Schulangebot (mit Gesamtschule, zum Teil Resten des gegliederten Schulangebots) ist eine Besonderheit des schulischen Umbruchs in Nordrhein-Westfalen. Vor allem kleinere Gemeinden im ländlichen Raum, denen der Verlust der letzten Schule vor Ort (in der Regel der Hauptschule) drohte, haben durch Einrichtung einer Gesamtschule ein Schulangebot am Ort erhalten, häufiger sogar erweitern können (21).

Die vielfältige Schullandschaft (mit allen vier Schulformen: gegliedert und integriert) ist in Baden-Württemberg eine Ausnahmeerscheinung: nur wenige, in der Regel größere Städte (28) halten dieses Angebot vor. In Nordrhein-Westfalen besteht ein solches vielfältiges Angebot in fast allen größeren Städten der Ballungs- und solitären Verdichtungsräume.

2.2 Zwischen Überangebot und Verödung

Überblickt man die Schullandschaft in den Kreisen und Städten, wie sie sich heute darstellt, lassen sich sechs Formen nach Umfang, Art und Muster der Schulangebote unterscheiden. Die Entwicklung dieser unterschiedlichen Schullandschaften zeichnet sich seit Anfang der 80er Jahre ab (vgl. BARGEL/KUTHE/SCHOBER/HÖLLE 1981). Die Disparität zwischen Standard und Breite des Schulangebots der verschiedenen Schullandschaften hat sich seitdem weiter ausgeprägt.

(1) Die vielfältige Schullandschaft

Hier sind alle Arten von Schulen, in öffentlicher oder privater Trägerschaft, anzutreffen. Neben verschiedenen Typen von Gymnasien gibt es ebenfalls Gesamtschulen, aber auch berufliche Gymnasien oder Kollegschulen, die alle den Weg zur allgemeinen Hochschulreife eröffnen.

(2) Die duale Schullandschaft

An manchen Orten in den alten Bundesländern, vermehrt in Gebieten der neuen Bundesländer, koexistieren Gesamtschule (oder Mittelschule) und Gymnasium nebeneinander. Dafür fehlen in der Regel Haupt- und/oder Realschule.

Diese beiden Formen von Schullandschaft können als gut versorgt gelten, unter rein ökonomischen Gesichtspunkten kann sogar von einem Überangebot gesprochen werden. Eltern haben hier die Möglichkeit, zwischen ganz verschiedenen Angeboten einen begehrten oder angemessenen Weg für ihre Kinder zu wählen; zumindest alternative Wege stehen ihnen in guter Erreichbarkeit offen.

(3) Die gegliederte Schullandschaft

Es handelt sich um die herkömmliche Schullandschaft, in der tragfähig und stabil Hauptschule, Realschule und Gymnasium bestehen. Sie ist in den Kommunen immer seltener anzutreffen, weil die Akzeptanz der Hauptschule derart abgenommen hat, daß sie nur noch selten tragfähige Größenordnungen erreicht.

(4) Die integrierte Schullandschaft

Sie ist gleichsam das Gegenstück zur herkömmlichen Schullandschaft: am Ort oder in der Region befinden sich in der Regel nur noch Gesamtschulen, selten noch Reste des gegliederten Schulsystems. Nicht zuletzt im ländlichen Raum hat sich diese Form des integrierten Schulangebotes verbreitert, zumindest dort, wo die Gemeinden die Möglichkeit dazu haben.

Die gegliederte und die integrierte Schullandschaft stellen die beiden bildungspolitisch hartnäckig umstrittenen Konzepte dar. Im Hinblick auf die kommunale Schulversorgung mit Bildungsgängen und Abschlußchancen können sie aber als äquivalent gelten, denn in beiden bestehen Wege, getrennt oder zusammen, zu den verschiedenen Schulabschlüssen, die zudem wohnortnah erreichbar sind.

(5) Die labile Schullandschaft

Aufgrund geringerer Schülerzahlen erreichen einige oder sogar mehrere Schulen nicht oder nur noch knapp die Tragfähigkeit für einen geordneten Schulbetrieb. Dies führt zu erheblichen Konkurrenzen um die Schüler, und zwar nicht nur zwischen Schulen verschiedener, sondern auch der gleichen Schulform oder Schulart. Nicht so sehr die Konkurrenz ist das Problem dieser Schullandschaft, sondern ihre Instabilität. Denn vielfach können Eltern nicht sicher sein, ob einzelne Schularten am Ort oder in der Region weitergeführt werden oder ihre pädagogische Tragfähigkeit halten können.

(6) Die verödete Schullandschaft

In dieser Schullandschaft sind tragfähige Schulen selten geworden oder ganz verschwunden. Die Einzelschulen liegen häufig unter der Tragfähigkeit nach Schülerzahl und Zügen. Oft ist deshalb die letzte Schule am Ort, meist eine Hauptschule, von Schließung bedroht oder wird als "Rumpf-" oder Restschule notdürftig weitergeführt. Wollen Eltern für ihr Kind mehr als den Hauptschulabschluß erreichen, müssen sie zumeist lange Fahrt- und Pendlerzeiten in Kauf nehmen.

Diese letzten beiden Formen sind in der Tat außerordentlich problematische Schullandschaften. Sie sind mittlerweile häufiger anzutreffen. In ihnen ist die Schulversorgung sehr labil oder sie liegt unter dem Standard, den Eltern von Art und Umfang des Angebotes erwarten dürfen. In diesen Fällen ist eine Sanierung oder ein Um- bzw. Ausbau des Angebotes nötig.

Die ersten vier Schullandschaften können zumindest dem Mindeststandard einer Schulversorgung genügen. Insofern erscheinen sie als vertretbare Konzepte, wenn allein dieser Standard als Maßstab dient und andere Aspekte (Kosten, Chancengleichheit, Optionen u.a.m.) unberücksichtigt bleiben. Wünschenswert wäre allenthalben eine stabile und vielfältige Schullandschaft, die wohnortnah oder in erreichbarer Nähe alle Abschlußmöglichkeiten vorhält (vgl. KUTHE 1991 a).

Insgesamt sollten unter dem Etikett der Vielfalt nicht Disparitäten der Schullandschaft in Kauf genommen werden. So wünschenswert eine Vielfalt der Schulangebote ist, bedeutsamer ist mit Blick auf die Chancen zum Erwerb von Bildungsabschlüssen die Vermeidung von Disparitäten. Es wären daher planerisch geeignete "Bildungsregionen" zu bilden, in denen tatsächlich Vielfalt herrscht, wenn schon ein gemeinsames Konzept der Schullandschaft nicht mehr herstellbar ist. Zwischen ihnen sollte eine Gleichwertigkeit der Angebote hinsichtlich Optionen, Chancen und Bildungsgängen gesichert sein (vgl. dazu KUTHE/BARGEL 1992).

3. Probleme der Hauptschulen

Die alljährlich erhobenen Übergänge nach der Grundschule dokumentieren einen klaren Trend "weg von der Hauptschule". In mehr oder weniger starken Schüben hält dieser Trend bundesweit an. Der Hauptschulabschluß ist seit langem nur noch für wenige Eltern jene Qualifikation, die sie für ihre Kinder wünschen oder anstreben (vgl. IFS-Umfrage: Die Schule im Spiegel der öffentlichen Meinung; ROLFF/BAUER/KLEMM/PFEIFFER 1990).

Waren 1960 bundesweit noch etwa 2.122.400 Schüler im 7. bis 9. Jahrgang Hauptschüler, was einem Anteil von 64 Prozent aller Schüler der 7. bis 9. Jahrgangsstufe entsprach, so ist ihre Zahl bis 1990 auf etwas über 1.000.000 gefallen, was einer Halbierung in 30 Jahren gleichkommt. Nur noch jeder dritte Schüler der entsprechenden Jahrgangsstufen ist ein Hauptschüler (vgl. Übersicht 3.1, S. 54).

Dieser Trend ist im Grunde unabhängig von der Schulpolitik in den einzelnen Ländern. Selbst dort, wo viel in die Akzeptanz und den Status der Hauptschule investiert wurde, konnte der Trend zwar zeitweise verlangsamt, aber nicht aufgehalten werden. Zusätzlich zu berücksichtigen ist, daß selbst dort, wo der Übergang in die Hauptschule noch in höheren Anteilen erfolgt, einer der hauptsächlichen Gründe darin zu suchen ist, daß andere weiterführende Schulangebote fehlen oder nur sehr schwer erreichbar sind.

Übersicht 3.1:

Schüler im 7. bis 9. Schuljahrgang an der Hauptschule

Bundesland	Anteil Hauptschüler im 7.-9.Jahrgang an allen Schülern des 7.-9.Jahrgangs 1960	1970	1980	1990	Saldo 1960 -1990
Baden-Württemberg	65.7	55.0	39.5	39.0	-26.7
Bayern	67.1	53.9	46.2	40.8	-26.3
Berlin	45.8	36.5	17.2	15.8	-30.0
Bremen	57.7	43.8	21.8	25.1	-32.6
Hamburg	63.9	38.5	23.6	19.4	-44.5
Hessen	59.9	47.0	25.8	20.1	-39.8
Niedersachsen	61.1	51.8	36.4	32.3	-28.8
Nordrhein-Westfalen	64.3	58.1	45.0	33.6	-30.7
Rheinland-Pfalz	73.1	62.7	51.8	44.4	-28.7
Saarland	77.2	65.0	46.7	31.9	-45.3
Schleswig-Holstein	56.9	41.0	38.3	34.7	-22.2
Alte Bundesländer	63.9	55.4	40.3	34.2	-29.7
- absolut	2.122.400	2.374.900	1.933.700	1.054.200	-1.068.200
- Rückgang in %	100.0	119.0	91.1	49.7	

Am stärksten fiel der Anteil der Hauptschüler (Jahrgang 7 bis 9) in jenen Ländern ab, die nach Abschluß der Modellversuchsphasen die Gesamtschule als gleichberechtigte vierte Schulform in ihr Schulangebot aufgenommen haben. In Berlin, Bremen und Nordrhein-Westfalen liegt der Rückgang seit 1960 bei über 30 Prozentpunkten, in Hamburg, Hessen und dem Saarland bei 40 Prozentpunkten oder sogar noch darüber.

Konnte man, mit Ausnahme von Berlin, 1960 noch für alle Bundesländer ganz berechtigt von der Hauptschule als der hauptsächlich besuchten Schulform sprechen (Anteile von 57 bis 77 % belegen dies), dominierte

1970 die Hauptschule nur mehr in sechs Bundesländern (mit 52 bis 65 %). 1980 erreichte sie allein in Rheinland-Pfalz noch einen Anteil von 52 %, während sie in den Stadtstaaten und in Hessen bereits zu einer landesweiten "Restschule" mit Anteilen zwischen 17 und 26 % geworden war. Dieses Bild zeigt sich verstärkt 1990: Nur zwei Bundesländer halten noch Anteile von über 40 % an der Hauptschule (Bayern und Rheinland-Pfalz); aber in sechs Bundesländern vereinigt sie nicht mehr als ein Drittel der entsprechenden Schülerschaft auf sich. Der Abschied, zumindest die Abwendung von der Hauptschule ist mittlerweile überall vollzogen (vgl. RÖSNER 1989).

Die Abwendung von der Hauptschule tritt noch deutlicher hervor, wenn wir die aktuellen Übergänge von der Grundschule auf die Hauptschule betrachten, was hier für die beiden Länder Baden-Württemberg und Nordrhein-Westfalen, als Exponenten unterschiedlicher Landesschulentwicklungen, geschehen soll. Landesweit fiel der Übergang auf die Hauptschule in Baden-Württemberg von 41.9 % im Jahr 1983 auf 36.7 % im Jahr 1990, was einem landesweiten Rückgang von etwa 5 Prozentpunkten in acht Jahren entspricht. In Nordrhein-Westfalen betrug der landesweite Rückgang sogar 13 Prozentpunkte; er fiel von 37.2 % im Jahr 1983 auf 24.4 % im Jahr 1990. Allerdings verbergen sich hinter diesen landesweiten Durchschnittswerten wiederum erhebliche regionale Disparitäten in der fortbestehenden Akzeptanz oder der eingetretenen Abwendung von der Hauptschule.

3.1 Von der Akzeptanz zur Abwendung

Vom Konzept der "Hauptschule" her ließe sich erwarten, daß zumindest 50% eines Jahrgangs diese Schulform besuchen; in solchen Orten dominiert sie weiterhin. Dies ist jedoch nur noch in wenigen Regionen der Fall. Bei Anteilen von 40 bis 50 % bleibt die Hauptschule wenigstens noch die "stärkste" Schulform in der Sekundarstufe I; aber selbst das ist vielerorts nicht mehr gegeben.

Von einer Abwendung von der Hauptschule läßt sich dort sprechen, wo der Übergang auf die Hauptschule unter 35 % gesunken ist. Und von einem wohl endgültigen Abschied von der Hauptschule muß dort ausgegangen werden, wo sie nicht einmal mehr 25 % aller Übergänge von der Grundschule in die Sekundarstufe I an sich bindet: dann ist sie lokal wie regional in der Tat zur "Restschule" geworden.

Dominanz, Akzeptanz, Abwendung oder sogar Abschied von der Hauptschule lassen sich für die alten Bundesländer verdeutlichen über den Anteil, den Hauptschüler in den Kreisen und kreisfreien Städten an der Altersgruppe der 10- bis 14jährigen ausmachen. Diese Information ist der Karte 3.1 (S. 57) zu entnehmen. Ausgewiesen werden die Hauptschüler am Schulstandort für das Schuljahr 1989/90, bezogen auf die 10-14jährigen der Volkszählung von 1987 am Wohnort. Zu beachten ist allerdings, daß in Niedersachsen die verbreitete Orientierungsstufe den Anteil der Hauptschüler in besonderer Weise mindert bzw. in Bayern häufiger erst nach der 6. Klasse ein Wechsel auf eine Realschule oder Wirtschaftsschule erfolgt.

Im Vergleich der alten Bundesländer untereinander auf der Ebene der Kreise und kreisfreien Sätdte erreicht die Hauptschule die höchste Akzeptanz noch in weiten Teilen von Bayern (hier als Volksschule) und Rheinland-Pfalz, aber auch in einigen ländlichen Randkreisen Nordrhein-Westfalens, wo sie von mehr als der Hälfte der 10-14jährigen besucht wird. In großen Teilen von Baden-Württemberg, Rheinland-Pfalz, Nordrhein-Westfalen, aber auch in allen Landesteilen von Schleswig-Holstein hat die Abkehr von der Hauptschule spürbar eingesetzt: Unter der Bezugsaltersgruppe finden sich in der Regel weniger als 50 % Hauptschüler, nicht selten sogar weniger als 40 %. In Hessen und den Stadtstaaten ist dieser Prozeß noch weiter fortgeschritten; hier hat man sich bereits im ganzen eindeutig von der Hauptschule verabschiedet: In der Altersgruppe der 10-14jährigen sind in der Regel in allen Landesteilen weniger als 30 %, nicht selten sogar weniger als 20 % Hauptschüler. Und in einigen Kreisen Hessens ist höchstens noch jeder zehnte ein Hauptschüler.

Wie sich die Akzeptanz oder Abwendung von der Hauptschule auf der Gemeindeebene während der 80er Jahre vollzogen hat, das sei wiederum am Beispiel der Länder Nordrhein-Westfalen und Baden-Württemberg erläutert. Über sie gibt die Statistik der kommunalen Übergänge von der Grundschule Aufschluß (vgl. Übersicht 3.2, S. 58).

Karte 3.1:

Anteil Hauptschüler an den 10-14jährigen in den Kreisen der alten Bundesländer (Schuljahr 1989/90)

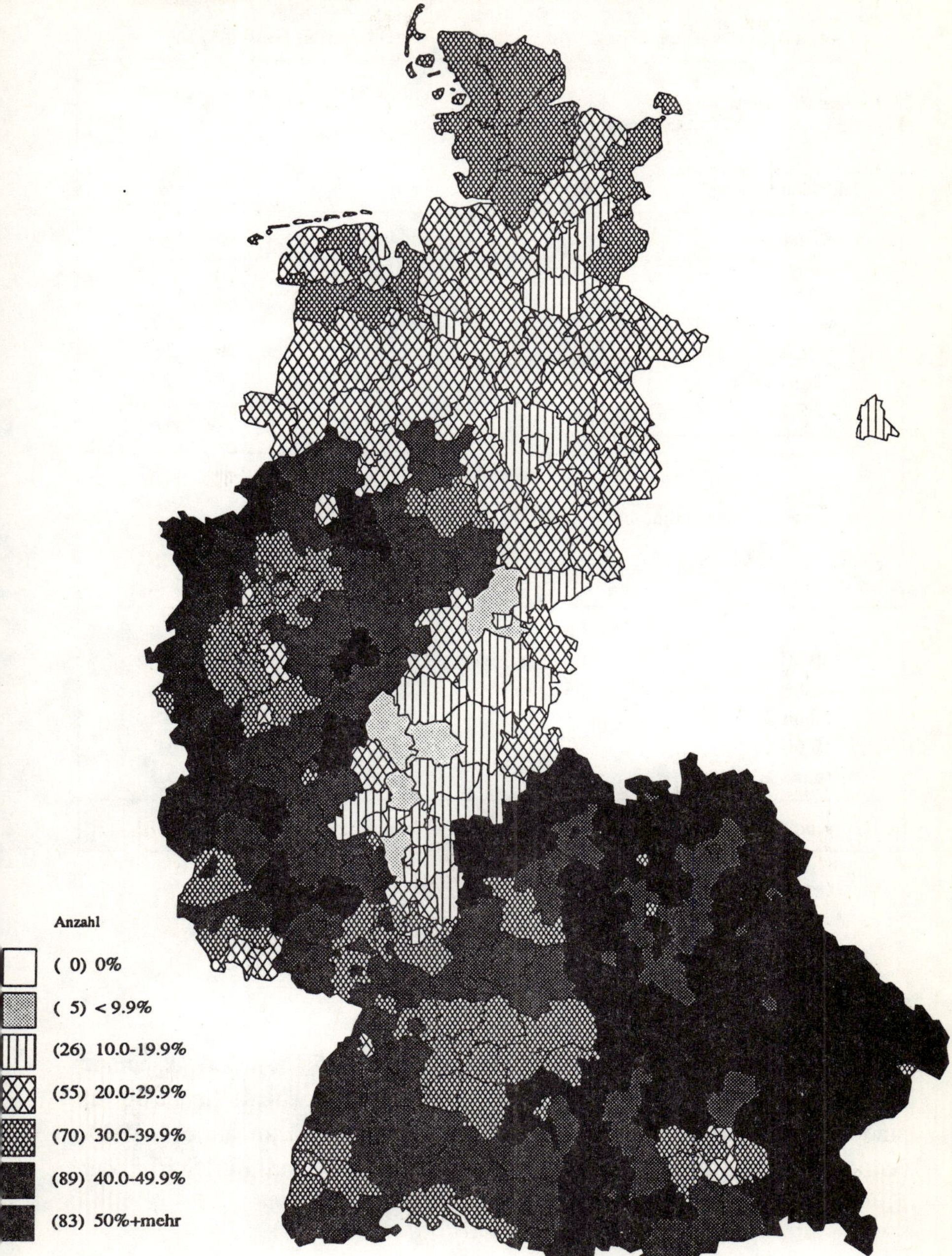

Entwurf: Projektgruppe Bildung und Region Konstanz, 3.1.1992

Übersicht 3.2:

Akzeptanz und Abwendung von der Hauptschule in den 80er Jahren in baden-württembergischen und nordrhein-westfälischen Gemeinden

Baden-Württemberg
(1.033 bzw. 1.015 Gemeinden mit Grundschule)

Kommunaler Übergang auf die Hauptschule	1980 abs	1980 in %	1985 abs	1985 in %	1990 abs	1990 in %
50 % und mehr			344	33.3	165	14.9
40 bis 49 %			300	29.0	275	24.8
30 bis 39 %			255	24.7	379	34.1
20 bis 29 %			89	8.6	163	14.7
10 bis 19 %			14	1.4	29	2.6
unter 10 %			31	3.0	4	0.4
Kommunen	k.A.	k.A.	1.033	100.0	1.015	100.0

Nordrhein-Westfalen
(396 Gemeinden mit Grundschule)

Kommunaler Übergang auf die Hauptschule	1980 abs	1980 in %	1985 abs	1985 in %	1990 abs	1990 in %
50 % und mehr	126	31.8	49	12.4	11	2.8
40 bis 49 %	183	46.2	125	31.6	43	10.8
30 bis 39 %	66	16.7	153	38.6	110	27.8
20 bis 29 %	17	4.3	57	14.4	143	36.8
10 bis 19 %	-	-	8	2.0	64	16.2
unter 10 %	4	1.0	4	1.0	25	6.3
Kommunen	396	100.0	396	100.0	396	100.0

Als erstes fällt auf: Alle Stufen der Dominanz (über 50 %), der Akzeptanz (40 - 50 %), der Abwendung (30 - 40 %) und des Abschieds (unter 30 %) sind in den Gemeinden der beiden Länder vertreten, auch noch 1990. Jedoch sind die jeweilige Anzahl der Gemeinden und die Stärke der Entwicklungen ganz unterschiedlich.

In Nordrhein-Westfalen hat die kommunale Abwendung von der Hauptschule einen sprunghaften Verlauf genommen. Konnten Anfang der 80er Jahre noch über drei Viertel der Gemeinden von einer angemessenen Nachfrage nach der Hauptschule ausgehen (über 40 %), waren es Mitte der 80er Jahre schon weniger als die Hälfte - und zu Beginn der 90er Jahre sind solche Gemeinden selten geworden, in denen mindestens 40 % der Grundschüler auf die Hauptschule übergehen: nur noch in jeder achten Gemeinde. In über der Hälfte der Gemeinden ist der Abschied von der Hauptschule vollzogen; in jeder fünften Gemeinde wohl endgültig, da nicht einmal mehr 20 % der Eltern diese Schulform wählen.

In Baden-Württemberg verlief die Abwendung von der Hauptschule in den Kommunen langsamer und weniger sprunghaft, im Effekt aber ebenso nachhaltig: Bereits Mitte der 80er Jahre war die Abwendung von der Hauptschule auch für Baden-Württemberg erkennbar. Landesweit wurde sie zwar noch von 40 % der Grundschüler gewählt, aber in mehr als 100 Gemeinden (in etwa jeder zehnten also) war der Abschied von der Hauptschule bereits vollzogen. Im Grunde gab es eine Dreiteilung des Landes: In einem gutem Drittel der Gemeinden besaß die Hauptschule noch ihre traditionelle Akzeptanz von mehr als 50 %; in einem weiteren Drittel befand sie sich in der Ambivalenz zwischen Akzeptanz und Abwendung; aber bereits damals hatte ein Drittel die Abwendung eingeleitet (unter 40 %) oder bereits vollzogen (unter 30 %). 1990 hat in der Hälfte aller Gemeinden die Abwendung von der Hauptschule auch in Baden-Württemberg stattgefunden: höchstens 39 % der Grundschüler wählten sie. Nur noch in jeder siebten Gemeinde kann von einer nach wie vor bestehenden Dominanz der Hauptschule gesprochen werden, da dort über die Hälfte der Grundschüler ihren weiteren Bildungsweg in der Hauptschule fortsetzt.

Für die Hauptschulen zeichnet sich unter regionaler Perspektive somit ab:

- Die Zeiten ihrer Dominanz oder Akzeptanz gehen wohl überall zu Ende, selbst dort, wo die Bewahrung ihrer Attraktivität stark gestützt wird.

- In vielen Landesteilen ist sie in der Akzeptanz zur "Restschule" geworden, was wiederum ihre Tragfähigkeit häufig in Frage stellt: ein Teufelskreis.

- Die Schullandschaft der Hauptschule ist aufgespalten: neben Enklaven fortbestehender Akzeptanz gerät sie anderswo in eine ambivalente, unsichere Stellung; und in anderen Gemeinden hat sie für die Eltern im Grunde ausgespielt.

Die Aufspaltung der Hauptschullandschaft im Hinblick auf ihren Besuch scheint um so stärker, je intensiver das Angebot der Hauptschule politisch gestützt wird. Denn diese Stützung greift offenbar nur in einzelnen Landesteilen: zum einen hauptsächlich in Gemeinden ländlicher Struktur, in denen andere Angebote lange Fahrtzeiten bedeuten; zum anderen in manchen Ballungszentren, in denen ausländische Kinder (noch) überproportional die Hauptschule besuchen (zum Teil zu mehr als zwei Dritteln) und dadurch scheinbar die Hauptschule stabilisieren. Sie greift überhaupt nicht mehr in jenen Gemeinden mit vielfältigen Schulangeboten und einer Bevölkerung von höherer beruflicher Qualifikation und eigenen weiterreichenden Bildungsaspirationen für ihre Kinder.

3.2 Vollständigkeit und Tragfähigkeit von Hauptschulen

Wegen der schwindenden Bereitschaft von Eltern, die eigenen Kinder eine Hauptschule besuchen zu lassen, haben mehr und mehr Hauptschulen Schwierigkeiten, eine hinreichende Jahrgangsbreite zu erreichen oder überhaupt eine vollständige Schule zu bleiben. Häufig kann dann eine "Haupt-" schule zwar am Ort ausgewiesen werden, bei genauerer Betrachtung ist es aber entweder nur eine "halbe Schule", oder sie erreicht nicht einmal mehr die Einzügigkeit und liegt damit weit unterhalb einer pädagogisch wie ökonomisch sinnvollen Tragfähigkeit.

Das Festhalten an der Hauptschule als wohnortnahem Angebot führt dazu, daß in weiten Landesteilen eine Schule, die modernen Ansprüchen genügen könnte, nicht mehr existiert. Dies wird deutlich, wenn man z.B. die kommunale Schullandschaft Baden-Württembergs betrachtet, um zu prüfen, welche Arten von Hauptschulen vorgehalten werden (s. Karte 3.2). Dann wird die Behauptung, die Hauptschule sichere ein wohnortnahes Schulangebot, zweifelhaft; und der Anspruch an eine qualitative Tragfähigkeit mit pädagogischer Breite wird häufig aufgegeben (vgl. BARGEL/KUTHE 1992).

Karte 3.2:
**Wohnortnähe und Qualität
des kommunalen Hauptschulangebotes in Baden-Württemberg**
(Schuljahr 1990/91)

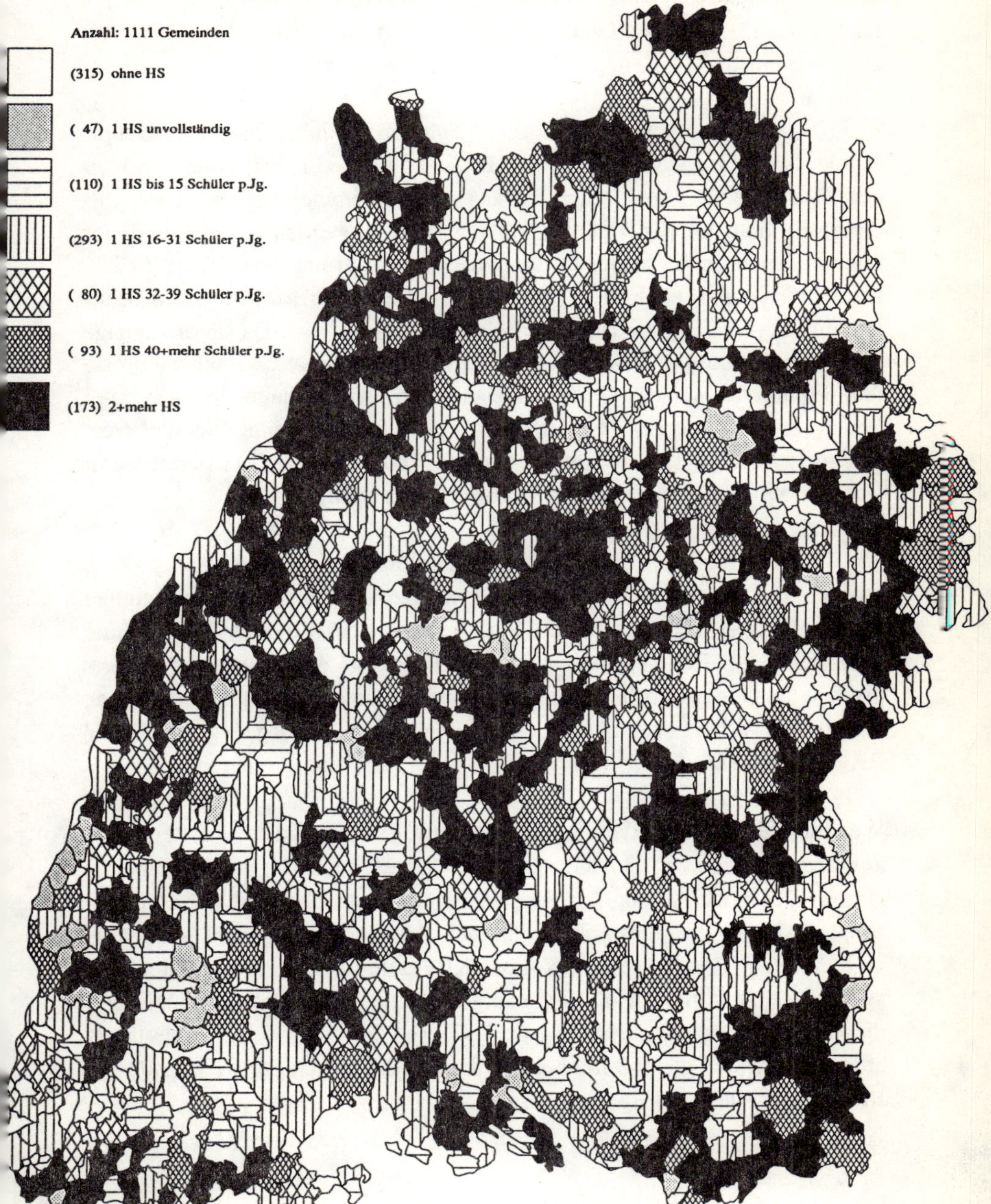

Entwurf:
Projektgruppe Bildung und Region Konstanz, 14.12.1991

In 315 der 1.111 baden-württembergischen Gemeinden findet sich gar keine Hauptschule mehr; in 47 weiteren Gemeinden ist die Hauptschule unvollständig, mit nur ein, zwei oder drei Jahrgängen, das heißt eine "Rumpf-Hauptschule". In diesen Gemeinden, immerhin ein Drittel aller, kann von einer wohnortnahen Hauptschule kaum noch gesprochen werden.

In 110 Gemeinden sind weniger als 15 Schüler pro Jahrgang in der Hauptschule, häufig sogar weniger als 10. In diesen Mini-Hauptschulen unterhalb der Einzügigkeit ist es sehr fraglich, ob und inwieweit erweiterte Bildungsangebote an der Hauptschule vorgehalten werden können und der Fachunterricht in gebotener Breite und Differenzierung möglich ist. In 293 Gemeinden nur ist noch eine einzügige Hauptschule vorhanden, deren Schülerzahl in einer Jahrgangsstufe zwischen 16 und 31 liegt. Da sie die einzige und letzte Schule der Sekundarstufe I am Ort ist, bleibt es fraglich, ob sie jene Funktionen für das Gemeindeleben noch erfüllen kann, die von einer Schule erwartet werden. Für den Ort wird zwar noch eine "Schule" verzeichnet; doch ist sie kaum mehr als eine "potemkinsche" Fassade, wenn weniger als zehn Kinder in den Klassenräumen sind.

Nur in 93 Gemeinden hat die Hauptschule eine gesicherte Zweizügigkeit, und in 173 Gemeinden werden derzeit noch zwei oder mehr Hauptschulen vorgehalten, so daß von einer Gesichertheit der örtlichen Hauptschule auszugehen ist. Das bedeutet: nur etwa ein Viertel der baden-württembergischen Gemeinden verfügt über ein Hauptschulangebot, das den mit dieser Schulform verbundenen Ansprüchen zu genügen vermag (vgl. AURIN/RAETHER 1984, S. 63 ff.).

Was hier für die Lage der Hauptschulen am Beispiel Baden-Württembergs aufgezeigt wurde, gilt im Großen und Ganzen auch für andere Bundesländer. Das noch Anfang der 80er Jahre vertretene Kriterium, die Hauptschule habe zweizügig zu sein, läßt sich flächendeckend nicht mehr aufrechterhalten. Begründet wurde dieses Kriterium insbesondere mit der pädagogisch erforderlichen Differenzierung des Unterrichtsangebotes. Von diesem Kriterium abzurücken, weil Eltern sich von dieser Schulform abwenden, würde gleichzeitig heißen, den mit dieser Schulform verknüpften Bildungsanspruch aufzugeben.

Kommunen können ihr wohnortnahes Schulangebot noch am ehesten bewahren, wenn es ihnen gelingt, gegenwärtig auspendelnde Jugendliche, die eine auswärtige Realschule oder ein auswärtiges Gymnasium besuchen, wieder durch ein entsprechendes Schulangebot am Ort zu halten. Dies gelingt ihnen im Rahmen eines Hauptschulangebotes immer seltener. Der Abwendungsprozeß von der Hauptschule, einmal vollzogen, erscheint unumkehrbar.

Daher dürfte immer häufiger nur ein (teil)integriertes Schulangebot ein wohnortnahes und stabiles Schulangebot sichern. Es hat zudem den Vorteil, daß es Schule wieder zu einem aktiven Teil des Gemeindelebens werden läßt; außerdem wird für viele Schülerinnen und Schüler der Zwang zum Auspendeln über die Gemeindegrenze hinfällig. Dies bedarf sicherlich eines gewissen Umdenkens. Aber eine Reihe kleinerer Kommunen in Nordrhein-Westfalen, ebenso im Saarland oder in Schleswig-Holstein, belegen, daß dieser Weg gangbar ist. In ihnen hat sich ein tragfähiges und breites Schulangebot mit allen Abschlüssen der Sekundarstufe I wieder rekonstituiert.

4. Versorgung mit gymnasialen Bildungsangeboten

In empirischen Untersuchungen zur Bildungsbeteiligung ist immer wieder die Bedeutung der lokalen Nähe und Erreichbarkeit für die Wahrnehmung von Schulangeboten betont worden. Vor allem "bildungsfernere" Schichten sind darauf angewiesen, ohne größeren Aufwand Schulen und Bildungsgänge vorzufinden, sollen für ihre Kinder die gleichen Bildungschancen bestehen.

4.1 Angebotsdichte und Übertrittsquoten bei Gymnasien

Trotz des Ausbaus der Schulangebote und mancher Bemühungen der Bildungsplaner sind fortbestehende Disparitäten in den Ländern nach der Versorgung mit bestimmten Bildungsangeboten festzustellen. In einer neueren Arbeit für Hessen stellen zum Beispiel STEINERT/RAUIN/ WEISHAUPT fest: "Die Bildungskarriere hessischer Kinder wird neben den häufig diskutierten Faktoren 'soziale Herkunft', 'Nationalität' und 'Bildungsaspiration der Eltern' in hohem Maße von der Schulstruktur am Wohnort beeinflußt" (1991, S. 28). Anhand eines Versorgungsindexes für Gymnasien über die Schüler in der 7. Jahrgangsstufe belegen sie ihre These, daß die Schulbesuchsquote für hessische Schülerinnen und Schüler auch davon abhängt, wie dicht Gymnasien im eigenen Schulbezirk vorhanden sind.

Was für Hessen aufgezeigt wurde, gilt sicherlich ebenso für andere Bundesländer - zu fragen ist allerdings: ob in unterschiedlichem Ausmaß.

WENZEL (1991) untersuchte für Bayern die unterschiedlichen Übertrittsquoten auf das Gymnasium in Abhängigkeit zur Angebotsdichte im jeweiligen Kreis. Die von ihm festgestellte große Differenz von 18 Prozentpunkten im Übergang auf ein Gymnasium zwischen den benachbarten Regierungsbezirken Ober- und Niederbayern erklärt sich "bei genauerer Betrachtung der Landkarte" wie folgt: "Oberbayern verfügt mit München und seinem Umland über ein gewaltiges Angebot an weiterführenden Schulen ... Über dieses Schulangebot verfügen die beiden Bezirke Niederbayern und Oberpfalz nicht" (1990, S. 20). Eine vergleichsweise besonders auffällige Konzentration von Gymnasien in Relation zur Bevölkerungszahl findet sich in den Städten Bayerns: So hat München mit 48 Gymnasien eine weit höhere Versorgung als ganz Niederbayern mit nur 37 Gymnasien bei einer Bevölkerung von 1,3 zu 1 Million; und die Oberpfalz hat bei über 900.000 Einwohnern mit 33 Gymnasien nur kaum mehr Gymnasien als Nürnberg (30) mit 470.000 Einwohnern.

Die gleichwertige Schullandschaft gibt es in Bayern auch innerhalb der Regierungsbezirke nicht. In den Kreisen weist die Besuchsquote der Gymnasien ebenfalls einen engen Zusammenhang mit deren zahlenmäßigem Angebot auf: So erreicht (nach WENZEL) die kleine kreisfreie Stadt Ansbach mit drei staatlichen Gymnasien eine Übergangsquote von 40 %, während der großflächige, gleichnamige Landkreis bei fünf Gymnasien nur einen Übergang von 27 % aufweist. Analog erreicht die Bezirkshauptstadt Landshut mit drei Gymnasien einen Übergang von 38 %, während der Landkreis bei der gleichen Zahl von Gymnasien nur auf 20 % kommt.

Gerade in Bayern, das belegen auch unsere Analysen, sind die Versorgungsdisparitäten zwischen Stadt- und Landkreisen ausgeprägter als anderswo. All dies führt zu größeren Differenzen in den Chancen für den Hochschulzugang. Sie sind in Bayern nicht nur insgesamt niedriger, sondern auch grundsätzlich ungleicher verteilt.

Die Beispiele aus Hessen und Bayern belegen, daß die Schulentwicklung keineswegs davon ausgehen kann, das Standortnetz der Schulen sei landesweit gleichmäßig geknüpft. Dies wird zwar immer vielfach unterstellt, aber offenbar ist man davon noch weit entfernt. Am Beispiel der Standortdichte von Gymnasien für die Kreise und kreisfreien Städte in den alten Bundesländern werden die Disparitäten der Versorgung wie die Unterschiede zwischen den Ländern deutlich.

4.2 Ungleichmäßige Standortnetze in den Bundesländern

Um bundesweit die Versorgung mit gymnasialen Bildungsgängen zur Hochschulreife überprüfen zu können und einen Vergleich zwischen den Ländern zu ermöglichen, haben wir die Angebote gymnasialer Bildungsgänge (an Gymnasien, Gesamtschulen und Freien Waldorfschulen) in den Stadt- und Landkreisen auf die jeweilige Mantelbevölkerung hin berechnet (vgl. Übersicht 4.1, S. 66).

Dabei zeigt sich, daß im einzelnen eine erhebliche Spannweite in der Versorgung mit Gymnasien besteht: In einigen Kreisen gibt es ein Gymnasium für weit weniger als 15.000 Einwohner, in anderen steht für weit mehr als 55.000 Einwohner nur ein Gymnasium zur Verfügung.

Generell zeigt sich eine deutlich schlechtere Versorgungssituation in den Landkreisen. Das Argument einer notwendigen Konzentration in den zentral gelegenen kreisfreien Städten erscheint wenig überzeugend, da es eine Reihe von vergleichbaren Landkreisen mit durchaus vertretbaren Relationen der Versorgung gibt. Sie beweisen, daß auch in Landkreisen im Prinzip eine Versorgungsdichte zu erreichen ist, die denen der Städte und Großstädte nicht nachstehen muß. Das verlangt allerdings eine gewisse Dezentralisierung der Schulangebote - und nicht zuletzt, gerade im ländlichen Raum,

Übersicht 4.1:

Gymnasialdichte in den Städten und Landkreisen: Einwohner pro Gymnasium (GY) und Gesamtschulen (IG/FW)
(Unberücksichtigt bleiben die Stadtstaaten Hamburg, Berlin, Bremen mit Bremerhaven und 3 Landkreise in Bayern ohne gymnasiale Bildungsangebote)

Bundesland		Einwohner pro GY+IG+FW bis 14.999	15.000 -24.999	25.000 -34.999	35.000 -44.999	45.000 +mehr	Gesamt
Schleswig-	Städte	1	2	1	-	-	4
Holstein	Kreise	-	5	4	2	-	11
Nieder-	Städte	-	6	1	2	-	9
sachsen	Kreise	-	17	12	6	3	38
Nordrhein-	Städte	3	18	2	-	-	23
Westfalen	Kreise	1	23	7	-	-	31
	Städte	1	1	2	1	-	5
Hessen	Kreise	-	6	7	2	6	21
Rheinland-	Städte	5	7	-	-	-	12
Pfalz	Kreise	-	6	8	3	7	24
Baden-	Städte	5	4	-	-	-	9
Württemberg	Kreise	3	20	11	1	-	35
	Städte	13	10	2	-	-	25
Bayern	Kreise	-	19	16	18	15	68
	Städte	-	-	-	-	-	-
Saarland	Kreise	-	6	-	-	-	6
alte	Städte	28	48	8	3	-	87
Bundesländer	Kreise	4	102	65	32	31	234
	Insgesamt	32	150	73	35	31	321
	Städte	32.2	55.2	9.2	3.4	-	100.0
in Prozent	Kreise	1.7	43.6	27.8	13.7	13.2	100.0

(Nachprüfungen für Baden-Württemberg auf die Altersgruppe der 10- bis 19jährigen Bevölkerung und für Hessen bezogen auf die Schüler in der 7. Jahrgangsstufe haben übrigens ergeben, daß alle Maße zu den strukturell gleichen Resultaten führen. Außerdem erlauben derartige Bezüge zur Mantelbevölkerung, bei allen denkbaren Einwendungen dagegen, die Verzahnung der Bildungsplanung mit den allgemeinen Perspektiven der Landesentwicklung.)

Karte 4.1:
Versorgungsdichte von gymnasialen Bildungsgängen in den Kreisen der alten Bundesländer (Schuljahr 1989/90)

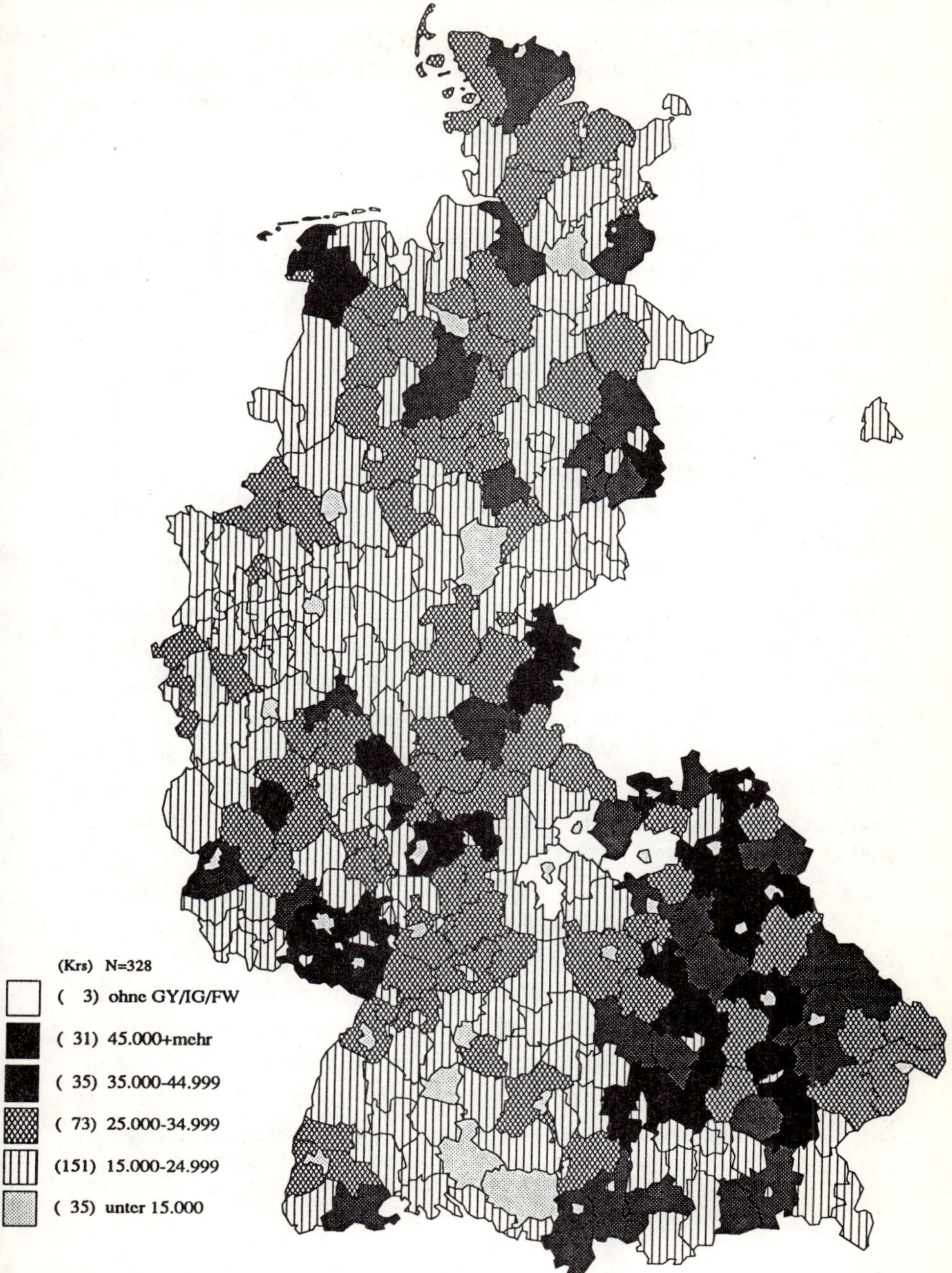

Entwurf: Projektgruppe Bildung und Region Konstanz, 6.2.1992

mehr und mehr das Angebot von integrierten Systemen unter Einschluß des gymnasialen Bildungsganges.

Betrachten wir die Gymnasialdichte in den Landkreisen und kreisfreien Städten in den Bundesländern (vgl. Karte 4.1, S. 67), ergeben sich für Bayern und Rheinland-Pfalz besonders krasse Disparitäten, starke auch in Niedersachsen und Hessen.

Die Schere in der gymnasialen Versorgung zwischen Stadt- und Landkreisen klafft in Bayern und Rheinland-Pfalz besonders weit auseinander. Hierin ist ein gewichtiger Grund für den Sachverhalt zu sehen, daß in diesen beiden Bundesländern die gymnasialen Besuchsquoten im Vergleich zu den anderen Bundesländern relativ gering geblieben sind. Die stärkere Konzentration von Gymnasialangeboten in den Groß- und Kreisstädten hat nicht nur größere Disparitäten zur Folge, sie führt auch zu einem Nachhinken in der Bildungsbeteiligung generell - vor allem zu Lasten der Bevölkerung in ländlichen Gebieten und der "bildungsferneren Schichten" der Arbeiter und kleineren Angestellten (vgl. dazu für Bayern BELOW 1990).

Deutlich günstiger ist die Situation in Nordrhein-Westfalen und im Saarland - mit Abstrichen auch in Baden-Württemberg und Schleswig-Holstein. In diesen Bundesländern ist die Spannweite zwischen Kreisen mit wenigen oder vielen Gymnasien nicht mehr so stark, und auch in den Landkreisen wird häufiger eine günstigere Versorgungsquote erreicht. Aber selbst in diesen Bundesländern bestehen weiterhin Differenzen, die gemäß der Forderung nach gleichwertigen Abschlußangeboten in allen Landesteilen nicht vertretbar erscheinen (vgl. KUTHE 1991 a).

In Schleswig-Holstein, Nordrhein-Westfalen, Baden-Württemberg und dem Saarland finden sich keine Kreise mit einer allzu geringen Versorgungsdichte von mehr als 45.000 Einwohnern pro Gymnasium. Dabei ist die Disparität in der Dichte mit gymnasialen Bildungsgängen im Saarland am geringsten, gefolgt von Nordrhein-Westfalen. In beiden Ländern hat die Einführung von Gesamtschulen im ländlichen Raum entscheidend dazu beigetragen, das Dichtegefälle im Angebot gymnasialer Bildungsgänge abzubauen.

Besonders problematisch stellt sich die Ansiedlungsstruktur von Gymnasien in Bayern und Rheinland-Pfalz dar. Die Verortung dieses Angebots hauptsächlich in Großstädten und Kreisstädten hat mehrfach nachteilige Auswirkungen: Es erhält die großen Disparitäten und verstärkt die Pendlerzahlen, es hält die Bildungsbeteiligung insgesamt geringer bei gleichzeitig großer Ungleichheit der regionalen und sozialen Bildungschancen.

Als planerische Richtlinie könnte gelten, daß pro 25.000 Mantelbevölkerung zumindest ein gymnasialer Bildungsgang vorhanden ist. Dieser Wert wäre nicht als Ideal-, sondern als Mindeststandard zu verstehen. Festzustellen ist, daß von den 328 Stadt- und Landkreisen 139 diesen Mindeststandard nicht einmal erreichen - bis auf 11 kreisfreie Städte sämtliche Landkreise. Besonders kritisch wird es, wenn auf ein Gymnasium eine Mantelbevölkerung von mehr als 45.000 entfällt: Dies ist in fast einem Drittel der Kreise der Fall - alles Landkreise. Soll eine gleichwertige Angebotsdichte erreicht werden, wären schulstrukturelle Änderungen in diesen Kreisen unumgehbar.

5. *Die gymnasiale Oberstufe*

Spätestens seit Mitte der 80er Jahre sinken die Schülerzahlen in den Jahrgangsstufen 11 bis 13 von Gymnasien und Gesamtschulen: von knapp 700.000 Schülern im Jahr 1983 auf etwa 500.000 im Jahr 1990, was einem Rückgang um fast 30 % in der gymnasialen Oberstufe entspricht. Legt man die entsprechenden Prognosen der Kultusministerkonferenz (KMK) an, wird der Schülerrückgang in der Sekundarstufe II bis 1995/96 anhalten und trotz steigender Schülerzahlen in den Oberstufen der Gesamtschulen erst ab 1997 wieder auf dem Stand von 1990 sein (BUNDESMINISTER FÜR BILDUNG UND WISSENSCHAFT 1991 a; KULTUSMINISTERKONFERENZ 1991).

Damit ist gleichzeitig eine Verschiebung des Anteils der Oberstufenschüler an öffentlichen und privaten Gymnasien sowie an Gesamtschulen verbunden, die ausschließlich zu Lasten der öffentlichen Gymnasien geht (BARGEL/KUTHE/STEIN 1988): Während der nächsten fünf Jahre durchlaufen daher vor allem die öffentlichen Gymnasien in der Oberstufe ein Tief, das durch geringe Jahrgangsstärken von höchstens 150.000 Schülern in den alten

Bundesländern gekennzeichnet ist.

Angesichts dieser Entwicklungen stellt sich das Problem, in welcher Weise an den Oberstufen ein breites und gesichert tragfähiges Kursangebot aufrechterhalten werden kann. Dies gilt verstärkt für die Leistungskurse. Treten bei den Leistungskursen Unsicherheiten oder Defizite im Angebot auf, so bedeutet dies eine erhebliche Beeinträchtigung der schulischen Bildungschancen für die davon betroffenen Schüler. Sie sind dadurch unmittelbar in den Wahlmöglichkeiten entsprechend ihren Neigungen und Interessen eingeschränkt, wenn sie ein Fach anstreben, das an ihrer Schule als Leistungskurs nicht mehr zustandekommt (z.B. Physik und Chemie, Französisch und andere neue Sprachen). Zusätzlich sind ihre Chancen mittelbar gemindert, bessere Leistungsresultate zu erzielen; denn die Ergebnisse der Leistungskurse gehen mit besonderem Gewicht in die Abschlußnote ein - und es ist absehbar, daß ein Ausweichen auf einen Leistungskurs nicht erster Wahl häufig Motivation dämpfen und Notenresultate verschlechtern dürfte (vgl. ZEDLER 1990).

Unsicherheiten oder Abstriche im Kursangebot sind nicht allein ein individuelles Problem der Schüler. Verringerungen in der Breite des Kursangebotes haben vielmehr in doppelter Hinsicht strukturelle soziale Folgeprobleme, die darüber hinausreichen und bildungspolitisch zu beachten sind.

Zum einen ist dies das Problem der Sicherheit des zukünftigen Qualifikationsprofils der Abiturienten: In welchem Ausmaß und welcher Breite ist z.B. der Erwerb von Fremdsprachenkenntnissen gesichert oder gefährdet? Wie stark kann der Einbruch in vertieftem naturwissenschaftlichen Wissen ausfallen? Zum anderen bezieht sich dies auf das Problem, mögliche regionale Disparitäten in der Breite des Kursangebotes zu vermeiden: Kann sich das Stadt-Land-Gefälle verschärfen? Und was wird aus den Oberstufen in kleineren Gemeinden mit einem Gymnasium oder einer Gesamtschule?

5.1 Größenordnungen und Kursangebote

Zwischen der Jahrgangsbreite einer gymnasialen Oberstufe, dem Umfang des Kursangebotes und der Vertretung der Leistungskurse nach Aufgabenfeldern bestehen enge Zusammenhänge. Daher ist es möglich, aus der Jahrgangsbreite einer Oberstufe das Leistungskursangebot und damit die Wahlchancen der Schüler für die angebotenen Kurskombinationen empirisch zu bestimmen: So bedarf es in der gymnasialen Oberstufe mindestens 10 Schüler in der Jahrgangsbreite, um in der Regel im Schnitt gesichert zwei Grundkurse und einen Leistungskurs zustande zu bekommen, d.h. Oberstufen mit einer Jahrgangsbreite von 70 Schülern können etwa 14 Grund- und sieben Leistungskurse anbieten (KUTHE/BARGEL/STEIN 1989).

In der nachfolgenden Karte 5.1 (S. 72) ist die durchschnittliche Jahrgangsstärke der gymnasialen Oberstufen in den Kreisen und kreisfreien Städten der alten Bundesländer für das Schuljahr 1989/90 dargestellt. Die Spannweite der durchschnittlichen Jahrgangsbreite der Oberstufen reicht von solchen, in denen im Durchschnitt in den Kreisen weniger als 55 Schüler pro Jahrgang in einer Oberstufe sind (sehr kleine Oberstufen), bis zu Oberstufen, die im Durchschnitt mehr als 100 Schüler in der Jahrgangsstufe haben (sehr große Oberstufen).

Solche großen bis sehr großen Oberstufen mit mindestens 100 Schülern pro Jahrgang finden sich gehäuft in Hessen, Nordrhein-Westfalen und einigen Teilen Niedersachsens. An diesen Oberstufen dürften im Schnitt gesichert 10 und mehr Leistungskurse zustande kommen. Die Kreise bilden geschlossene Gebiete, ergänzt um Regionen, in denen die durchschnittliche Jahrgangsbreite einer Oberstufe mindestens 90 Schüler beträgt, was einer Angebotspalette von etwa neun Leistungskursen entspricht: in der Regel Deutsch, Englisch, Französisch, Mathematik, Biologie, Physik, Erdkunde, Geschichte und Chemie oder Erziehungswissenschaften, bei 11 Leistungskursen in der Regel auch Kunst oder Sport.

Sehr kleine Oberstufen mit durchschnittlich höchstens 50 Schülern pro Jahrgang finden sich vor allem in Baden-Württemberg und Bayern, aber auch in Teilen von Rheinland-Pfalz. Hier dürfte das durchschnittliche Angebot in der Regel nur fünf Leistungskurse umfassen, wenn es nicht durch besondere Stützungsmaßnahmen und eine erhöhte Lehrerzuweisung erhöht wird: in der Regel Deutsch, Englisch, Mathematik, Biologie und Erdkunde oder Geschichte.

Karte 5.1:

Durchschnittliche Jahrgangsbreite der gymnasialen Oberstufen in den Kreisen der alten Bundesländer

(Schuljahr 1989/90)

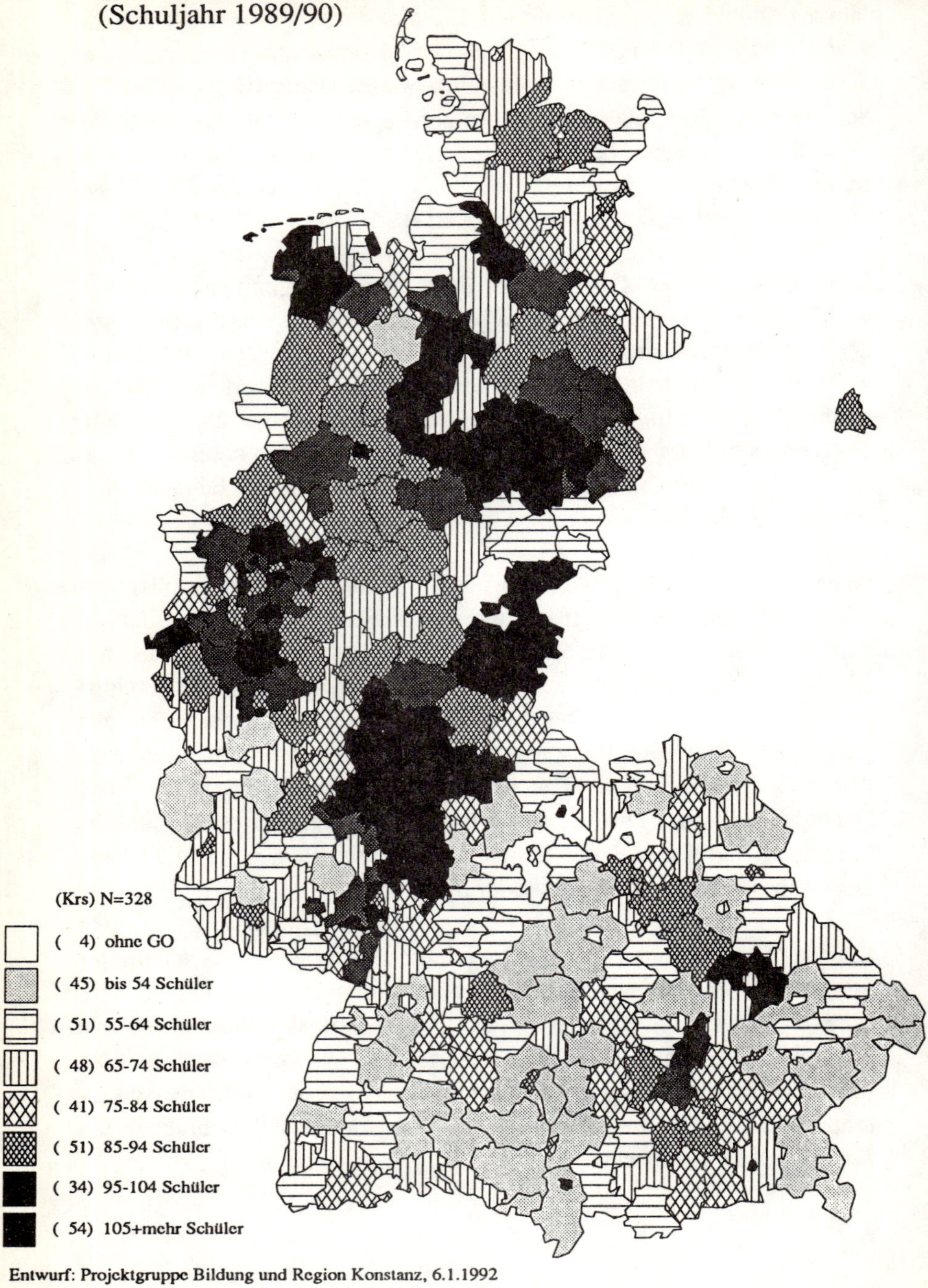

Entwurf: Projektgruppe Bildung und Region Konstanz, 6.1.1992

Die Auflistung zeigt, daß bei einem bestimmten Leistungskursumfang die drei belegbaren Aufgabenfelder (sprachlich-literarisch-künstlerisch, gesellschaftswissenschaftlich, mathematisch-naturwissenschaftlich) gar nicht oder unterschiedlich stark besetzt sind. Diese Besetzung hat Auswirkungen auf die Wahlmöglichkeiten der Schüler.

Bei diesen Auswirkungen interessiert besonders, ob ein Aufgabenfeld gar nicht mehr vertreten ist, oder ob in einzelnen Aufgabenfeldern nur ein Leistungskurs zustandekommt. In diesen Fällen sind die Wahlchancen der Schüler erheblich eingeschränkt; es läßt sich kaum noch von einer "Wahl" der Leistungskurse sprechen, da ein Angebotsbereich entweder ganz fehlt oder nur ein Fach verbleibt, das genommen werden muß. Wenn in jedem Aufgabenfeld wenigstens zwei Leistungskurse zustandekommen, besteht zumindest eine alternative Wahlchance; sie bleibt aber nach wie vor eingeschränkt.

Erst wenn wenigstens drei Leistungskurse pro Aufgabenfeld zustandekommen, kann von einer hinreichenden Wahlmöglichkeit für die Schüler ausgegangen werden, wie sie bei der Einrichtung der neugestalteten gymnasialen Oberstufe (NGO) angezielt wurde.

Da von Schülerinnen und Schülern stets zwei Leistungskurse zu wählen sind, müssen die bislang tatsächlich gewählten Kurskombinationen beider Leistungskurse herangezogen werden, um bei einer bestimmten Zahl von Leistungskursen die verwirklichbaren Wahlchancen der Schüler abschätzen zu können. Die Folgen eines im Umfang unterschiedlichen Leistungskursangebotes für die Wahlchancen der Schüler sind eindeutig gestuft und seit Mitte der 80er Jahre stabil (vgl. HOFFMANN 1984).

In der Übersicht 5.1 (S. 74) ist der Umfang verschiedener Wahlchancen in Abhängigkeit von der Anzahl und der Typstruktur des Leistungskursangebotes dargelegt. Zugleich wird deutlich, welche Leistungskurse bei geringer Zahl in erster Linie entfallen: Es sind dies meist Chemie, gefolgt von Physik im naturwissenschaftlichen Aufgabenfeld; Erziehungs- und Sozialwissenschaft, gefolgt von Geschichte und/oder Erdkunde im gesellschaftswissenschaftlichen sowie Französisch im sprachlich-literarischen Aufgabenfeld.

Übersicht 5.1:

Umfang der Leistungskurse und Anteil verwirklichbarer Wahlchancen der Kurskombinationen

Anzahl	Typ-struktur	Leistungskursangebot				Wahlchancen
5	2/1/2	D/E	EK	M/BI		30.8
	2/0/3	D/E		M/BI/PH		32.3
	3/0/2	D/E/F		M/BI		34.8
	2/1/2	D/E	GE	M/BI		36.7
7	2/2/3	D/E	EK/GE	M/BI/CH		48.9
	2/2/3	D/E	EK/GE	M/BI/PH		51.3
	3/1/3	D/E/F	GE	M/BI/PH		56.9
9	3/2/4	D/E/F	EK/GE	M/BI/PH/CH		70.3
	3/3/3	D/E/F	EK/GE/PA	M/BI/PH		76.6
11	3/3/4/(1)	D/E/F	EK/GE/PA	M/BI/CH/PH	SP	84.3
	3/3/4/(1)	D/E/F	EK/GE/PA	M/BI/CH/PH	KU	84.9
	3/4/4	D/E/F	EK/GE/PA/SW	M/BI/CH/PH		88.2

Kommen nur *5 Leistungskurse* zustande, so muß man davon ausgehen, daß nur etwa ein Drittel aller betroffenen Schüler (31 bis 37 %) tatsächlich die Kombination der zwei Leistungskurse herstellen können, die sie bei freier Wahl treffen würden.

Kommen *7 Leistungskurse* zustande, kann nur eine Hälfte der Schüler (49 bis 57 %) die Kurskombination ihrer eigentlichen Wahl realisieren. Da die andere Hälfte der Schüler ihre Wahl nicht verwirklichen kann, erscheint es bei sieben Leistungskursen nicht vertretbar, von einer angemessenen Breite des Kursangebotes zu sprechen.

Mit *9 Leistungskursen* decken die Wahlchancen die tatsächlichen Wünsche und Interessen von drei Vierteln der Schüler (70 bis 77 %) ab. Dies bestätigt, daß mit neun Leistungskursen erst ein Mindeststandard in der Sicherung der Breite des Leistungskursangebotes und der damit verbundenen Vertiefungschancen der Schüler gesichert ist.

Erst mit *11 Leistungskursen* wird ein Standard in der Breite des Kursangebotes erreicht, der die Wahl- und Vertiefungschancen der Schüler weitgehend gewährleistet; dann können gesichert neun von zehn Schülern (84 bis 88 %) die Kurskombinationen ihrer Wahl auch tatsächlich belegen.

5.2 Regionale Differenzen in den Wahlchancen und Qualifikationen

Am Beispiel Nordrhein-Westfalens sollen die regionalen Auswirkungen geringer Jahrgangsbreiten auf das (Leistungs-)Kursangebot der gymnasialen Oberstufen dargestellt werden: Im Schuljahr 1990/91 bestanden in Nordrhein-Westfalen 671 gymnasiale Oberstufen, davon 511 an öffentlichen, 104 an privaten Gymnasien und 56 an Gesamtschulen. Etwa 55.000 Schüler besuchten die Jahrgangsstufe 12 der gymnasialen Oberstufe; dies entspricht einer durchschnittlichen Jahrgangsbreite von 80 Schülern. Hinter diesem Durchschnittswert verbirgt sich eine erhebliche Spannweite zwischen den Schulen: sie reicht von weniger als 42 bis weit über 200 Schüler pro Jahrgang.

Die vorhandenen Leistungskurse des Schuljahres 1990/91 zeigen in ihrer Verteilung auf die drei Aufgabenfelder eindeutige Strukturen. Sie lassen sich in fünf Hauptgruppen einteilen, die als Strukturtypen des Leistungskursangebotes zu verstehen sind. Sie kennzeichnen in zusammenfassender Weise Qualität und Breite des Kursangebotes und verdeutlichen damit in knapper Form das Potential der Wahl- und Qualifikationschancen der Schülerinnen und Schüler:

- An *45 Oberstufen mit lückenhaftem Angebot* (Typ A) ist mindestens ein Aufgabenfeld nicht vertreten.

- An *33 Oberstufen mit stark eingeschränktem Angebot* (Typ B) sind mindestens zwei Aufgabenfelder nur mit einem Leistungskurs vertreten.

- An *175 Oberstufen mit partiell eingeschränktem Angebot* (Typ C) gibt es in einem Aufgabenfeld nur einen Leistungskurs.

- An *333 Oberstufen mit einfachen Wahlmöglichkeiten* (Typ D) sind alle drei Aufgabenfelder mindestens mit zwei Leistungskursen vertreten.

- An *78 Oberstufen mit mehrfachen Wahlmöglichkeiten* (Typ E) sind alle drei Aufgabenfelder mit mindestens drei Leistungskursen vertreten.

Legt man als Mindeststandard die doppelte Besetzung der drei Aufgabenfelder mit Leistungskursen an, genügen alle Oberstufen des Typs A, B, C den Anforderungen nicht, da sie die Wahlmöglichkeiten und Vertiefungschancen der Schüler stark einschränken (Aufgabenfelder nur einmal oder überhaupt nicht besetzt): vier von zehn Oberstufen (253 von 664). Verlangt man breitere Wahlmöglichkeiten in den drei Aufgabenfeldern als Standard des Kursangebotes, genügen nur die 78 Oberstufen des Typs E diesen Anforderungen (jede achte), da nur bei diesem Typ in allen drei Aufgabenfeldern drei oder mehr Leistungskurse durchgeführt werden.

Die regionale Verteilung der öffentlichen Oberstufen nach den fünf Strukturtypen A bis E für die Kreise und kreisfreien Städte zeigt die nachfolgende Karte 5.2 (S. 77). Dabei wird analog der örtlichen Versorgung mit Oberstufen in den Gemeinden nach Einfach- und Mehrfachangeboten unterschieden.

Besonders problematisch ist die geringe Breite an Kursen und die fehlende Vertretung von Aufgabenfeldern bei jenen 144 Oberstufen, die die einzige in ihrer Gemeinde sind: 48 Einfachangebote gehören zu den hinsichtlich der Kursbreite problematischen Oberstufen, das heißt, an ihnen werden entweder nicht alle Aufgabenfelder durch Leistungskurse abgedeckt (in 8 Gemeinden), oder in einem oder mehreren Aufgabenfeldern wird nur ein Leistungskurs angeboten (in 40 Gemeinden). Damit sind bereits in jeder dritten Gemeinde mit einem Einfachangebot an Oberstufen im Schuljahr 1990/91 die Wahlmöglichkeiten der Schüler erheblich eingeschränkt.

Karte 5.2:

Kommunale Angebotsstruktur der Leistungskurse im Jahrgang 12 nach Aufgabenfeldern in Nordrhein-Westfalen

(Schuljahr 1990/91)

Anzahl

(0) ohne GO

mit 1 GO (Einfachangebot)

(8) Typ A: nur 2 Aufgabenfelder

(4) Typ B: 3 Aufgabenfelder, 2 nur 1-fach

(36) Typ C: 3 Aufgabenfelder, 1 nur 1-fach

(77) Typ D: 3 Aufgabenfelder, alle mind. 2-fach

(19) Typ E: 3 Aufgabenfelder, alle mind. 3-fach

mit mehreren GO, davon mind. 1 GO...

(19) Typ A: nur 2 Aufgabenfelder

(8) Typ B: 3 Aufgabenfelder, 2 nur 1-fach

(31) Typ C: 3 Aufgabenfelder, 1 nur 1-fach

(31) Typ D: 3 Aufgabenfelder, alle mind. 2-fach

(0) Typ E: 3 Aufgabenfelder, alle mind. 3-fach

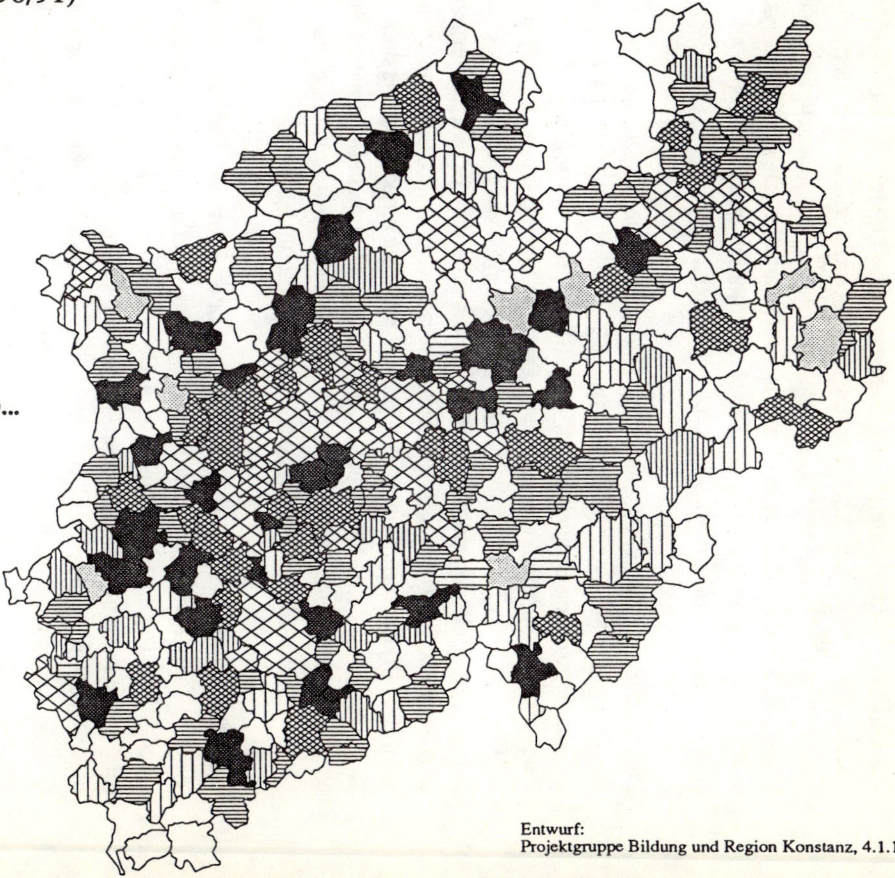

Entwurf:
Projektgruppe Bildung und Region Konstanz, 4.1.1992

77 Einfachangebote bieten mindestens zwei Leistungskurse pro Aufgabenfeld an (Typ D). Auch bei ihnen bleiben die Wahl- und Vertiefungschancen der Schüler noch eingeschränkt: Bei den Sprachen fehlt häufig Französisch oder eine andere zweite Fremdsprache, in den Naturwissenschaften öfter Chemie und/oder Physik; Erdkunde und Geschichte sind das einzige gesellschaftswissenschaftliche Angebot.

Die besonders problematischen Einfachangebote, bei denen die Wahlmöglichkeiten der Schüler bereits 1990 zum Teil erheblich eingeschränkt sind, zeigen regionale Bündelungen: Sie liegen fast ausschließlich in den ländlichen Randgebieten des Landes. Da diese Oberstufen in der Regel auch im Umfang ihres Leistungskursangebotes begrenzt sind, bleiben die Qualifikationsmöglichkeiten der Schüler in diesen ländlichen Gebieten erheblich eingeschränkt: vor allem in den Fremdsprachen und in den Gesellschafts-, aber auch in den Naturwissenschaften. Wollten sie einen Leistungskurs, der an ihrer gymnasialen Oberstufe nicht zustandegekommen ist, dennoch besuchen, müßten sie in andere Gemeinden pendeln. Ein solcher Schul- und Ortswechsel stellt verständlicherweise eine erhebliche Barriere dar.

Die Wahlmöglichkeit von Kunst, Musik oder Sport als Leistungskurs ist zwar in fast allen kreisfreien Städten gegeben, jedoch oft nur an wenigen Oberstufen. In den kreisangehörigen Gemeinden mit mehreren Oberstufen gibt es sie noch an jeder zweiten und erreicht damit wohl alle Schüler, die diese Oberstufen besuchen. In den kreisangehörigen Gemeinden mit einer Oberstufe wird nur noch von jeder vierten ein Leistungskurs in einem oder mehreren dieser drei Fächer angeboten. Da sich diese Oberstufen überwiegend in ländlichen Gebieten befinden, in deren Mittelzentren nicht selten ebenfalls ein solches Zusatzangebot fehlt, ist für viele Schüler des ländlichen Raumes die Wahl von Kunst, Musik oder Sport nicht möglich. Bei Fortsetzung der erkennbaren Verteilung und Trends zeichnet sich für die ländlichen Gebiete nicht nur eine starke Ausdünnung des gesellschaftlichen Aufgabenfeldes ab, sondern auch eine fast völlige Austrocknung des musisch-künstlerischen Bereiches. Da zudem vielfach nur kleine Oberstufen mit bis zu sieben Leistungskursen zustandekommen, haben die Schülerinnen und Schüler im ländlichen Raum zumeist nur halb so viele Wahlchancen und Vertiefungsmöglichkeiten wie ihre Kollegen in den Städten.

Eine Disparität in der Breite und Vielfalt des Kursangebotes zu Lasten des ländlichen Raumes ist in manchen Regionen bereits eingetreten; für andere zeichnet sie sich ab, wenn ihr nicht durch interkommunale Kooperationen entgegengesteuert wird. Allerdings hat eine derartige Kooperation ihre Schwierigkeiten und problematischen Aspekte. Sowohl in vielen Städten als auch in den ländlichen Gebieten wären daher zentrale Oberstufen ein Konzept, um Disparitäten zu vermindern und die Wahlchancen der Schüler und Schülerinnen und damit ihre Qualifikationsprofile zu verbessern.

6. Regionale Bildungsbeteiligung

Die Bildungsbeteiligung in den verschiedenen Schulformen der Sekundarstufe I - Hauptschule, Realschule, Gymnasium, Gesamtschule - gilt seit Beginn der Bildungsforschung als entscheidender Ausweis für Bildungsaspirationen in den verschiedenen Bevölkerungskreisen und die regionalen Unterschiede in den Bildungschancen. Mit der Bestimmung von Regionen geringer Bildungsdichte, manchmal als "Bildungsnotstandsgebiete" bezeichnet, wurde in den 60er Jahren ein entscheidender Impuls für Bildungsplanung und Bildungsexpansion ausgelöst.

Damals wies PEISERT auf der Kreisebene 18 derartige Regionen geringer Bildungsdichte nach (1967, S. 39 ff.). In ihnen lag die Bildungsbeteiligung der 16- bis 19jährigen unter 10 %, bei einem bundesweiten Wert von 14.8%. Die Spannweite der Länder lag zwischen 21 % in Berlin und 12 % in Bayern, die der Kreise mit 3 bis 48 % noch weiter auseinander.

Eine unmittelbare Replikation der Arbeit PEISERTs zur Bildungsdichte ist heute nicht ohne weiteres möglich: zum einen sind durch die Verwaltungsreform veränderte Gebietseinheiten geschaffen worden, zum anderen erlaubt die heutige Datenlage in der Regel keinen Rückbezug von Schulbesuch und Herkunftsort (PEISERT wertete damals die Daten der Volkszählung von 1961 in einer eigenen Sonderaufbereitung aus).

6.1 Fortbestand regionaler Ungleichheiten

Für die beiden Bundesländer Bayern und Nordrhein-Westfalen hat BELOW versucht, einen zeitlichen Vergleich zu 1961 mit den Daten der Volkszählung von 1987 durchzuführen. Sie stellt fest, daß in beiden Ländern die Mädchen ihre Benachteiligung gegenüber den Jungen völlig wettgemacht haben, daß aber mit der allgemeinen Erhöhung "jedoch keine Angleichung der Kreise ursprünglich verschiedener Bildungsdichte einhergegangen ist" (1990, S. 63). In Bayern sind die Unterschiede zwischen den Kreisen noch deutlicher ausgeprägt, in Nordrhein-Westfalen ist das Niveau etwas einheitlicher, das heißt weniger disparitär entwickelt. In beiden Bundesländern besteht weiterhin ein deutlicher Zusammenhang des Bildungsverhaltens zum Arbeiteranteil und zum Anteil der Landwirte in den Kreisen.

Ebenfalls für Bayern haben BERTRAM/DANNECKER die Bildungsbeteiligung der 18- bis 19jährigen 1986 nach Stadt- und Landkreisen und dem Geschlecht differenziert (1990, S. 218/219): Ihre Analysen anhand der Regionaldatenbank des Deutschen Jugendinstituts ergeben, daß in Bayern ein Unterschied zwischen Jungen und Mädchen kaum noch gegeben ist, "wohl aber ein erheblicher Unterschied zwischen städtischen und ländlichen Regionen" (1990, S. 219). Während in den Landkreisen nur etwa jeder zehnte 18- bis 19jährige ein Gymnasium besucht, ist es in den Stadtkreisen jeder vierte (vgl. Übersicht 6.1).

Übersicht 6.1:

Anteil der 18- bis 19jährigen an Gymnasien, Gesamt- und Waldorfschulen in den Stadt- und Landkreisen Bayerns 1986

	Jungen	Mädchen
Bayern insgesamt	14.2	13.3
Stadtkreise	24.8	25.4
Landkreise	10.1	8.9
Extreme	27.7 3.2	28.0 2.3

BERTRAM und DANNECKER vermuten, daß derartige regionale Differenzen in ähnlicher Form auch in anderen Bundesländern bestehen; dieser Vermutung wollen wir nachgehen. Aufgrund dieser Überprüfung können wir, dies sei vorweggenommen, ihre Folgerung unterstreichen: "Diese Konstanz regionaler Differenzen auf einem insgesamt höheren Niveau ... (ergibt) erhebliche Unterschiede in den Bildungs- und Ausbildungschancen von jungen Menschen" (1990, S. 220).

Analysen für einzelne Länder, so aufschlußreich sie für sich genommen sind, erlauben jedoch nicht den vergleichenden Blick über alle Bundesländer. Um wenigstens angenähert darüber Auskunft zu erhalten, inwieweit es gegenwärtig noch "bildungsrückständige Gebiete" gibt und inwieweit sie weiterhin mit jenen Regionen geringer Bildungsdichte der 60er Jahre übereinstimmen, haben wir die 328 Kreise nach der Besuchsquote der 17- bis 19jährigen in der gymnasialen Oberstufe eingeteilt (dieser Indikator kommt dem der damaligen Bildungsdichte der 16- bis 19jährigen noch am nächsten). Zwar werden dadurch die Beteiligungsquoten am Schulstandort und nicht am Wohnort festgehalten, was sich bei einer Betrachtung auf der Kreisebene jedoch weniger gravierend auswirkt. Dennoch ist zu beachten, daß diese Maßzahl (z.B. in Bayern) die Befunde zugunsten der Städte etwas verzerrt, ohne daß dadurch allerdings das strukturelle Grundmuster der Ungleichheit zwischen Stadt- und Landkreisen hinfällig wird.

In der Tat hat sich eine deutliche Verbesserung in der Bildungsbeteiligung in allen Bundesländern ergeben. Allerdings hat sich die Spannweite zwischen den extremen Kreisen eher vergrößert: der beste Wert liegt nunmehr bei 66.9 % (Stadt Darmstadt), der ungünstigste bei 3.3 % Bildungsbeteiligung (Kreis Landshut).

Die Quote der Gymnasiasten in den Städten und Landkreisen der Länder belegt außerordentliche Ungleichheiten in der Bildungsbeteiligung (vgl. Übersicht 6.2, S. 82). Es gibt auf der einen Seite mittlerweile 21 Kreise, in denen mehr als 40 % der Altersgruppe die gymnasiale Oberstufe besuchen (alles kreisfreie Städte); auf der anderen Seite gibt es immer noch 184 Kreise, in denen dieser Anteil unter 20 % liegt. Und 31 Kreise könnten auch weiterhin als "Bildungsnotstandsgebiete" eingestuft werden, weil weniger als 10 % der Jugendlichen den Sprung in die gymnasiale Oberstufe geschafft haben (alles Landkreise). Der Unterschied zwischen Städten und Landkreisen ist eklatant: in drei Vierteln der Landkreise bleibt die Bildungsbeteiligung an der gymnasialen Oberstufe unter 20 %; bei den Städten trifft dies nicht einmal mehr auf jede zwölfte zu.

Übersicht 6.2:

Gymnasiasten unter den 17- bis 19jährigen in den Städten und Landkreisen:
(Unberücksichtigt bleiben die Stadtstaaten Hamburg, Berlin, Bremen mit Bremerhaven und 3 Landkreise in Bayern ohne gymnasiale Bildungsangebote)

		Gymnasiasten unter den 17-19jährigen						
Bundesland		bis 9 %	10 -19 %	20 -29 %	30 -39 %	40 - 49 %	50 % +mehr	Gesamt
Schleswig-Holstein	Städte	-	-	4	-	-	-	4
	Kreise	1	9	1	-	-	-	11
Nieder-sachsen	Städte	-	2	3	3	1	-	9
	Kreise	1	27	9	1	-	-	38
Nordrhein-Westfalen	Städte	-	5	14	2	1	1	23
	Kreise	-	9	22	-	-	-	31
Hessen	Städte	-	-	-	2	2	1	5
	Kreise	1	10	9	1	-	-	21
Rheinland-Pfalz	Städte	-	-	2	2	6	2	12
	Kreise	4	16	4	-	-	-	24
Baden-Württemberg	Städte	-	-	5	3	1	-	9
	Kreise	1	30	4	-	-	-	35
Bayern	Städte	-	-	8	11	4	2	25
	Kreise	23	39	5	1	-	-	68
Saarland	Städte	-	-	-	-	-	-	-
	Kreise	-	6	-	-	-	-	6
alte Bundesländer	Städte	-	7	36	23	15	6	87
	Kreise	31	146	54	3	-	-	234
	Insgesamt	31	163	90	26	15	6	321
in Prozent	Städte	-	8.0	41.4	26.4	17.2	6.9	100.0
	Kreise	13.2	62.4	23.1	1.3	-	-	100.0

6.2 Nord-Süd-Gefälle der Bildungsbeteiligung

Die Landeswerte der Bildungsbeteiligung haben eine ganz ähnliche Stufung behalten; am stärksten haben sich die Werte für Nordrhein-Westfalen verbessert. Gebiete mit geringer Bildungsbeteiligung finden sich am häufigsten in Bayern und Rheinland-Pfalz sowie in größeren Teilen von Baden-Württemberg und Schleswig-Holstein. Günstiger ist die Situation in Hessen und Nordrhein-Westfalen (vgl. Karte 6.1, S. 84).

In den südlichen Bundesländern Bayern, Baden-Württemberg und Rheinland-Pfalz ist die regionale Ungleichheit der Bildungschancen zudem besonders ausgeprägt: Ländlichen Kreisen mit geringer Bildungsbeteiligung stehen Städte mit sehr hoher Bildungsbeteiligung gegenüber. In Baden-Württemberg würde zwar unter Einbezug der beruflichen Fachgymnasien die Bildungsbeteiligung insgesamt ansteigen, die regionale Disparität sich dadurch aber nicht verringern. In Bayern würde sich nur für eine begrenzte Zahl der Landkreise bei einer gemeinsamen Berechnung der Bildungsbeteiligung mit den zentralen kreisfreien Städten eine günstigere Quote der Bildungsbeteiligung für die Landkreise ergeben.

Stellen wir die Kreise und Regionen geringer Bildungsdichte, wie sie Anfang der 60er Jahre von PEISERT ermittelt wurden (1967, S. 40/41), den gegenwärtigen Kreisen geringer Bildungsbeteiligung gegenüber, stellen wir eine hohe Anzahl von Überschneidungen fest. Darin drückt sich eine vielfach vorhandene Kontinuität in der regionalen "Bildungsrückständigkeit" aus. Sie ist besonders häufig in Bayern, gefolgt von Rheinland-Pfalz und Baden-Württemberg, gewahrt worden. In Bayern und Baden-Württemberg sind zudem häufiger Kreisgebiete zu finden, die im Vergleich zu den 60er Jahren sogar zurückgefallen sind und mittlerweile zu den bildungsrückständigen Gebieten gerechnet werden müssen. In Hessen, Niedersachsen und vor allem Nordrhein-Westfalen hat es demgegenüber erhebliche Verbesserungen und Angleichungen in der Bildungsbeteiligung gegeben. Nur vereinzelt sind Kreise als "bildungsrückständige Gebiete" einzustufen.

Unter dem programmatischen Titel "Zur Theorie und Empirie regionaler Disparitäten in der Bundesrepublik Deutschland" haben BERTRAM/ DANNECKER (1990) für die Bundesländer die jeweiligen Landkreise mit

Karte 6.1:

Bildungsbeteiligung der 17- bis 19jährigen an gymnasialen Oberstufen in den Kreisen der alten Bundesländer

(Schuljahr 1989/90; schulformbezogener Ausweis)

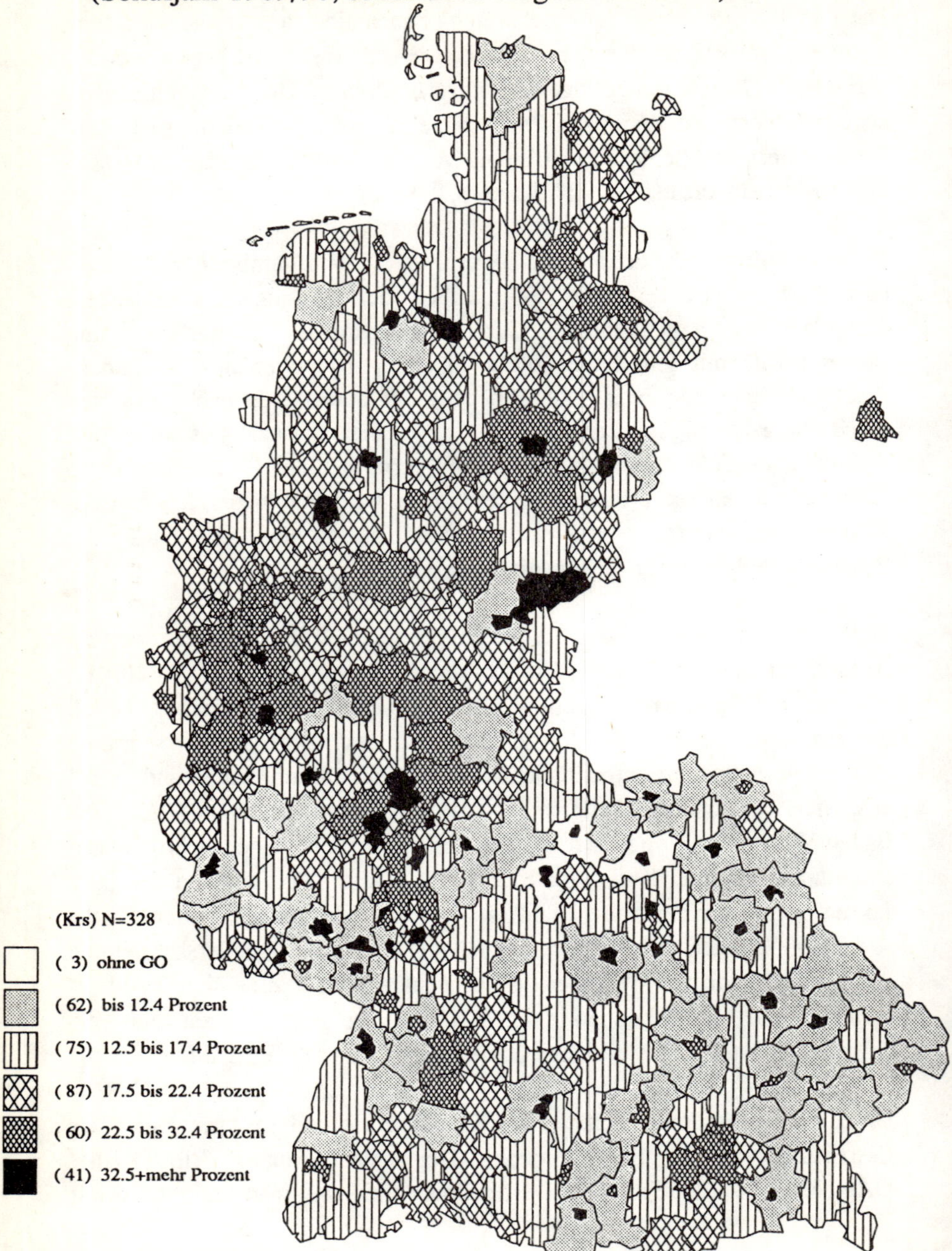

Entwurf: Projektgruppe Bildung und Region Konstanz, 6.1.1992
Quellen: Schulstatistiken der Länder 1988/89 und Volkszählung 1987

den niedrigsten und den höchsten "Quartanerquoten" gegenübergestellt. Wie aus dieser Untersuchung hervorgeht, ist die Differenz bei den Landkreisen mit den niedrigen Quartanerquoten größer (36 Prozentpunkte) als in denen mit den höchsten Quartanerquoten (28 Prozentpunkte). Hinsichtlich der Gebiete hoher Bildungsbeteiligung haben sich demnach die Bundesländer, unabhängig von ihrer Bildungspolitik, eher angeglichen. Die Differenz ist größer bei den eher noch "bildungsrückständigen Gebieten": die Nachzügler bestimmen die Unterschiede.

In den Ballungsgebieten hat die Nachfrage der bildungsinteressierten Bevölkerungsteile nach höherwertigen Abschlüssen die jeweilige Landespolitik offenbar längst überspielt: das gilt für Städte wie Bonn und Münster in Nordrhein-Westfalen, für Freiburg und Heidelberg in Baden-Württemberg, für München in Bayern.

Auffallend groß sind die Diskrepanzen zwischen den extremen Landkreisen in Rheinland-Pfalz, Bayern und Baden-Württemberg (mit jeweils mehr als 45 Prozentpunkten). Offenbar hängt dies mit den Angebotsstrukturen in diesen Bundesländern zusammen: zum einen die Stützung der Hauptschule, zum anderen der Verzicht auf die weitere Einführung von Gesamtschulen als ausgleichendem Angebot erweiterter Bildungschancen in manchen ländlichen Regionen, aber auch in manchen Stadtgebieten mit bildungsferneren Bevölkerungsschichten (Mannheim, Heilbronn, Nürnberg).

Für das Bundesland Hessen stellen STEINERT/RAUIN/WEISHAUPT fest, daß trotz insgesamt hoher Bildungsbeteiligung nach mehr als 20 Jahren Bildungsreform weiterhin "erhebliche Disparitäten bestehen" (1991, S. 28). In Darmstadt besuchten im Schuljahr 1989/90 im 7. Jahrgang 61 % der Schüler ein Gymnasium (bzw. einen gymnasialen Bildungsgang); im Kreis Fulda dagegen nur 28 %, im Odenwaldkreis und im Kreis Vogelsberg ähnlich niedrig nur 27 % (1991, S. 30). Sie gehen davon aus, daß diese Unterschiede neben anderen Gründen auch "in hohem Maße von der Schulstruktur am Wohnort beeinflußt" (1991, S. 28) sind.

Alle vorhandenen Analysen weisen deutlich auf das Fortbestehen eklatanter regionaler Unterschiede in den Bildungschancen hin; trotz allgemeiner Anhebung der Bildungsbeteiligungen ist das Nord-Süd-Gefälle dabei eher stärker geworden. Wie auch BÖTTCHER/BUDDE/KLEMM (1988) aufgezeigt haben, wirken sich diese Unterschiede besonders nachteilig für die "bildungsferneren Schichten" aus. In der Gegenüberstellung von Nordrhein-Westfalen und Bayern pointieren sie: "In Nordrhein-Westfalen mit seiner starken Expansion ist die Chance eines Arbeiterkindes, zum Abitur zu gelangen, etwa doppelt so hoch wie in Bayern, dem Land mit einer relativ stark gebremsten Expansion" (1988, S. 74). Auch HANSEN/ROLFF bilanzieren als Resultat der Schulentwicklung der letzten beiden Jahrzehnte: "An der Struktur der sozialen Ungleichheit hat die Bildungsexpansion der letzten 20 Jahre offenbar wenig geändert" (1990, S. 60).

Die Disparitäten zwischen bildungsintensiven und bildungsrückständigen Kreisen haben sich im Zuge der Bildungsexpansion eher verschärft. Von einem Abbau der Ungleichheit, etwa entlang der Linie städtische versus ländliche Gebiete oder zwischen Kreisen mit hohen Anteilen an Arbeitern und Landbevölkerung gegenüber Städten mit hohen Anteilen an Akademikern und Beamten, ist nichts zu erkennen. Zwar war die Bildungspolitik in der Anhebung des Bildungsstandards durchaus erfolgreich, wenngleich unterschiedlich in den Ländern, dennoch hat sie insgesamt keinen Ausgleich der Bildungschancen erreicht.

7. Schulerfolg: große regionale Ungleichheiten

Für den weiteren Lebensweg und die zukünftigen Lebenschancen ist der Schulerfolg von außerordentlicher Bedeutung. Die von den Schulen vergebenen Zertifikate stellen in der modernen Leistungsgesellschaft eine entscheidende Weichenstellung für die weiteren beruflichen Wege und späteren sozialen Lagen. Der Schulerfolg, gemessen über die erreichten Abschlüsse, ist daher ein zentraler Ausweis für die regionalen Bildungschancen. Das unterschiedliche Ausmaß erreichter Schulabschlüsse zwischen Kreisen oder Gemeinden ist somit selbst ein Maß für regionale Ungleichheiten der Bildungschancen.

Bei den möglichen Abschlüssen des allgemeinbildenden Schulwesens, trotz manch innerer Vielfalt, sind vor allem vier Stufen wichtig:

- auf der untersten Stufe bleiben Abgänger, die nicht einmal den Hauptschulabschluß erreicht haben;

- auf der zweiten Stufe stehen jene, die den Hauptschulabschluß zumindest als Grundqualifikation erreicht haben;

- die mittlere Qualifikation, als Realschulabschluß oder Mittlere Reife, bildet die dritte Stufe; vielfach gilt sie heute als Mindestvoraussetzung für einen aussichtsreichen beruflichen Bildungsweg;

- auf der vierten Stufe, der allgemeinen oder fachgebundenen Hochschulreife (Abitur), steht eine Vielzahl von Optionen offen.

Bei jenen Jugendlichen ohne Hauptschulabschluß muß von einem "schulischen Mißerfolg" im allgemeinbildenden Schulwesen gesprochen werden, der sich im übrigen zumeist in der anschließenden beruflichen Ausbildung fortsetzt, soweit eine solche überhaupt noch angestrebt wird. Auf der anderen Seite stehen die Erfolgreichen, jene Jugendlichen, die das Abitur erreicht haben, und denen damit einerseits der Weg in ein Studium offen steht, die aber andererseits auch attraktive berufliche Ausbildungsplätze besetzen können.

In den folgenden Ausführungen soll geklärt werden, wie diese beiden Extremgruppen, jene mit schulischem Mißerfolg und jene schulisch Erfolgreichen, regional verteilt sind.

7.1 Die Problemgruppe: ohne Hauptschulabschluß

Wer das allgemeinbildende Schulwesen ohne Abschluß verläßt, "hat das Klassenziel nicht erreicht". Bei diesen Jugendlichen handelt es sich um eine bildungspolitische wie pädagogische Problemgruppe. Sie werden nicht zu unrecht als die "Kellerkinder" des Bildungswesens bezeichnet. Die Problematik ihrer "Bildungsbiographie" setzt sich in der Regel im beruflichen Schulwesen fort: unter denen, die keine berufliche Qualifikation erreichen, sind sie überproportional vertreten.

In den letzten Jahren haben sich die absolute Zahl und der Anteil der Abgänger ohne Hauptschulabschluß verringert. Es sind aber immer noch jährlich über 50.000 Jugendliche (1990: 53.600), die das Schulwesen ohne Abschluß verlassen. Seit 1987 stagnieren Zahl und Anteil in dieser Größenordnung von knapp über 50.000 und fast 8 % - auf Dauer eine immer noch problematische Größenordnung (vgl. BMBW, Grund- und Strukturdaten 1991/92, S. 80/81 und Übersicht 7.1).

Gemäß den offiziellen Daten für allgemeinbildende Schulen haben 8 % ihrer Abgänger diese 1990 ohne Hauptschulabschluß verlassen. Der Berufsbildungsbericht für 1990 weist demgegenüber nur 6.7 % der Absolventen im Bundesgebiet ohne Hauptschulabschluß aus (S. 190); in diesen Anteilswerten sind allerdings die Abschlüsse im beruflichen Schulwesen mitberücksichtigt, so daß damit der "Erfolg" des allgemeinbildenden Schulwesens etwas "überschätzt" wird.

Übersicht 7.1:

Schulabgänger ohne Hauptschulabschluß (HSA) in den alten Bundesländern 1990

Bundesland	Schulabgänger insgesamt	ohne Hauptschulabschluß	in Prozent von insgesamt
Schleswig-Holstein	29.760	2.616	9.4
Hamburg	17.830	1.417	8.7
Niedersachsen	92.470	7.027	8.4
Bremen	7.390	232	3.8
Nordrhein-Westfalen	197.450	12.520	6.6
Hessen	62.770	5.210	8.9
Rheinland-Pfalz	42.120	3.500	9.1
Baden-Württemberg	111.490	8.435	8.2
Bayern	128.200	9.171	7.6
Saarland	10.700	1.004	10.1
Berlin-West	18.080	2.468	13.6
Bundesgebiet	718.260	53.600	8.0

Im Ländervergleich ist die Quote der Erfolglosen mit 3.8 % in Bremen, gefolgt von Nordrhein-Westfalen mit 6.6 % am niedrigsten, in Berlin-West mit 13.6 % am höchsten. Unter ihnen befindet sich ein hoher Anteil ausländischer Kinder. Vergleichsweise viele Jugendliche, etwa jeder zehnte, bleiben im Saarland, in Schleswig-Holstein und in Rheinland-Pfalz ohne Hauptschulabschluß.

Geht man in der regionalen Verteilung auf die Kreisebene, werden relativ breite Abweichungen um die landesspezifischen Durchschnittswerte sichtbar, wie ein Vergleich der Stadt- und Landkreise in Baden-Württemberg zeigt. Wegen der geringeren Ausländeranteile schneiden hierbei die Landkreise etwas besser ab (vgl. Übersicht 7.2).

Übersicht 7.2:

Quote der Schulabgänger ohne Hauptschulabschluß in den Kreisen vonBaden-Wüttemberg (Schuljahr 1990/91)

Anteil der Schulabgänger ohne Hauptschulabschluß	kreisfreie Städte		Land- kreise	Gesamt
5.0 bis 5.9 Prozent	1		-	1
6.0 bis 6.9 Prozent	-		11	11
7.0 bis 7.9 Prozent	2		10	12
8.0 bis 8.9 Prozent	1		7	8
9.0 bis 9.9 Prozent	2		4	6
10.0 Prozent und mehr	3		3	6
Gesamt	9		35	44
Durchschnitt in %	9.7		7.8	8.1
Minimum in %	5.8	Freiburg	6.0	Ostalb
Maximum in %	13.3	Pforzheim	12.0	Neckar-Odenwald

Erkennbar wird, daß es in Baden-Württemberg keinen Kreis mit einer niedrigen "Mißerfolgsquote" unter 5 % gibt (die in anderen Bundesländern zum Teil vorhanden sind). In Baden-Württemberg weisen immerhin noch 6 der 44 Kreise mehr als 10 % Schulabgänger ohne Hauptschulabschluß auf; am meisten Jugendlichen ohne Hauptschulabschluß werden für den Stadtkreis Pforzheim mit 13.3 % und dem Landkreis Neckar-Odenwald mit 12.0 % verzeichnet.

Demnach werden erhebliche regionale Spannweiten auch bei diesem Indikator schulischen Versagens sichtbar; sie sind hier - nicht zuletzt wegen der unterschiedlichen Ausländeranteile - bei den Stadtkreisen größer als bei den Landkreisen.

Entsprechend einer aktuellen Erhebung im Auftrag des BUNDESMINISTERS FÜR BILDUNG UND WISSENSCHAFT (1991) wurde bislang das Problem der Gruppe von Jugendlichen ohne beruflichen Abschluß, das heißt ohne abgeschlossene Berufsausbildung, unterschätzt. Die Studie schätzt den Anteil auf jeden Fünften (19.9 %). Während es nach dem Geschlecht auf der allgemeinen Ebene keine auffallende Differenz gibt, bestehen solche zwischen Deutschen (12 %) und Ausländern (39 %). In der Studie wird festgestellt: "Ein noch düsteres Bild zeigt sich, wenn man die Anteile an nicht formal beruflich Qualifizierten nach ihren schulischen Bildungsabschlüssen differenziert: Offensichtlich gelingt es nur einem verschwindend geringen Anteil von Jugendlichen ohne Hauptschulabschluß (25 %), eine berufliche Ausbildung abzuschließen" (BMBW 1991 b, S. 3).

Das Verfehlen des Hauptschulabschlusses setzt sich demnach mit Nachteilen im weiteren beruflichen Bildungsweg fort: Denn von drei Vierteln wird auch dort kein Abschluß nachgeholt oder erreicht. Für Jugendliche mit Hauptschulabschluß gilt dies in gleicher Weise für etwa 16 %, bei Absolventen von Realschulen und Gymnasien bleibt der Anteil unter 10 % (vgl. BMBW 1991 a, S. 22).

7.2 Die Erfolgreichen: Abiturientenquote

In den 60er Jahren galt die Höhe der Abiturientenquote als Beleg einer aktiven Bildungspolitik (DAHRENDORF 1965). Der Anstieg des Anteils an Abiturienten hat sich in den 80er Jahren weiter fortgesetzt: von 16 % 1980 auf 26 % 1989/90. Im Ländervergleich sind die alten Unterschiede und Abstände jedoch weitgehend erhalten geblieben: Während in Hamburg die Abiturientenquote mittlerweile 37 % erreicht hat, liegt sie in Bayern bei 21 %.

Zwischen den kreisfreien Städten gibt es Unterschiede von erstaunlich hohem Ausmaß: Die meisten Abiturienten unter den Abgängern des allgemeinbildenden Schulwesens weist Darmstadt mit 60 % auf, die wenigsten Salzgitter mit nur 18 %. Soweit nachprüfbar folgen diese Werte in ihrem Ausmaß und ihrer Stufung weitgehend den Daten über die Besuchsquote in der gymnasialen Oberstufe.

Vergleichen wir das Erreichen der Hochschulreife im allgemeinbildenden Schulwesen zwischen Nordrhein-Westfalen und Baden-Württemberg, zeigt sich, daß die Ungleichheit zwischen Städten und Landkreisen in Baden-Württemberg weit ausgeprägter ist (vgl. Übersicht 7.3, S. 92).

Zwischen den Stadtkreisen der beiden Länder bestehen keine besonderen Unterschiede: in beiden Ländern liegt die Abiturientenquote im Schnitt bei 35 % und die Differenz zwischen den Stadtkreisen mit der jeweils höchsten und der jeweils geringsten Abiturientenquote ist ganz ähnlich (24 zu 54 % in Nordrhein-Westfalen, 22 zu 51 % in Baden-Württemberg). In beiden Ländern gibt es also Städte, in denen mittlerweile mehr als die Hälfte der Abgänger die Hochschulreife erlangen: Bonn und Heidelberg, gefolgt von zwei anderen Universitätsstädten (Münster und Freiburg).

In ländlichen Gebieten, d.h. in den Landkreisen, sind die Unterschiede zwischen den beiden Bundesländern besonders eklatant: In Baden-Württemberg bleibt bei der Hälfte der Landkreise die Abiturientenquote unter 20 %, während in Nordrhein-Westfalen kein Landkreis eine solch niedrige Quote aufweist. Dort erreichen in der Mehrzahl der Landkreise (24 von 31) zwischen 25 und 35 % der Abgänger das Abitur. Die Spannweite unter den Landkreisen ist geringer: in Nordrhein-Westfalen liegt sie zwischen 22 und

36 %, in Baden-Württemberg zwischen (nur) 10 % (im Landkreis Freudenstadt) und 30 %. In Baden-Württemberg gibt es noch keinen Landkreis, in dem mehr als ein Drittel der Schüler im allgemeinbildenden Schulwesen die allgemeine Hochschulreife erwerben.

Übersicht 7.3:

Abgänger mit Hochschulreife aus allgemeinbildenden Schulen in den Kreisen von Nordrhein-Westfalen und Baden-Wüttemberg

Schulabgänger mit Hochschulreife	Nordrhein-Westfalen			Baden-Württemberg 1)		
	Städte	Kreise	Gesamt	Städte	Kreise	Gesamt
bis 19.9 Prozent	-	-	-	-	18 (13)	18 (13)
20.0 bis 24.9 Prozent	2	4	6	1 (-)	9 (9)	10 (9)
25.0 bis 29.9 Prozent	4	14	18	1 (-)	7 (15)	8 (15)
30.0 bis 34.9 Prozent	7	10	8	1 (2)	1 (7)	2 (9)
35.0 bis 39.9 Prozent	5	3	2	4 (-)	- (-)	4 (-)
40.0 bis 44.9 Prozent	2	-	2	1 (3)	- (-)	1 (3)
45.0 bis 49.9 Prozent	2	-	2	- (2)	- (-)	- (2)
50.0 Prozent und mehr	1	-	1	1 (2)	- (-)	1 (2)
Gesamt	23	31	54	9	35	44
Durchschnitt in %	35 %	29 %	31 %	35 (43)	21 (27)	24 (30)
Minimum in %	24 % Hamm/Herne	22 % Borken/Gütersloh		22 % Heilbronn	10 % Freudenstadt	
Maximum in %	54 % Bonn	36 % Neuss/Rhein-Sieg		51 % Heidelberg	30 % Tübingen	

1) In Klammern sind die Zahl der Kreise angegeben, wenn die Absolventen der beruflichen Gymnasien mit Hochschulreife zusätzlich berücksichtigt werden; d.h. landesweit erhöht sich dadurch die Quote der Abgänger mit Hochschulreife von 24 auf 30 Prozent.

Freilich ist für Baden-Württemberg die Besonderheit des beruflichen Gymnasiums zu berücksichtigen, an denen mittlerweile über 8.000 Landeskinder das Abitur ablegen (vgl. DREHER 1991). Da die Mehrheit von ihnen aus den Realschulen kommt, stellt dies einen landesspezifischen Aufstiegsweg dar. Berücksichtigt man diese durch die beruflichen Gymnasien qualifizierten Abiturienten mit, ergibt sich zwar eine deutlich verbesserte Quote für das gesamte Land (sie steigt von 24 auf 30 %), die jener von Nordrhein-Westfalen fast entspricht, aber die regionalen Unterschiede werden nicht geringer, sondern eher akzentuiert.

Ein Vergleich der Abiturientenquote auf der Kreisebene zwischen Nordrhein-Westfalen und Bayern für das Schuljahr 1987 durch BELOW (1990) belegt, daß auch in Bayern die landesweite Abiturientenquote mit 18.4 % um 6 Prozentpunkte unter der nordrhein-westfälischen lag. Der Vergleich auf der Kreisebene erbrachte in beiden Ländern zwar regionale Disparitäten, sie sind jedoch in Bayern weit stärker ausgeprägt: Die Extremwerte in Bayern liegen bei 3.6 versus 39.6 %, in Nordrhein-Westfalen zwischen 17.6 und 48.2 %. BELOW folgert: "In Bayern liegen die Anteile deutlich niedriger und die Unterschiede zwischen den Kreisen sind ausgeprägter" (1990, S. 62).

Aus dem Vergleich zwischen den Ländern Nordrhein-Westfalen, Baden-Württemberg und Bayern drängen sich zwei Schlußfolgerungen auf:

(1) Die Stadtkreise haben sich über die Länder hinweg im "Bildungsverhalten" weitgehend angeglichen. Das betrifft sowohl die hohen Erfolgsquoten von mehr als der Hälfte eines Jahrgangs in manchen Stadtkreisen als auch die breite Distanz zwischen den Stadtkreisen mit den geringsten und den meisten Abiturienten (30 Prozentpunkte).

(2) Länderunterschiede machen sich entscheidend, hinsichtlich des Erwerbs der Hochschulreife, in den Landkreisen bemerkbar. Vor allem in Bayern, aber auch in Baden-Württemberg liegen manche Landkreise besonders weit zurück, sogar deutlich hinter den Stadtkreisen mit der niedrigsten Abiturientenquote. In Nordrhein-Westfalen besteht kaum noch eine Differenz zu den Stadtkreisen, und die Abiturientenquote in diesen Landkreisen ist günstiger als in den anderen beiden Bundesländern.

Offenbar hat in den Stadtkreisen die landesspezifische Bildungspoltik in ihrer Eigenart von Schulansiedlung und Schulformpräferenz wenig Auswirkungen auf den Schulbesuch und den Schulerfolg. Hier sind es in erster Linie kommunale Konstellationen der Bevölkerungsstruktur und der lokalen Schulangebote, welche die Differenzen bestimmen. Es sind offenbar die Landkreise, in denen sich die unterschiedlichen Bildungsstrategien stärker auswirken: Das betrifft einerseits den Verzicht auf die Option einer integrierten Schulform zugunsten eines Festhaltens an Hauptschulen; das betrifft andererseits die eher zentrale Lokalisierung von Gymnasien in größeren Städten. Beides führt zu einer überproportional verlangsamten Bildungsbeteiligung und in Konsequenz zu einer starken Benachteiligung in den Chancen, die Hochschulreife zu erreichen.

8. Ungleiche Bildungschancen in den alten und neuen Bundesländern

Gesicherte Aussagen zur Disparität und Ungleichheit im Bildungswesen der neuen Bundesländer lassen sich nur schwer treffen. Dies liegt sowohl an den ungenügenden Datengrundlagen als auch an den sich vollziehenden Veränderungen im Schulwesen.

Es läßt sich aber konstatieren, daß offenbar in der ehemaligen DDR, allerdings auf einem insgesamt festgeschriebenen und niedrigen Sockel, erhebliche soziale Ungleichheiten und regionale Disparitäten bestanden.

8.1 Zur Situation in den neuen Bundesländern

So war die Sortierung der Schüler trotz polytechnischer Einheitsschule nach Klasse 10 weitaus schärfer und endgültiger als in allen Ländern der alten BRD. Wer nach Klasse 10 in die EOS (ca. 20.000) oder in eine Berufsausbildung mit Hochschulreife (ca. 10.000) kam, dem war die Studienaufnahme so gut wie sicher. Diese Schülerinnen und Schüler stellten zusammen dann etwa 90 % aller Studienanfänger. Nur 10 % der Studienanfänger kamen auf anderen Wegen zur Hochschule, sei es nach der Facharbeiterausbildung (ca.

110.000) über universitäre Vorkurse (dies schafften von ihnen höchstens 3%) oder über Fach- und Ingenieurschulen (ca. 40.000); von ihnen kamen sogar weniger als 1 % zum Hochschulstudium (vgl. LESZCZENSKY/PARCHATKA 1990, S. 2). Der Weg außerhalb der erweiterten Oberschule und den spezifischen Berufsschulen zum Studium war folglich außergewöhnlich selten.

Trotz des ingesamt niedrigen Niveaus der Studienbeteiligung, gemessen an den Altersjahrgängen, bestanden in der ehemaligen DDR dennoch große regionale Ungleichheiten der Bildungsbeteiligung auf der Kreisebene, etwa in den Ziffern der Studienberechtigten (vgl. KUTHE 1991 b).

Aufgrund der geringen Differenzierung und Offenheit des Schul- und Bildungssystems in der DDR besteht in den neuen Bundesländern ein erheblicher Nachholbedarf an Schulentwicklung und Bildungsbeteiligung. Dies betrifft in besonderem Maße den beruflichen Bereich und das Offenhalten von Anschlüssen im Tertiären Bereich der Fachschulen und Hochschulen.

Unabhängig von länderspezifischen Wegen wird als Perspektive zu beachten sein, das wohnortnahe Schulangebot möglichst zu erhalten, zugleich aber differenzierter, offener und mit erweiterten Profilen zu gestalten.

Nach bislang vorliegenden Daten zum Schulbestand in den neuen Ländern (vgl. KLEMM 1991, S. 50/51) etablieren sich offenbar relativ rasch Beteiligungsquoten wie in den alten Bundesländern. Für Mecklenburg wird ein Übergang von 30 % auf das Gymnasium berichtet, für Berlin-Ost als Ballungsgebiet von 38 % (bei einer Besuchsquote von 48.3 % an Gesamtschulen).

Bereits diese Daten weisen auf erhebliche Unterschiede in der Schulangebotsstruktur der einzelnen Länder und ihrer Regionen hin. Wenn sich zudem häufiger durchsetzt, was zu befürchten ist, daß Gymnasium eher in "besseren" oder den Innenstadtvierteln, die anderen Bildungsangebote eher in "schlechteren" Vierteln oder den Arbeitervierteln lokalisiert werden, "beschleunigt die regionale Schulplanung den sozialen Ausleseeffekt, den das gegliederte Schulsystem ohnedies mit sich bringt" (KLEMM 1991, S. 48).

Da in den neuen Ländern vielfach ein gegliedertes Schulangebot durchgesetzt wurde, ist zu erwarten, daß sich ähnlich problematische Entwicklungen wie in den alten Bundesländern hinsichtlich Angebotsdisparitäten und Ungleichheiten der Bildungschancen einstellen werden. Zusätzlich verstärkt werden die vorhandenen Disparitäten durch die aufgrund der demographischen Entwicklung zu erwartenden Veränderung des Standortnetzes von Schulen (vgl. KLEMM in diesem Band).

8.2 Unterschiede in der Studentendichte

Es hätte nahe gelegen, sich statt der Studentendichte der sogenannten Abiturientendichte vergleichend zuzuwenden und zu fragen, wieviele Jugendliche eines Jahrganges in den Kreisen der ehemaligen BRD und DDR die Studienberechtigung für den Hochschulbesuch erworben haben. Zugänglich sind gegenwärtig die Studentenzahlen in regionaler Untergliederung, und zwar für beide Länderbereiche. Selbst das, was so einfach erscheint, wirft erhebliche Probleme des Vergleichs auf; zwei seien genannt: Welche Studierenden sind zu berücksichtigen (auch Fachhochschulstudenten)? Und auf welche Altersgruppen werden sie bezogen (Umrechnungen)?

Um aber überhaupt mit Vergleichen zwischen den alten und neuen Bundesländern zu beginnen, halten wir den Ausweis zur Studentendichte für strukturell signifikant, um unterschiedliche Bildungschancen in den Regionen Deutschlands zu verdeutlichen. Das heißt, auch bei anderen Verfahrensweisen oder Indikatoren sind analoge strukturelle Ergebnisse zu erwarten, sowohl hinsichtlich der quantitativen Unterschiede wie hinsichtlich der regionalen Verteilungen (wie sie zum Zeitpunkt der Vereinigung bestanden haben).

Es besteht eine deutliche Differenz zwischen alten und neuen Bundesländern; die durchschnittliche Studentendichte in den Kreisen der ehemaligen DDR ist nur halb so hoch (9.6 %) wie in den Kreisen der alten Bundesländer (19.6 % - vgl. Übersicht 8.1, S. 97); entsprechend hoch ist der Anteil der Kreise mit einer niedrigen Studentendichte in der ehemaligen DDR.

Übersicht 8.1:

Verteilung der Kreise in den alten und neuen Bundesländern nach der Studentendichte (Wintersemester 1988/89)

(Quelle: Eigene Aufbereitungen der Studentenstatistiken von BRD und DDR)

Studentendichte	alte Länder Kreise	in %	neue Länder Kreise	in %	BRD insg. Kreise	in %
Auf 100 im Alter von 18 bis 23 Jahren entfallen ... Prozent der Studenten						
bis 6 Prozent	-	-	13	6.0	13	2.4
7 bis 9 Prozent	1	0.3	156	72.2	157	28.9
10 bis 12 Prozent	28	8.5	40	18.5	68	12.5
13 bis 15 Prozent	64	19.5	3	1.4	67	12.3
16 bis 18 Prozent	84	25.6	3	1.4	87	16.0
19 bis 21 Prozent	66	20.1	1	0.5	67	12.3
22 bis 24 Prozent	33	10.1	-	-	33	6.0
25+mehr Prozent	52	15.9	-	-	52	9.6
Summe	328	100.0	216	100.0	544	100.0
Durchschnittswerte		9.6		19.6		15.4
Minimum		9.4 (Freyung-Grafenau)		4.5 (Wittstock)		
Maximum		49.0 (Bonn)		19.5 (Plauen-Land)		49.0

In den alten Bundesländern liegt Bayern in den Bildungschancen für ein Studium deutlich zurück, denn dort finden sich die meisten Kreise mit einer niedrigen Studentendichte (unter 12 %). Dagegen weist vor allem Nordrhein-Westfalen günstige Werte in der Studentendichte und damit der Bildungschancen auf, denn hier finden sich die meisten Städte und Kreise mit einer hohen Studentendichte (über 20 %).

Trotz des insgesamt niedrigen Niveaus in den neuen Bundesländern zeigen sich auch dort deutliche regionale Unterschiede der Bildungschancen, wenngleich auf niedrigerem Niveau als in den neuen Bundesländern: Sie sind hauptsächlich als (Hochschul-)Stadt-Land-Gefälle zu klassifizieren (vgl. Karte 8.1, S. 99).

Die niedrigste Studentendichte weisen in der ehemaligen DDR der Kreis Wittstock (4.5%), in der ehemaligen BRD der Kreis Freyung-Grafenau (9.4 %), die höchste Studentendichte in der ehemaligen DDR der Kreis Plauen-Land (19.5 %), in der ehemaligen BRD die Stadt Bonn (49.0 %) auf. Die Spannweite beträgt in den neuen Ländern 15%, in den alten Ländern 40%.

Für die "neue" BRD ergibt sich ein Durchschnitt von 15.4 % bei einer Spannweite von 45 %. Die Disparität und Ungleichheit im Bildungswesen ist durch die Vereinigung erst einmal größer geworden.

9. Regionale Schulentwicklung: Bilanz und Perspektiven

Die Annahme, es sei in der Phase der Bildungsexpansion und erweiterten Bildungsbeteiligung in den letzten 20 Jahren gelungen, regionale Disparitäten der Schulversorgung und regionale Ungleichheiten der Bildungschancen abzubauen, erweist sich bei empirischer Nachprüfung als eine Illusion. In allen Bereichen des Bildungswesens und unter Berücksichtigung ganz verschiedener Aspekte ergeben sich hartnäckige regionale Disparitäten. Zum Teil haben sich vorhandene Disparitäten sogar verschärft, zum Teil sind neue Probleme der Versorgung aufgrund demographischer Entwicklungen und eines veränderten Bildungsverhaltens hinzugekommen.

Die kommunalen Strukturen des Schulangebots klaffen weit auseinander: zwischen Verödung und Überangebot. Die Probleme der Hauptschulen werden von Jahr zu Jahr gravierender: in vielen Orten sind es nur noch Rumpf- oder Restschulen. Aber auch bei den Gymnasien und vor allem ihren Oberstufen sind erhebliche Schwierigkeiten einer angemessenen Versorgung und gleichwertigen Struktur festzustellen. Die Versorgungsdichte mit gymnasialen Bildungsgängen weist zum Teil eklatante Spannweiten auf, die den

Karte 8.1:

Studentendichte in den Kreisen der alten und neuen Bundesländer

(Wintersemester 1988/89; 328 Kreise in den alten/ 216 in den neuen)

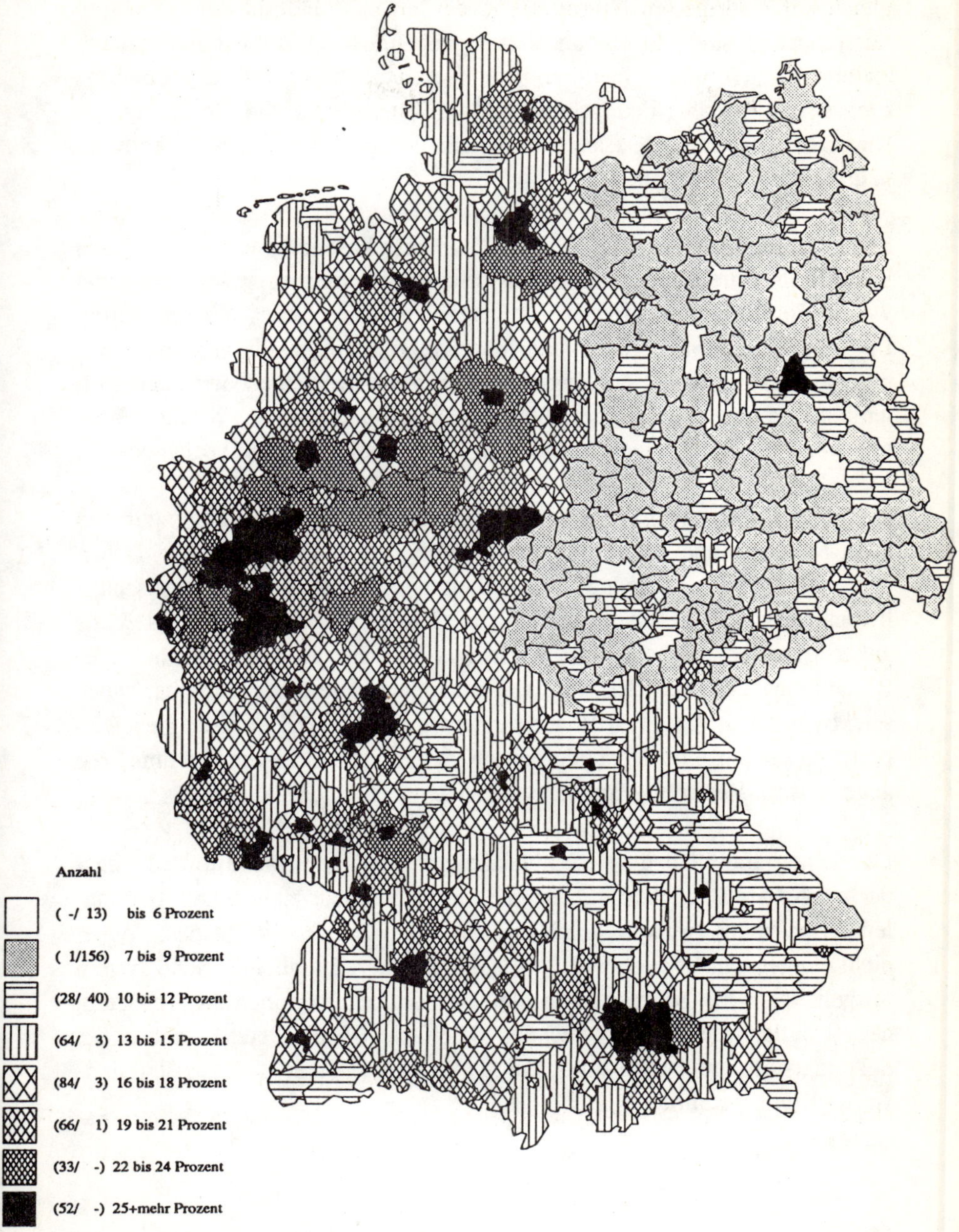

Entwurf: Projektgruppe Bildung und Region Konstanz, Mai 1991

Ansprüchen eines Mindeststandards gleichwertiger Versorgung nicht genügen können.

Entsprechend sind die Bildungsbeteiligung und der Schulerfolg regional außerordentlich unterschiedlich. Sie sind nicht allein auf die Bevölkerungsstruktur, das Bildungsinteresse der Eltern oder die Begabung der Kinder zurückzuführen. Ganz entscheidend dafür erweist sich die kommunale Schulangebotsstruktur.

Solche Diskrepanzen sind in jenen Ländern besonders stark, in denen weiterhin auf die Hauptschule als eigenständige Schulform gesetzt wird und wo die Einführung integrierter Schulangebote bisher ausgeschlossen wurde. In diesen Ländern ist die weiterführende Bildungsbeteiligung nicht nur geringer, sondern auch die Ungleichheiten in den verschiedenen Landesteilen sind weitaus größer. Schließlich ist auch die Disparität zwischen Stadt und Land in diesen Ländern nach wie vor in starkem Maße vorhanden.

Zu diesen Disparitäten der Schulversorgung und Bildungsbeteiligung in den alten Bundesländern ist seit der Vereinigung ein starkes Gefälle zwischen den alten und neuen Ländern hinzugekommen. Nicht nur in der wirtschaftlichen Ausgangslage erweisen sich die Gebiete der ehemaligen DDR als außerordentlich benachteiligt; auch was die Breite und Offenheit der Bildungschancen betrifft, sind sie weit begrenzter und offenbar noch selektiver als in den alten Bundesländern gewesen. Die aufgezeigten Disparitäten stellen eine Herausforderung dar: an die Schulentwicklung, die angemessene Verteilung von Schulangeboten und die Gestaltung von Schule.

Der demographisch bedingte Schülerrückgang und die veränderte "Bildungsnachfrage" am Ende der Grundschule führen absehbar zu größeren regionalen Disparitäten, wenn schulplanerisch und bildungspolitisch den Folgen nicht entgegengearbeitet wird. Solange am herkömmlichen Schulsystem festgehalten wird, solange ist in vielen ländlichen Regionen die Verödung der Schullandschaft vorgezeichnet. Vielfach ist die letzte Schule der Sekundarstufe am Ort in ihrer Tragfähigkeit und einer pädagogisch sinnvollen Breite gefährdet.

In der Regel greifen die Disparitäten der regionalen Struktur der Schulangebote und die Ungleichheiten aufgrund sozialer Herkunft (Arbeiter, Ausländer) ineinander. Die Wechselwirkung hat zur Folge, daß die schulischen Erfolgsquoten von Kreis zu Kreis, von Stadt zu Stadt, von Stadtviertel zu Stadtviertel ganz unterschiedlich ausfallen. Das beginnt bei der Verteilung nach der Grundschule auf die verschiedenen Schulformen (Hauptschule versus Gymnasium), das setzt sich fort über die Abschlußprofile am Ende der Sekundarstufe I und ihre Verwertung bis zu den Abiturientenquoten und den Studierenden an Fachhochschulen und Universitäten.

Die regionalen und lokalen Unterschiede in diesen Quoten sind nach wie vor so groß und das Ausmaß der "Gymnasialbeteiligung" oder "Studienbeteiligung" liegt zwischen Gemeinden und Kreisen nach wie vor so weit auseinander, daß es nur schwer gelingen kann, dies auf unterschiedliche Begabungen und Leistungsfähigkeiten der in den jeweiligen Regionen lebenden Kinder und Jugendlichen zurückzuführen. Es ist vielmehr in der Hauptsache das Zusammenspiel zwischen Disparitäten im Schulangebot (deren Vielfalt und Organisation, deren Programm und Pädagogik) und der ungleichen Ausstattung dort vorwiegend lebender Elternhäuser mit kulturellem und ökonomischem Kapital, die derartige Unterschiede in den Bildungschancen bedingen.

Richten wir den Blick in die Zukunft, dann erscheinen Gefahren einer Zunahme von Disparitäten und Benachteiligungen (selbst wenn sie kleinere Gruppen treffen) größer, als daß eine Verringerung zu erwarten wären.

Literaturangaben

AURIN, K./RAETHER, W.: Probleme der Erhaltung eines differenzierten und pädagogisch leistungsfähigen Schulangebots bei Rückgang der Geburten und anderen Veränderungen. In: Akademie für Raumforschung und Landesplanung (Hg.): Regional differenzierte Schulplanung unter veränderten Verhältnissen. Forschungs- und Sitzungsberichte, Band 150, S. 55-87. Hannover 1984.

BARGEL, T.: Die Entwicklung der Industriegesellschaft und die Qualität von Schule. In: GLATZER, W. (Hg.): Die Modernisierung moderner Gesellschaften, S. 35-37. Opladen 1991.

BARGEL, T./KUTHE, M.: Schullandschaft in der Krise. Disparitäten der Schulversorgung und Ungleichheit der Bildungschancen in Baden-Württemberg. Stuttgart 1992.

BARGEL, T./KUTHE, M./STEIN, G.: Entwicklung der gymnasialen Oberstufen an Gymnasien und Gesamtschulen in Nordrhein-Westfalen in den 90er Jahren. Konstanz 1988.

BARGEL, T./KUTHE, M./SCHOBER, H./HÖLLE, J.: Gutachten zur Schulentwicklungsplanung in Nordrhein-Westfalen. Paderborn 1981.

BELL, D.: Die nach-industrielle Gesellschaft. Frankfurt/Main - New York 1975.

BELOW, S. VON: Die Entwicklung regionaler Bildungsbeteiligung 1961 - 1987. Diplomarbeit an der Universität München. München 1990.

BERTRAM, H./DANNENBECK, C.: Pluralisierung von Lebenslagen und Individualisierung von Lebensführungen. Zur Theorie und Empirie regionaler Disparitäten in der Bundesrepublik Deutschland. In: BERGER, P.A./HRADIL, S. (Hg.): Lebenslagen, Lebensläufe, Lebensstile. Soziale Welt, Sonderband 7, S. 207-229. Göttingen 1990.

BÖTTCHER, W./BUDDE, H./KLEMM, K.: Schulentwicklung im Ländervergleich: Föderalismus, Nord-Süd-Gefälle und Schulentwicklung. In: ROLFF, H.-G./KLEMM, K./PFEIFFER, H./RÖSNER, E. (Hg.): Jahrbuch der Schulentwicklung, Band 5, S. 49-74. Weinheim-München 1988.

BUNDESMINISTER FÜR BILDUNG UND WISSENSCHAFT (Hg.): Berufsbildungsbericht 1990. Schriftenreihe: Grundlagen und Perspektiven für Bildung und Wissenschaft, Band 26. Bonn 1990.

-- (Hg.): Grund- und Strukturdaten 1991/92. Bad-Honnef 1991a.

-- (Hg.): Daten und Fakten über Jugendliche ohne abgeschlossene Berufsausbildung. Bonn 1991b.

DAHRENDORF, R.: Bildung ist Bürgerrecht. Hamburg 1965.

DREHER, G.: Die beruflichen Gymnasien. In: Baden-Württemberg in Wort und Zahl, Heft 6/1991, S. 251-254.

EIGLER, H./HANSEN, R./KLEMM, K.: Quantitative Entwicklungen: Wem hat die Bildungsexpansion genutzt? In: ROLFF, H.-G./HANSEN, G./KLEMM, K./TILLMANN, K.-J. (Hg.): Jahrbuch der Schulentwicklung, Band 1, S. 45-71. Weinheim-Basel 1980.

HANSEN, R./ROLFF, H.-G.: Abgeschwächte Auslese und verschärfter Wettbewerb - Neuere Entwicklungen in den Sekundarschulen. In: ROLFF, H.-G./BAUER, K.O./KLEMM, K./PFEIFFER, H. (Hg): Jahrbuch der Schulentwicklung, Band 6, S. 45-103. Weinheim-München 1990.

HOFFMANN, J.: Wahlverhalten der Schüler. In: SEBBEL, E. (Hg.): Die Reform der gymnasialen Oberstufe in Nordrhein-Westfalen, S. 89-96. Hannover 1983.

IFS-UMFRAGE: Die Schule im Spiegel der öffentlichen Meinung. In: ROLFF, H.-G./BAUER, K.O./KLEMM, K./PFEIFFER, H. (Hg.): Jahrbuch für Schulentwicklung, Band 6, S. 11-43. Weinheim-München 1990.

KLEMM, K.: Schulentwicklung in den Großstädten der neuen Länder. In: Institut

für Schulentwicklungsforschung (Hg.): Entwicklung kommunaler Bildungsangebote in Großstädten. Werkheft 36, S. 45-56. Dortmund 1991.
KUTHE, M.: Schulentwicklungsplanung: Sicherung von Vielfalt der Bildungs- und Lebensverhältnisse? Plädoyer für eine abschlußbezogene Betrachtung des Bildungsangebotes. In: Pädagogische Führung, Heft 2/1991, S. 9-12.
-- Fach- und Regionalstrukturen der Hochschulen in der ehemaligen DDR: 1985 - 1989. BMBW (Hg.): Bildung - Wissenschaft - Aktuell 8/91. Bonn 1991b.
KUTHE, M./BARGEL, T.: Konzeption von Bildungsregionen und Alternativen der Schulentwicklung in Baden-Württemberg. Stuttgart 1992.
KUTHE, M./BARGEL, T./STEIN, G.: Tragfähigkeit der Kursangebote in der gymnasialen Oberstufe. Konstanz 1989.
LESZCZENSKY, M./PARCHATKA, M.: Hochschulzugang in der DDR. Hannover 1990.
PEISERT, H.: Soziale Lage und Bildungschancen. München 1967.
RÖSNER, E.: Abschied von der Hauptschule. Frankfurt a.M. 1989.
RUSSIG-KALFASS, S.: Handlungsspielräume kommunaler Schulentwicklungsplanung. Weinheim-Basel 1977.
SCHELSKY, H.: Schule und Erziehung in der industriellen Gesellschaft. Würzburg 1957.
SEKRETARIAT DER STÄNDIGEN KONFERENZ DER KULTUSMINISTER: Vorausberechnung der Schüler- und Absolventenzahlen 1989 bis 2010. Statistische Veröffentlichungen Nr. 115. Bonn 1991.
STEINERT, B./RAUIN, U./WEISHAUPT, H.: Rahmenbedingungen für mehr Schulqualität in Hessen: Modellrechnungen zur Schulentwicklung in den 90er Jahren. Frankfurt a.M. 1991.
WENZEL, K.: Probleme der Schulentwicklung im Sekundarbereich I am Beispiel verschiedener Regionen Bayerns. Manuskript. Schnaittach 1990.
ZEDLER, P.: Entwicklungstendenzen und Entwicklungsperspektiven der Sekundarstufe II. Probleme und Herausforderungen einer erziehungswissenschaftlich orientierten Bildungsplanung und Bildungspolitik. Erscheint in: ZEDLER, P. (Hg.): Aktuelle Probleme der Schulentwicklung. Weinheim (1992).

Hans-Günter Rolff

Strukturelle Probleme der Sekundarstufe I angesichts veränderten Schulwahlverhaltens und wachsender Schülerzahlen

Im Schuljahr 1990/91 besuchten zum ersten Mal in der Geschichte der alten Bundesrepublik mehr Schüler das Gymnasium als die Hauptschule, bezogen auf das für Vergleiche aller Bundesländer am ehesten geeignete 7. Schuljahr. Der Trend weg von der Hauptschule und hin zum Gymnasium könnte sich in Zukunft noch beschleunigen, weil er dem Elternwillen entspricht, weil die nach den Wahlsiegen der jüngsten Zeit neu ins Amt gekommenen SPD-Kultusminister den Übergang zum Gymnasium weiter frei machen und weil selbst ein Land wie Baden-Württemberg die Hauptbarriere zum Übergang auf höhere Schulen, einen Notendurchschnitt von mindestens 2,3 am Ende der Grundschulzeit, vor kurzem hat fallen lassen.

1. Entwicklungsprobleme der Schulen der Sekundarstufe I

Der aufgezeigte Trend hat erhebliche Folgen für die Zukunft der Schulformen. Er bringt für alle Schulformen der Sekundarstufe I erhebliche Probleme. Die Hauptschule ist dabei am stärksten betroffen.

1.1 Gefährdung der Hauptschule

Die Umorientierung der Eltern und Schüler betrifft die Hauptschule am gravierendsten, die zudem noch durch die Folgen des Geburtenrückganges geschwächt wurde. In NW hat sich die Anzahl der Schüler in den 5. Hauptschulklassen seit 1975 auf weniger als ein Drittel reduziert. 1975 saßen 131.198 Schüler in den 5. Klassen der Hauptschule, 1989 waren es nur noch 40.147.

Dieser gar nicht mehr so allmähliche "Abschied von der Hauptschule" (RÖSNER 1989) ist keine Angelegenheit, die auf Stadtstaaten oder besonders gesamtschulfreundliche Länder beschränkt bleibt, wie manchmal geargwöhnt wird. Sie vollzieht sich prinzipiell genauso in "Hauptschulhochburgen" wie Rheinland-Pfalz. Aus den Schulstatistiken ist zu ersehen, daß Rheinland-Pfalz bis zum Schuljahr 1988/89 in der 7. und auch noch in der 5. Klasse einen Anteilswert von über 40% am Jahrgang hatte. Dieser Wert liegt seit dem Schuljahr 1988/89 zum ersten Mal unter 40%. In Rheinland-Pfalz muß genauso wie in NW jede 4. Hauptschule den schulrechtlichen Ausnahmestatus einer einzügigen Schule in Anspruch nehmen, um nicht geschlossen zu werden. Zwar sind die Übergangsquoten zur Hauptschule in den kleineren Gemeinden nach wie vor größer als in den größeren Gemeinden und erst recht im Landesdurchschnitt. Aber sie fallen in den letzten Jahren zunehmend stärker, und es ist kein Ende des Fallens in Sicht. Im Gegenteil:

Der "Abschied" von der Hauptschule ist sozialpsychologisch einer sich-selbst-erfüllenden Prophezeiung vergleichbar.

Derartige, sich selbst beschleunigende Prozesse sind für die Hauptschule besonders unangenehm, weil sie rational unbegründet sind. Die Hauptschule könnte leistungsfähig sein, sie bietet in etlichen Bundesländern den mittleren Abschluß an, und sie hat außerordentlich engagierte Lehrer, deren Qualität als Pädagogen völlig außer Frage steht. Ist aber ein bestimmter Kippunkt erst einmal erreicht, gibt es offenbar kein Zurück mehr. Wenn die einzelnen Hauptschulen nicht mehr zweizügig sind, wenn nicht zuletzt deshalb es zu Unterrichtsausfall und fachfremdem Unterricht kommt, wird die Hauptschule von der Mehrzahl der Eltern abgeschrieben.

Dann hilft auch kein Versuch mehr, die Hauptschule durch Ganztagsunterricht attraktiv zu machen. Denn erstens wissen wir aus Untersuchungen, daß längst nicht alle Eltern die Ganztagsschule wollen, und zweitens wird kaum jemand davon abgehalten, das eigene Kind zur Realschule oder zum Gymnasium zu schicken, nur weil es jetzt eine Hauptschule mit Ganztagsbetrieb gibt.

Lehrer, dann könnte das Gymnasium in das Dilemma laufen, gegensätzlichen Erwartungen gerecht werden zu müssen. Pointiert ausgedrückt besteht das Dilemma darin:

- Bei wachsenden Schülerzahlen eine *"Massenschule"* zu werden

- und gleichzeitig *Eliteschule*, zumindest Schule der Ausgelesenen sein zu wollen,

- am Ende aber eine Art *Einheitsschule* zu sein,

nämlich eine Schule für fast alle, aber ohne Formen äußerer oder innerer Differenzierung.

Die FAZ schrieb deshalb am 18.04.1990 zu Recht, das Gymnasium sei der Sieger, aber nicht der Gewinner der Schulentwicklung. Wörtlich: "Gerettet und verdorben". In dem Maße, wie es sich ausdehnt, gefährdet das Gymnasium sich selbst. Deshalb ist, soweit das zu übersehen ist, auch innerhalb der Philologenschaft eine gewisse Zerrissenheit zu beobachten. Die einen stemmen sich gegen eine weitere Ausdehnung des Gymnasiums, um es in seiner traditionellen Form zu erhalten, die anderen wollen es ausweiten und pädagogisch modernisieren, sozusagen auf den Weg eines Gesamt-Gymnasiums bringen. Die Spitze dieser Bewegung stellt das brandenburgische Gymnasium dar, das laut Schulgesetz jeden Schüler, den es aufgenommen hat, bis zum Ende der Schulpflicht behalten und fördern muß.

1.4 Gesamtschule

Das Gymnasium, das sich ausdehnt, gefährdet nicht nur sich selbst, in dem Maße, in dem es sich ausdehnt, sondern auch die schulreformerische Alternative zum dreigliedrigen Schulsystem, die Gesamtschule, die es ausdünnt. Auch die Gesamtschule befindet sich in einem Entwicklungsdilemma. Davon sind allerdings nicht alle Gesamtschulen in gleicher Weise betroffen. Man muß offenbar verschiedene Typen und verschiedene schulentwicklungsplanerische Ausgangsbedingungen von Gesamtschulen unterscheiden.

Gesamtschulen, von denen es nur *eine* in einer Stadt gibt, könnte man *Solitärschulen* nennen. Sie existieren z.B. in Münster und in Freiburg. Hier hat die Gesamtschule die Funktion einer Alternativschule, einer Art moderner Waldorfschule - oder wie immer man sie nennen will. Sie erscheint als pädagogische Alternative zum Gymnasium. Diese Gesamtschule wird angenommen, von Bildungsbürgern eher als von Facharbeitern.

Die Solitärschule befindet sich ebensowenig in einem Entwicklungsdilemma wie ein zweiter Typ, die *Gesamtschule im Flächenversuch* oder die "aufhebende" Gesamtschule. Diese Gesamtschule ist ohne Konkurrenz anderer weiterführender Schulformen. Sie existiert beispielsweise im Kreis Wetzlar. Wo es nur Gesamtschulen gibt, gibt es kein "Creaming", kein "Absahnen" ehrgeiziger und lernleichter Schüler. Gesamtschulen als einzige weiterführende Schulen in kleinen Gemeinden Brandenburgs oder Nordrhein-Westfalens, die einen Gründungsboom erleben, sind tendenziell auch so etwas wie aufhebende Gesamtschulen. Sie sind weitgehend Schule für die ganze Gemeinde.

Der dritte Typ von Gesamtschule ist die *Gesamtschule im Marktmodell*, also die Gesamtschule, die im gleichen Stadtteil oder in einer kleinen Stadt konkurrieren muß mit Gymnasien und Realschulen. Diese Situation ergibt sich häufig, wenn zwanzig oder dreißig Prozent aller Schüler zur Gesamtschule gehen, und diese Situation ist problematisch: Gesamtschule und dreigliedriges Schulsystem können in der gleichen Stadt offenbar nur schwer nebeneinander existieren. Sie nehmen sich gegenseitig die Schüler weg, und es entstehen zusätzliche Kosten.

Das "Institut für Schulentwicklungsforschung" hat die Gesamtschule im "Marktmodell" untersucht (ROLFF u.a. 1990) und ist zu dem Ergebnis gekommen, daß in der Tat Creaming-Effekte festzustellen sind. Das IFS hat die Zensuren in den vierten Grundschulklassen erhoben und daraus vier Gruppen gebildet, das Quartil der Zensurenbesten, das Quartil der Zensurenschlechtesten und zwei Mittelgruppen. Danach werden nahezu alle Kinder des Quartils der Zensurenbesten zum Gymnasium geschickt, auch Kinder von Facharbeitern. Nur 5% der Zensurenbesten gehen zur Gesamtschule.

2. *Schulabschlüsse, Schulwahlverhalten und demographische Entwicklungen*

Die aufgezeigten Dilemmata der Hauptschule, des Gymnasiums und der Gesamtschule gehen vor allem auf ein verändertes Schulwahlverhalten und auf demographische Entwicklungen zurück, die beide die Schülerströme umzulenken in der Lage sind. Zunächst soll das Wahlverhalten skizziert werden, das sich an höheren Schulabschlüssen orientiert.

2.1 *Wachsende Abschlußwünsche*

Seit über 10 Jahren führt das "Institut für Schulentwicklungsforschung" Umfragen bei den Eltern und Nichteltern hinsichtlich ihrer Ansprüche an die Schule durch. Wir stellen dabei bis 1989 einen stabilen Trend fest: Die Ansprüche steigen.

Die Frage, welchen Schulabschluß sich Eltern für ihr Kind wünschen, gehört seit 1979 zum Fragenpaket der IFS-Umfragen. Schaubild 1 (S. 112) zeigt, daß der Anteil der Eltern, die für ihre Kinder den Hauptschulabschluß wünschen, seit 1979 kontinuierlich sinkt; er beträgt noch 11%. Das Abitur indes ist als Abschlußwunsch mit etwas über 50% etabliert. Die Werte für die neuen Bundesländer unterscheiden sich kaum von denen der alten.

Schaubild 2 (S. 113) enthält Daten des STATISTISCHEN BUNDESAMTES über die heute tatsächlich erreichten Abschlüsse. Danach hat der Anteil höherer Abschlüsse ununterbrochen zugenommen: Über zwei Drittel der Jugendlichen erlangen inzwischen einen mittleren Abschluß (Fachoberschulreife + Fachhochschulreife = 38%) oder das Abitur (25%).

Schaubild 1

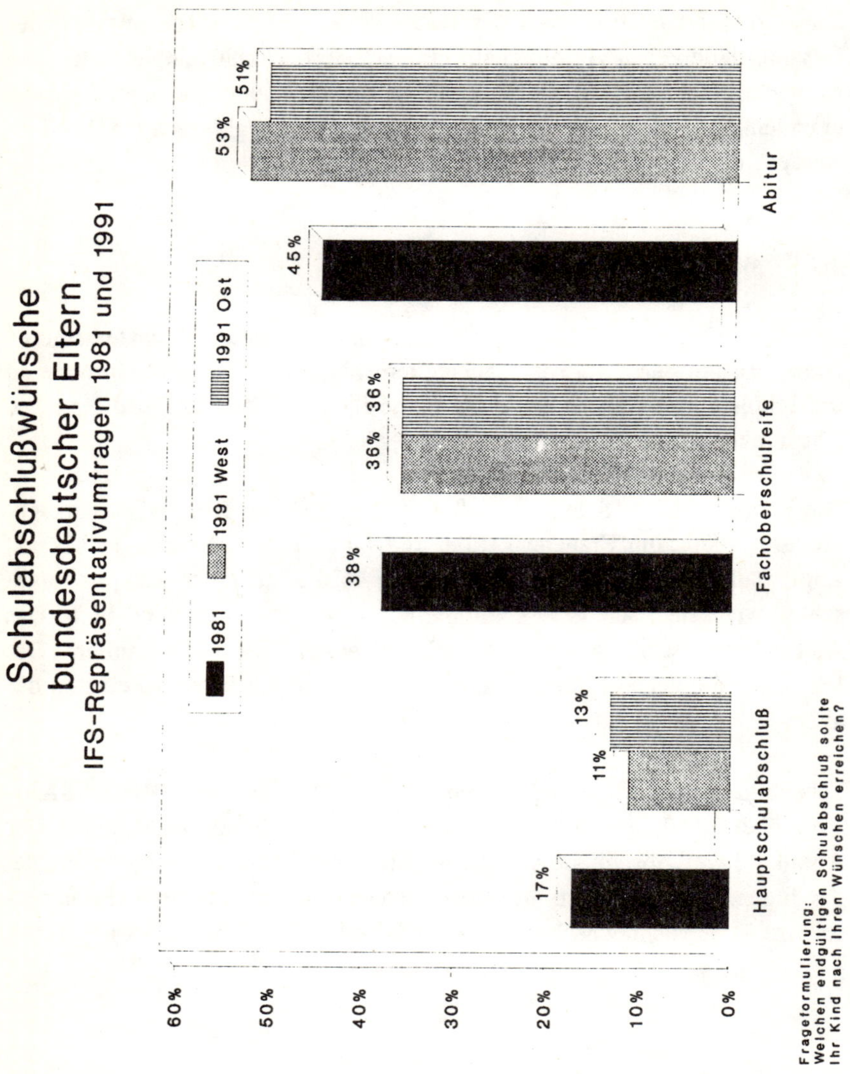

Schulabschlußwünsche
bundesdeutscher Eltern
IFS-Repräsentativumfragen 1981 und 1991
1981
1991 West
1991 Ost
60%
50%
40%
30%
20%
10%
0%
17%
11%
13%
38%
36%
36%
45%
53%
51%
Hauptschulabschluß
Fachoberschulreife
Abitur
Frageformulierung:
Welchen endgültigen Schulabschluß sollte
Ihr Kind nach Ihren Wünschen erreichen?

Schaubild 2

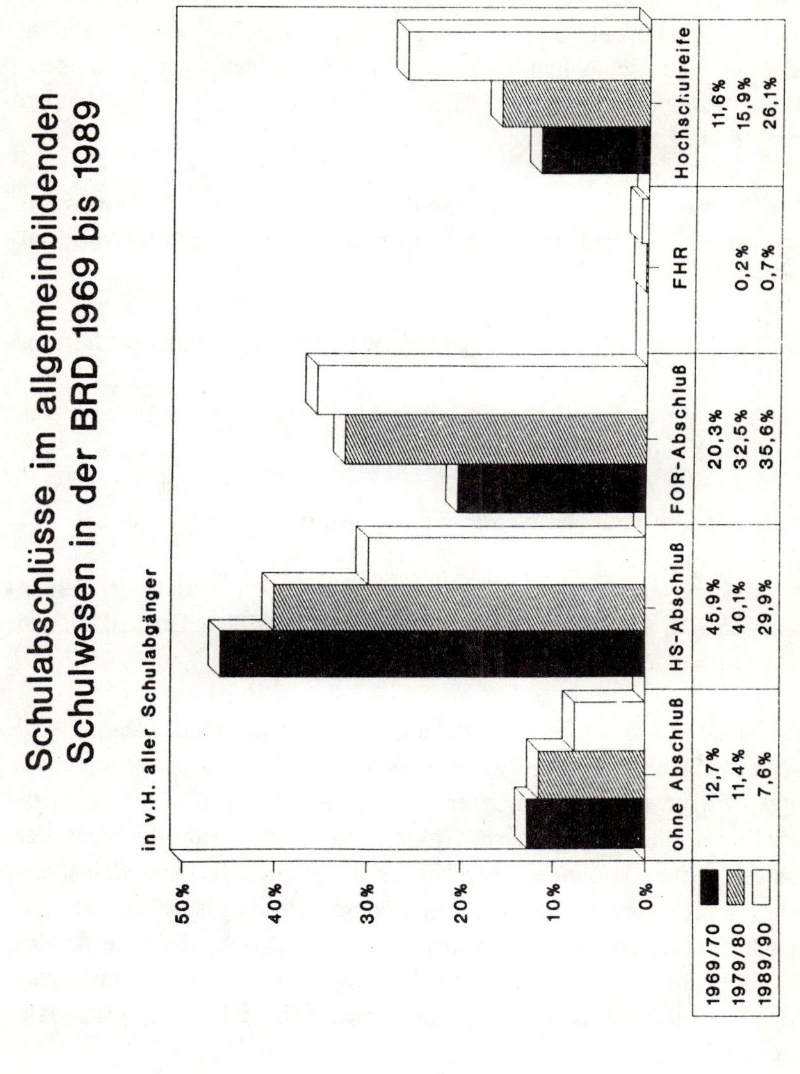

Quelle: Jahrbuch der Schulentwicklung

(c) IFS 1991

Der Mittlere Abschluß ist offensichtlich zur gesellschaftlichen Mindestnorm geworden, und das Abitur hat seine einstmalige Extensivität verloren.

Im Grunde handelt es sich dabei nicht notwendig um einen Trend zum Gymnasium, sondern um einen Trend zu mehr weiterführenden Abschlüssen, die auf unterschiedlichen Schulformen erworben werden können, wobei die Fachhochschulreife fast ausschließlich vom Berufsbildenden Schulwesen vergeben wird.

Die Gründe für den Trend zu höheren Abschlüssen sind lang und breit erörtert worden, so daß es hier genügen muß, an einige Stichworte zu erinnern wie

- das Abitur ist die allgemeingültige Eintrittskarte für immer mehr Berufe;

- es gibt immer mehr Eltern, die selber das Abitur haben und die dieses von ihren Kindern auch erwarten;

- die Berufsanforderungen werden immer anspruchsvoller, und

- die Lebenspositionen werden immer weniger vererbt, wie das in kleinen Betrieben z.B. üblich war, sie müssen immer mehr über Qualifikationen erworben werden.

Hierbei handelt es sich offenbar um langfristig stabile Trends. Daran wird sich auch in Zukunft nicht viel ändern können, selbst dann nicht, wenn die Bildungspolitiker eine Änderung ernsthaft wollten. Denn die steigenden Ansprüche der Eltern haben einen Grund in steigenden Anforderungen der Arbeitswelt. Hinzu kommt ein Mechanismus der automatischen Selbstverstärkung: Eltern, die ihrerseits einen höheren Bildungsabschluß als die eigenen Eltern erreicht haben, wollen selbstverständlich, daß ihre Kinder genauso weit kommen, möglichst noch weiter. Und so wünschen immer mehr Eltern mit höheren Bildungsabschlüssen höhere Bildungsabschlüsse für ihre Kinder.

2.2 *Wandel des Schulwahlverhaltens*

Die wachsenden Ansprüche an die Schule sind fraglos einer der Hauptgründe dafür, daß sich das Schulwahlverhalten seit Jahrzehnten ändert - und zwar durchweg in die gleiche Richtung.

Aus Schaubild 3 (S. 116) läßt sich die Verteilung der Schüler auf die Schulformen der Sekundarstufe I entnehmen. Wir haben das 7. Schuljahr als Bezugsjahr gewählt, weil das 5. und 6. Schuljahr als Verteilerkreis zwischen Grundschule und Sekundarschulen anzusehen ist, der von Bundesland zu Bundesland unterschiedlich organisiert wird. So ist das 7. Schuljahr gleichsam das repräsentativste: Vorher existieren in einigen Bundesländern Beobachtungsstufen an Gymnasien und Realschulen, Orientierungsstufen oder ein 5. und 6. Grundschuljahr, danach haben einige Schüler bereits die Schulpflicht absolviert (Wiederholer).

Aus Schaubild 3 geht hervor, daß die Zugänge zu den "höheren" Schulen ständig gewachsen sind, vor allem im letzten Jahrzehnt. Die Hauptschule hat als einzige Schulform Schüleranteile verloren, die Realschule und die Sonderschulen hielten ihren Anteil, die Gesamtschule sowie das Gymnasium haben dazugewonnen.

Wenn man die drei Stadtstaaten einmal ausklammert, zeigen sich bei den Flächenstaaten der alten Bundesrepublik erstaunliche Übereinstimmungen. So schwankt der Anteil von Gymnasiasten an allen Siebtkläßlern des Schuljahres 1990/91 kaum zwischen 29% und 31%, wovon lediglich NRW mit 34% und Hessen mit 36% abweichen - und zwar nach oben. Im Hauptschulbereich liegen die Werte nur für Bayern mit 41% und Rheinland-Pfalz mit 42% knapp oberhalb der 40%-Marke, im 5. Schuljahr liegen sie in Rheinland-Pfalz inzwischen auch darunter (kein Schaubild). Gering sind auch die Schwankungen bei der Realschule, die in Rheinland-Pfalz mit 21,5% am geringsten und in Niedersachsen mit 34,5% am stärksten vertreten ist. Am stärksten sind die Schwankungen im Gesamtschulbereich mit den "Gesamtschulländern" Hessen, Saarland und Nordrhein-Westfalen auf der einen Seite und Baden-Württemberg, Bayern und auch Schleswig-Holstein, wo es die Gesamtschule von zwei bis drei Ausnahmen abgesehen faktisch nicht gibt.

Schaubild 3

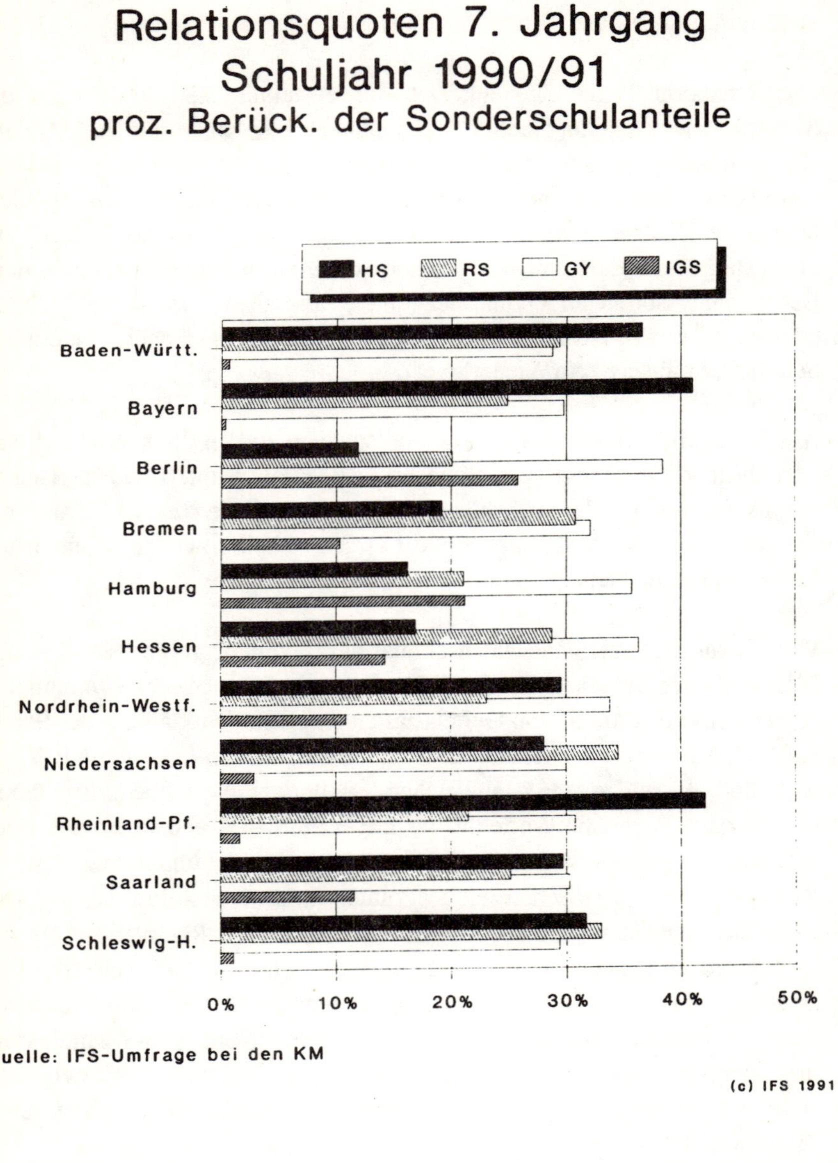
Relationsquoten 7. Jahrgang
Schuljahr 1990/91
proz. Berück. der Sonderschulanteile
HS
RS
GY
IGS
Baden-Württ.
Bayern
Berlin
Bremen
Hamburg
Hessen
Nordrhein-Westf.
Niedersachsen
Rheinland-Pf.
Saarland
Schleswig-H.
0%
10%
20%
30%
40%
50%
Quelle: IFS-Umfrage bei den KM
(c) IFS 1991

Ein ähnliches Bild zeigt Schaubild 4 (S. 118), das ausgewählte Städte vergleicht. Der Anteil der Hauptschüler ist in den Städten deutlich geringer als im Durchschnitt der Flächenstaaten. Kurzgefaßt kann man sagen, daß die Hauptschule mit der Ausnahme Nürnbergs nur noch 20% - 30% der Schüler einer Altersgruppe aufnimmt, die Realschule sehr unterschiedlich stark vertreten ist und das Gymnasium nahezu überall über dem Bundesdurchschnitt liegt. Es handelt sich auch hierbei um offenbar stabile Trends; Anzeichen für eine Umkehr der Entwicklung sind jedenfalls nicht ersichtlich.

2.3 Künftige Entwicklung der Schülerzahlen

Die künftige Entwicklung der Schülerzahlen ist nicht geeignet, die Probleme, die durch die Umorientierung der Bildungsbeteiligung entstanden sind, zu entschärfen. Schaubild 5 zeigt die zukünftige Entwicklung der Schülerzahlen, wie sie die KMK 1991 auf Basis der Oktober-Statistik von 1989 vorausgeschätzt hat. Danach hält das Ansteigen der Schülerzahlen im Grundschulbereich weiter an, das 1986 einsetzte.

Im Bereich der Sekundarstufe I geschieht im Augenblick ein Umbruch. Hier ist die Schülerzahl seit 1978 Jahr für Jahr erheblich zurückgegangen. Ein Tiefstand war im Schuljahr 1989/90 erreicht. Seit 1990 steigen die Schülerzahlen wieder stark an - und zwar derart stark, daß sie um die Jahrtausendwende fast 20% höher liegen werden als 1990 und im Jahr 2005 sogar um annähernd 30%.

In der Sekundarstufe II fällt die Schülerzahl im Berufsschulbereich noch bis zum Jahr 1995 und steigt danach insgesamt über 14 Jahre an. In einigen Bundesländern wurde in der gymnasialen Oberstufe bereits 1991 die niedrigste Schülerzahl erreicht. Der Anstieg hat jetzt bereits wieder begonnen, er dauert fast 20 Jahre an.

Auch in den Sonderschulen wachsen die Schülerzahlen von diesem Schuljahr an bis zum Jahr 2000.

Schaubild 4

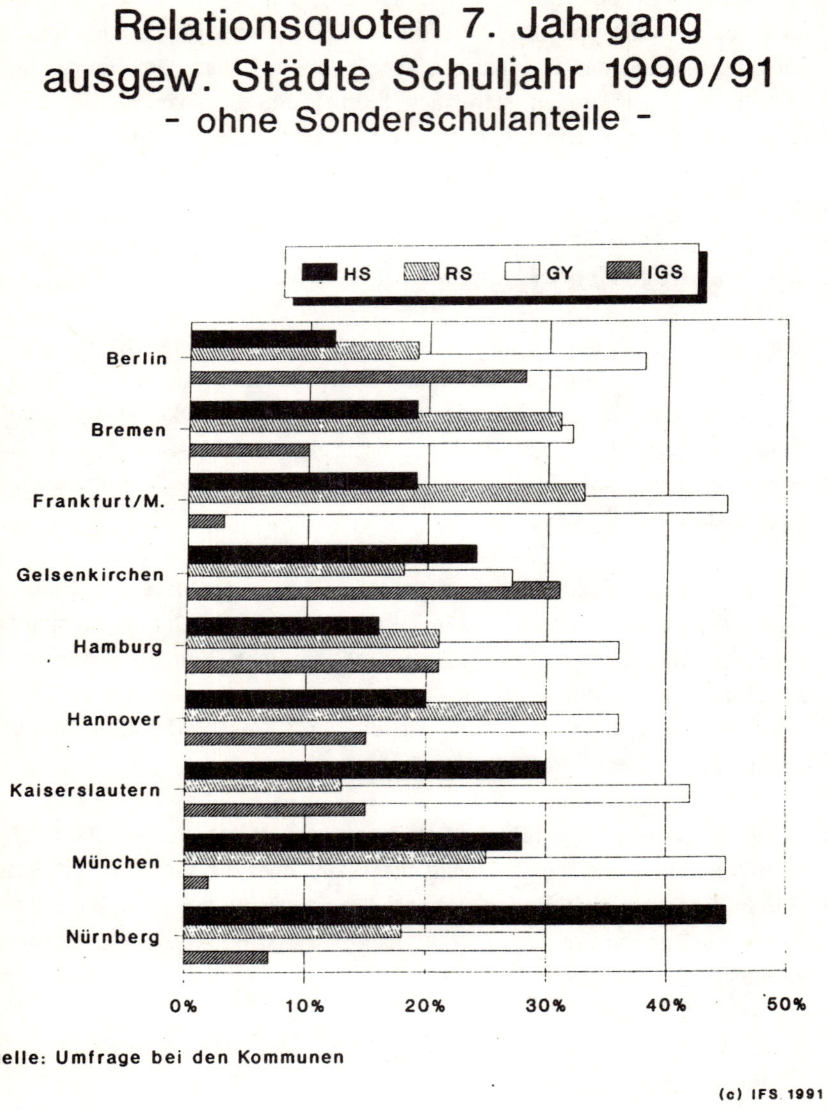
Relationsquoten 7. Jahrgang
ausgew. Städte Schuljahr 1990/91
- ohne Sonderschulanteile -
HS
RS
GY
IGS
Berlin
Bremen
Frankfurt/M.
Gelsenkirchen
Hamburg
Hannover
Kaiserslautern
München
Nürnberg
0%
10%
20%
30%
40%
50%
Quelle: Umfrage bei den Kommunen
(c) IFS 1991

Der Anstieg der Schülerzahl hat im wesentlichen drei Gründe:

(1) Die geburtenstarken Jahrgänge der sechziger Jahre haben zur Folge, daß jetzt besonders viele Frauen in einem Alter sind, in dem sie typischerweise Mutter werden.

(2) Die Geburtenhäufigkeit hat seit 1986 wieder zugenommen; die "Fruchtbarkeitsquote" hat zugenommen.

(3) Es ist eine starke Zuwanderung zu verzeichnen von Aussiedlern (1990 fast 400.000 pro Jahr), Übersiedlern aus den neuen Bundesländern (1990 fast 400.000 pro Jahr) und Asylbewerbern (1990 fast 200.000 pro Jahr), die höher liegt als im Jahre 1989 und die auch höher liegt als von der KMK vorausgeschätzt.

Vor allem der starke Anstieg der Schülerzahlen bewirkt für die Schulträger einen enormen Handlungsdruck, geht er doch mit einer Finanzkrise der Städte einher, die Einnahmen verlieren und zunehmend Zinslasten tragen müssen. So geht eine Schere auf zwischen steigendem Versorgungsbedarf und schrumpfenden Finanzen.

Der stärkste Problemdruck besteht im Bereich der Sekundarstufe I, wie Schaubild 5 (S. 120) verdeutlicht.

Schaubild 5

Entwicklung der Schülerzahlen
BRD (alte Länder) 1970 bis 2005

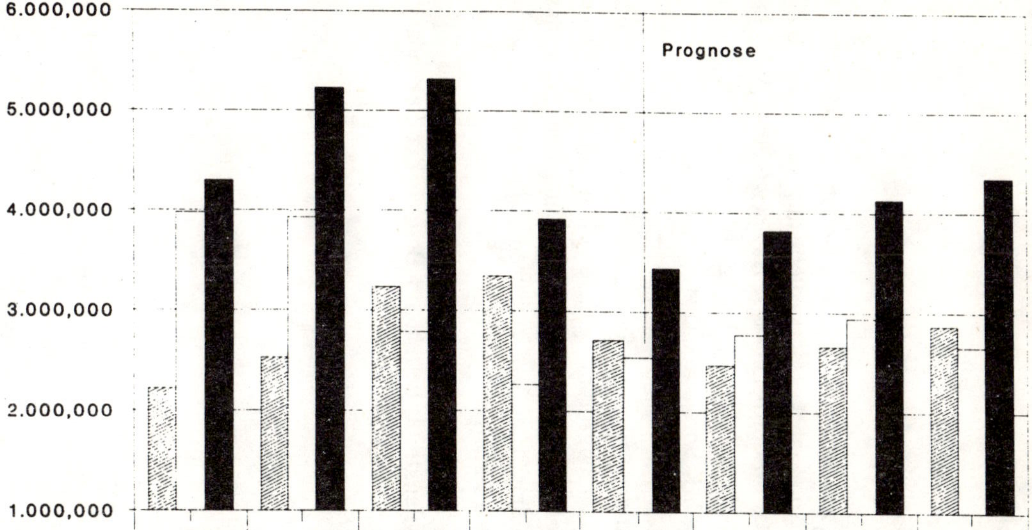

	1970	1975	1980	1985	1990	1995	2000	2005
Sek. II	2.221,600	2.526,100	3.229,600	3.342,400	2.714,700	2.475,900	2.662,500	2.867,500
GRS	3.977,300	3.927,100	2.785,700	2.270,000	2.544,900	2.777,900	2.942,400	2.657,800
Sek. I	4.295,800	5.231,300	5.318,900	3.919,300	3.432,900	3.819,400	4.125,900	4.346,800
insg.	10.494,700	11.684,500	11.334,200	9.531,700	8.692,500	9.073,200	9.730,800	9.872,100

Quelle: KMK Prognose, Basisdaten 1989

(c) IFS 1991

3. *Problemdruck und Lösungsansätze*

Die aufgezeigten Entwicklungstrends verursachen zumindest in drei Bereichen einen hohen Problemdruck, mit denen die Schulen der Sekundarstufe I in den 90er Jahren konfrontiert sind:

(1) Fortbestand von Benachteiligten-Gruppen,

(2) Erfüllung der Schulpflicht-Aufgabe unter erschwerten Bedingungen und

(3) Sicherstellung einer regional angemessenen Schulversorgung.

3.1 Fortbestand von Benachteiligtengruppen

Mit der Expansion des Übergangs zu den "höheren" Schulen sind alte Benachteiligungen gemildert, aber auch ganze Schülergruppen ausgegrenzt worden und haben sich neue Benachteiligtengruppen gebildet.

Die Bundesregierung zählt zu den Benachteiligtengruppen "ehemalige Sonderschüler, Hauptschulabgänger ohne Abschluß, junge Ausländer sowie sozial benachteiligte Jugendliche" (BMBW 1989, S. 119). Für diese Gruppen haben die Länder- und Bundeseinrichtungen spezielle Förderprogramme entwickelt.

"Ehemalige Sonderschüler" (vor allem von Schulen für Lernbehinderte) kommen durch die gestiegenen Anforderungen an die Berufsausbildung in Bedrängnis, eine qualifizierte Ausbildung zu erhalten. Im Berufsbildungsbericht 1989 heißt es dazu:

"Am 1. August 1987 trat die neue Ausbildungsordnung für die industriellen Elektroberufe in Kraft. Sie ersetzt die 1972 erlassene Stundenausbildungsordnung im Elektrobereich. Dies bedeutet, daß die erste Stufe (z.B. der Beruf Nachrichtengerätemechaniker) nach einer Übergangsfrist (bis 31. Dezember 1989) entfällt, ohne daß hierfür ein adäquater Ausgleich geschaffen wurde. Hierdurch ist für leistungsschwächere Behinderte, die bisher entsprechend ihrer Eignung und Neigung im Elektrobereich ausgebildet werden konnten, eine Lücke entstanden" (BMBW 1989, S. 121).

Die Zahl der "Hauptschulabgänger ohne Abschluß" ist in den letzten Jahren deutlich zurückgegangen - und nicht nur weil die Zahl der Hauptschüler kleiner wurde. Hier hat sich die formale Auslese gelockert. KLEMM errechnet für die Bundesebene, daß "8,4% aller 15-jährigen 1986 die Schule ohne Abschluß" verließen, wobei Hauptschulen und Sonderschulen für Lernbehinderte gemeint sind (KLEMM u.a. 1990, S. 96). IMHÄUSER bezieht sich auf Nordrhein-Westfalen, wenn er schreibt, daß 1970 jeder sechste, 1980 noch jeder elfte und 1985 nur noch jeder 21. Abgänger ohne Abschluß war (IMHÄUSER 1989, S. 77). Die Unterschiede der Ergebnisse sind nicht alleine auf den Bund-Land-Unterschied zurückzuführen, sondern vor allem darauf, daß KLEMM die Quote auf alle Schüler eines Jahrgangs, IMHÄUSER hingegen seine Werte auf alle Abgänger bezieht.

Aus dem Berufsbildungsbericht 1989 kann man herauslesen, daß nur wenig mehr als 43% der Hauptschüler ohne Abschluß eine berufliche Ausbildung erhalten (BBB 1989, S. 43). Wird dies in Absolutzahlen umgerechnet, dann bleiben jährlich etwa 40.000 Jugendliche, die keinen Schulabschluß haben, ohne Ausbildung. Der Berufsbildungsbericht 1991 bestätigt diese Werte.

Die Berufsbildungsberichte geben auch Auskunft über die *Art* des Ausbildungsplatzes, den ein Jugendlicher ohne Hauptschulabschluß üblicherweise erhält. Der von dieser Gruppe am häufigsten erlernte Beruf ist Maler und Lackierer, gefolgt von Friseuren (BMBW 1989, Übersicht 26 und BBB 1991, Übersicht 33). Wenn Angehörige dieser Benachteiligtengruppe einen Ausbildungsplatz finden, so ist er entweder ungesund, schlecht bezahlt, unsicher, mit unangenehmer Arbeitszeit, geringem Prestige behaftet oder alles zusammen.

Die dritte Gruppe Benachteiligter sind "junge Ausländer". Auch hier hat sich die formale Auslese gelockert. Dem Berufsbildungsbericht 1991 ist zu entnehmen, daß "der Anteil der Schulabgänger ohne Hauptschulabschluß .. von 29% auf 20% gesunken (ist); die Anteile für Realschul- und gleichwertige Abschlüsse und für Hochschulreife sind von 19% auf 25% bzw. von

5% auf 9% deutlich gestiegen, während der Anteil der Jugendlichen mit Hauptschulabschluß mit 46,5% (1983) bzw. 45,8% (1989) fast gleich geblieben ist.

Der Abstand in den Schulabschlüssen zwischen deutschen und ausländischen Schulabsolventen hat sich jedoch kaum verändert, da auch bei den deutschen Schulabgängern ein Trend zu höheren Abschlüssen vorhanden ist" (BMBW 1991, S. 103).

Zu den übrigen "sozial benachteiligten Jugendlichen" zählen die Kinder von Spätaussiedlern und Umsiedlern, deren Zahl seit dem Sommer 1987 bzw. dem Herbst 1989 sprunghaft gestiegen ist. Deren Ausbildungs- und Berufsausbildungschancen sind im Moment nicht abzusehen.

Trotz der Entspannungstendenzen auf dem Arbeits- und Ausbildungsmarkt ist auch in der jüngeren Vergangenheit ein nennenswerter Anteil von jungen Menschen ohne Berufsausbildung geblieben. Fragen nach dem Umfang und den Ursachen dieser Entwicklung und den bildungspolitischen Konsequenzen, die zu ihrer Änderung notwendig sind, waren 1990 für den Bundesminister für Bildung und Wissenschaft Anlaß, bei EMNID eine Repräsentativbefragung von rund 7.000 jungen Erwachsenen im Alter von 20 bis unter 25 Jahren und eine Intensivbefragung von rund 1.800, die ohne Berufsausbildung geblieben sind und sich derzeit auch nicht in Ausbildung befinden, in Auftrag zu geben. Als Vergleichsgruppe wurden zudem rund 1.500 Personen mit bzw. in Berufsausbildung im gleichen Alter befragt. Das Hauptergebnis dieser Untersuchung lautet: "Eine einfache Betrachtung der betreffenden Gruppe ohne Schüler, Studenten und Jugendliche in Berufsausbildung ergibt einen Anteil von 14,1% von jungen Erwachsenen ohne formale Berufsausbildung. Kompliziertere Schätzungen, die davon ausgehen, daß auch unter derzeit Auszubildenden ein gewisser Anteil ohne Berufsabschluß bleiben wird, lassen vermuten, daß der reale Anteil an jungen Erwachsenen ohne Berufsabschluß an der Wohnbevölkerung ihres Alters eher höher liegt" (EMNID 1991, S. 2).

Während zwischen Männern und Frauen diesbezügliche Unterschiede nicht festgestellt wurden, zeigten sich sehr deutliche Unterschiede zwischen Deutschen und Ausländern:

"Unter den Befragten der in die Untersuchung einbezogenen nichtdeutschen Nationalitäten (Griechen, Italiener, Jugoslawen, Portugiesen, Spanier, Türken) sind 39% ohne Berufsabschluß geblieben, das bedeutet, daß mehr als jeder dritte Ausländer ohne beruflichen Abschluß das Bildungssystem verläßt, während das bei 12% der Deutschen der Fall ist" (EMNID 1991, S. 2f.).

3.2 Erfüllung der Schulpflicht-Aufgabe unter erschwerten Bedingungen

In dem Maße, wie immer mehr Schüler in anspruchsvollere Bildungsgänge drängen, stellt sich die Frage, welche Schulform die Aufgabe der Erfüllung der Schulpflicht übernimmt. Alle vorliegenden Daten aus Großstädten zeigen, daß heute weitaus mehr Schüler tatsächlich auf die Hauptschule gehen als Schüler auf die Hauptschule gehen wollen: Es gibt Großstädte, in denen nicht mehr als 5% der deutschen Eltern ihre Kinder auf die Hauptschule zu schicken wünschen. Es besuchen dennoch erheblich mehr Schülerinnen und Schüler die Hauptschule, weil die höheren Schulformen Schüler abweisen. Man kann also ohne Übertreibung sagen, daß die Hauptschule *zwangserhalten* wird und ein Großteil der Schülerinnen und Schüler auf die Hauptschule gezwungen wird.

Es ist denkbar, daß dieser Zustand beibehalten wird. Es ist aber auch denkbar, daß es zu einem Abschied von der Hauptschule kommt, wie es etwa in Duisburg geplant ist. Dann stellt sich allerdings die Frage mit Dringlichkeit:

Wer übernimmt die Pflichtschul-Aufgabe? und: *Wer übernimmt die Beschulung der genannten Benachteiligten-Gruppen?*

Die Antwort fällt nicht leicht:

Das Gymnasium wird diese Aufgabe vermutlich nicht übernehmen wollen und vermutlich auch nicht übernehmen können. Die Zeiten zurückgehender Schülerzahlen sind vorbei, und die Gymnasien werden schon im nächsten Jahr im Engpaß stecken. Die kommenden Engpässe sind heute schon vorprogrammiert, wenn z.B. in den Anfangsklassen der Gymnasien fünf Parallelklassen gebildet sind, in den 10. Klassen aber nur zwei oder drei Klassen nebeneinander bestehen und das Gebäude nur auf Dreizügigkeit angelegt ist. Wenn zusätzlicher Schulraum nicht bereitgestellt wird, ist damit zu rechnen, daß die Gymnasien mehr Schüler abweisen als bisher und/oder mehr aufnehmen, einen Teil davon nach einiger Zeit, vermutlich nach dem 6. Schuljahr, auf die Realschule rückverweisen. Dann wird die Selektivität des Gymnasiums, die in den letzten Jahrzehnten zurückging, wieder zunehmen.

Die Gesamtschule kann die Schulpflicht-Aufgabe auch nicht übernehmen, jedenfalls nicht als einzige Schulform. Sie würde dann zur Teilschule, von der sich die Eltern besserer, d.h. lernleichterer Schüler abkehrten. Im Extremfall wäre die Gesamtschule dann Hauptschulersatz. Schulreform verkäme dann zum bloßen Etikettenwechsel.

Die Realschule könnte von den Schulen des gegliederten Systems noch am ehesten die Pflichtschul-Funktion erfüllen. Organisatorisch würde das eine Zusammenlegung von Haupt- und Realschule erfordern, wie sie in etlichen alten und neuen Bundesländern bereits praktiziert wird. Auch eine Umgründung von Hauptschulen in Realschulen wäre denkbar, rechtlich durch Schließung der Hauptschule und Neuerrichtung einer Realschule zu erwirken. Dies ist wohl der einfachste Weg, - und dennoch wird er nirgendwo begangen.

3.3 Sicherstellung einer regional angemessenen Schulversorgung

In allen Bundesländern verändern sich die Schülerströme unaufhaltsam von der Hauptschule fort und zum Gymnasium und - falls sie angeboten wird - auch zur Gesamtschule hin. Auf diese Weise entstehen Versorgungsprobleme sozusagen künstlich: Hauptschulstandorte werden aufgegeben und Gymnasien wie Gesamtschulen quellen über. So könnten Lücken im Schulversorgungsnetz entstehen, vor allem in den Grundzentren ländlicher Regionen, aber auch in den Vororten von Großstädten.

Die planerisch klarste Lösung wäre, eine konsequente Stufung der Sekundarschulen herbeizuführen, d.h. die Klassen 5 bzw. 7 bis 10 in einem Gebäude und die Oberstufe in einem anderen unterzubringen. Dann könnten alle Gebäude, auch die früheren Hauptschulgebäude, optimal genutzt werden. In Bremen existiert diese Form der Stufenschule bereits seit einigen Jahren flächendeckend, in Berlin, Hamburg und Hessen gibt es Ansätze dazu. Im Ausland von Frankreich bis Skandinavien, von England bis zu den USA ist das die Regelform. In den meisten alten Bundesländern ist diese Lösung dennoch kaum durchsetzbar, wie beispielhaft die Diskussion in NRW zeigt, wo Philologenverband, CDU, KM und einflußreiche Elterngruppen mit bedenkenswerten Argumenten an der Langform Gymnasium festhalten und Teile der GEW, die Gemeinnützige Gesellschaft Gesamtschule und wiederum das KM ebenfalls aus guten Gründen die Gesamtschule in Langform bestehen lassen wollen.

Welche Alternative gibt es? Zunächst sollen einige grundsätzliche Leitlinien eines Alternativmodells entwickelt und anschließend konkretere Elemente genannt werden:

Erstens müssen Schulstrukturen der regionalen Vielfalt der Lebensverhältnisse in verschiedenen Regionen gerecht werden, indem das Bildungsangebot an die jeweils bestehenden regionalen und lokalen Erfordernisse angepaßt wird. Es sind wohnortnahe Schulversorgungssysteme zu schaffen, die für alle Regionen ein vollständiges Angebot an Bildungswegen und -abschlüssen herstellen.

Zweitens muß an die vorhandene Schulangebotsstruktur angeknüpft werden. Bisher vorhandene Schulen und Schulformen sollten behutsam durch Verbindung oder Umwandlung in die neue lokale Schulstruktur eingebaut und vorhandene Gebäude möglichst optimal und vollständig genutzt werden.

Drittens müssen sich die regional neugeschaffenen Schulstrukturen mit Blick auf rasche Wandlungsprozesse durch Flexibilität und Anpassungsfähigkeit auszeichnen; dazu gehört, daß zum einen die Schulen der einzelnen Schulformen pädagogisch und ökonomisch vertretbare Größen haben müssen und zum anderen eine hohe Nutzungsvarianz hinsichtlich der Schulgebäude erzielt wird.

Viertens müssen Schulangebote so plaziert werden, daß unmittelbare Konkurrenz nur soweit zugelassen wird, wie sie die Grundkonzeption einer Schulform und die Entwicklung von Schulprofilen einzelner Schulen nicht erheblich beeinträchtigt. Das bedeutet, daß eine unmittelbare räumliche Nachbarschaft von Schulen verschiedener Systeme möglichst zu vermeiden ist.

Fünftens ist Wandel von innen anzustreben, d.h.: Kooperation und Angleichungen zwischen den Schulformen, wo immer dies möglich ist, Aufhebung von Grenzen zwischen den Schulformen, wo immer das realisierbar erscheint. Eine Hierarchie der Schulformen beschleunigt nur die Dynamik der Schulwahltrends. Demgegenüber ist Horizontalisierung über Kooperation und Integration anzustreben. Dies betrifft die Eingangsauslese, Förderung und Durchlässigkeit sowie gleichwertige Abschlüsse, meint allerdings ganz und gar nicht die Vereinheitlichung pädagogischer Methoden, Lernformen und Profilbildungen.

Daraus ergeben sich insbesondere die folgenden Elemente einer Struktur-Alternative:

(1) *Gesamtschulen als regionale Alternative:*
Für die Gesamtschule als ersetzende Schule besteht derzeit politisch keine Mehrheit. Sie ist unter den lokal bestehenden Strukturen auch nicht eine Lösung für alle Problemfälle. Unter der Voraussetzung, daß sie hinsichtlich Profilbildung und Ganztagsangebot pädagogisch gestärkt wird, stellt jedoch die integrierte Gesamtschule in schulorganisatorischer und pädagogischer Hinsicht eine Alternative dar. Insbesondere in ländlichen Regionen erscheint vielerorts ein integriertes Schulangebot nicht nur als optimale Strukturlösung, sondern auch als Angebotsverbesserung (im Sinne der Schaffung eines vollständigen Abschlußangebots) gegenüber der heutigen Situation, z.B. bei Gefährdung der letzten Sekundarschule oder bei Bestehen von Haupt- bzw. Realschule als einzigem Angebot. In städtischen Regionen und Ballungsräumen wäre eine lokale Differenzierung im Sinne stadtteilspezifischer Lösungen möglich, wobei sich in erster Linie die Gesamtschule als Stadtteilschule für alle Kinder anbietet.

(2) *Horizontalisierte Kooperation statt Hierarchisierung der Sekundarstufe I:*

Da das dreigliedrige Schulsystem eine zunehmende Erosion erfährt, die Hauptschule als untere Etage wegbricht und sich Realschulen und Gymnasien im Innern erheblich verändern, muß die dreigliedrige Struktur zugunsten flexiblerer Lösungen - unter Einbeziehung des Gymnasiums - verändert werden. Dabei wäre die Hierarchie zwischen den Schulformen zugunsten von Kooperation weitgehend abzubauen. Sofern sie überhaupt noch weiterzuführen sind, sollten Hauptschulen nicht mehr isoliert, sondern in Verbundsystemen bzw. in Kooperation mit den beiden anderen traditionellen Schulformen, Realschule und Gymnasium, angeboten werden. Am ehesten realisierbar wäre dies in Mittelstufenschulen der Sekundarstufe: Je nach lokalen Erfordernissen und Möglichkeiten entweder als "Mittelschule" (zwei- bis dreizügig, die genaue Bezeichnung ist unwichtig) aus bisherigen Hauptschulen und Realschulen oder als "Kooperative Sekundarschule" (fünf- bis sechszügig) aus Hauptschulen, Realschulen und Gymnasien. Letztere wäre auch als SI-/SII-Langformschule denkbar; beide kooperativen Systeme sollten zumindest mit Oberstufen kooperieren. Eine Weiterentwicklung dieser Systeme in Richtung Integration ist dabei nicht ausgeschlossen.

Besonders mit Blick auf den Schülerzahlanstieg können somit einerseits vorhandene kleinere Schulgebäude und Schulzentren für die Sekundarstufe I weiter genutzt werden, andererseits Neubauinvestitionen für variable und damit zukunftsträchtige SI-Zentren verwendet werden.

(3) Verstärkte Einführung eines sichtbaren Stufenschulsystems:

Wenn Gymnasien und Gesamtschulen neu gebaut werden, sollten sie als Mittelstufenschulen errichtet werden, mit zugeordneter Oberstufe, die aber schulrechtlich kein Bestandteil der Sekundar-I-Schulen sein müssen. In der Sekundarstufe II sollten eigenständige Oberstufenzentren mit sinnvoller Mindestgröße und Integration allgemein- und berufsbildender Inhalte gebildet, gefördert und ausgebaut werden. Ein Umwandlung von Langformschulen in S I- bzw. S II-Schulen müßte ebenfalls möglich sein. Über eine enge Kooperation zwischen den Schulstufen (z.B. Lehreraustausch, Fördermaßnahmen) sind Stufenübergänge für die Schüler/innen zu erleichtern. Diese Stufung schafft in der S I nicht nur eine Angleichung der Angebotsstruktur, sondern hilft mit Blick auf den Schüleranstieg auch vorhandene Gebäudesubstanzen zu nutzen (z.B. Umbau nicht mehr benötigter S I-Gebäude zu Oberstufen).

(4) Lokale Entflechtung der Systeme:
Da auf lokaler Ebene ein parallel angeordnetes Angebot eines gegliederten Systems und integrierter Gesamtschulen für fast alle Schulformen (außer für das Gymnasium) Entwicklungsprobleme durch unerwünschte und konzeptwidrige Konkurrenzeffekte (durch "Creaming") nach sich zieht, ist die regionale und lokale Entflechtung von gegliederten Systemen angezeigt. Anders ausgedrückt: Möglichst kein "Mischsystem" in ein und derselben Region mehr, sondern Entscheidungen für ein gegliedertes oder ein integriertes System.

(5) Curriculare Horizontalisierung der Sekundarstufe I:
Die Jahrgangsstufen 5/6 aller Sekundarschulen sollten als Eingangs- und Erprobungsstufen ausgewiesen werden und unterrichtlich identisch sein. Der Einsatz von Grundschullehrern in den Erprobungsstufen ist pädagogisch sinnvoll. Darüber hinaus ist eine Parallelisierung und Abstimmung des Unterrichts in der Sekundarstufe I (insbesondere für Gesamtschulen und Gymnasien) anzustreben. Zu nennen sind: Gleiche Studentafeln, Angleichung der Differenzierungen, harmonisierte Curricula, schulformübergreifender Lehrereinsatz (als Möglichkeit), Harmonisierung der Lehrerbesoldung nach dem Stufenprinzip, stufenbezogene Schulaufsicht.

(6) Abschied von früher Auslese:
Fördern statt Auslese sollte für alle Schulen oberstes pädagogisches Prinzip sein. Das bedeutet, daß sowohl eine Eingangsauslese als auch eine Verlaufsauslese zugunsten von Durchlässigkeit und Offenheit der Bildungswege entfallen müssen. Konkret: Grundschulen müssen einerseits pädagogisch gestärkt und weiterentwickelt werden, andererseits vom Auslesedruck nach Klasse 4 befreit werden. Eltern und Schüler/innen erhalten stattdessen eine Schullaufbahnberatung und freie Wahl der Schulform der Sekundarstufe. Soweit die betreffenden Eltern dies wünschen, muß die aufnehmende Sekundarschule die aufgenommene Schülerpopulation bis zum Ende der Sekundarstufe I behalten und fördern.

Fazit:

Neue Strukturen sind dort erforderlich, wo mit den alten Modellen keine Problemlösungen erreichbar sind. Das ist eine Absage an Standardmodelle und ein Bekenntnis zu regional und lokal angemessenen Versorgungsformen. Horizontalisierte Systeme über Kooperation und Integration sind dort angezeigt, wo hierarchisierte und hochselektive Strukturen weder den pädagogischen Problemen gerecht werden noch hinreichende Akzeptanz erzielen - also nahezu überall.

Die hier skizzierte Alternative zur Veränderung der Schulstruktur orientiert sich nicht am Ziel der Vereinheitlichung des bundesdeutschen Schulwesens. Vielmehr wird ein pragmatisches Strukturmodell entworfen, das an vorhandenen regionalen Rahmenbedingungen anknüpft und auch weitgehend praktisch umsetzbar wäre. Nicht Standardisierung wäre das Motto, sondern Regionalisierung und Lokalisierung.

Literaturverzeichnis

BUNDESMINISTER FÜR BILDUNG UND WISSENSCHAFT: Berufsbildungsbericht 1989, Bonn 1989.

-- Berufsbildungsbericht 1991. Bonn 1991.

EMNID, hrsg. vom Bundesminister für Bildung und Wissenschaft: Daten und Fakten über Jugendliche ohne abgeschlossene Berufsausbildung. Bonn 1991.

IMHÄUSER, K.: Bildungsbeteiligung und Strukturwandel.

INSTITUT FÜR SCHULENTWICKLUNGSFORSCHUNG (Hrsg.): Entwicklung kommunaler Bildungsangebote in NW. Werkheft 34. Dortmund 1990.

-- (Hrsg.): Entwicklung kommunaler Bildungsangebote in Großstädten. Werkheft 36. Dortmund 1991.

KLEMM, K. u.a.: Bildungsgesamtplan '90. Ein Rahmen für Reformen. Weinheim/München 1990.

KMK (Hrsg.): Vorausberechnungen der Schülerzahlen 1989 bis 2010. Bonn 1991

RÖSNER, E.: Abschied von der Hauptschule. Frankfurt/M. 1989.

ROLFF, H.-G. u.a.: Jahrbuch der Schulentwicklung. Bd. 6. Weinheim/München 1990.

Walter Georg/Adolf Kell

Probleme Jugendlicher beim Übergang vom Sekundarbereich I in den Sekundarbereich II unter der Perspektive von Disparitäten im Sekundarbereich II

Die Strukturen des Bildungssystems sind für die Planung und Realisierung individueller Schul-, Berufs-, und Lebenslaufbahnen (Biographien) von ausschlaggebender Bedeutung. Durch Aufnahme- und Abgangsregelungen sind im Bildungssystem besondere *Verteilungsstellen* entstanden, die jeweils spezifische Übergangsprobleme verursachen: bei der Einschulung in die Grundschule, bei den Übergängen in die Sekundarstufe I, in die Sekundarstufe II und in den Hochschulbereich sowie bei allen Übergängen vom Bildungs- in das Beschäftigungssystem. Die an den einzelnen Verteilungsstellen und Schwellen entstehenden Abstimmungs- und Übergangsprobleme stehen nicht unabhängig nebeneinander, vielmehr setzen sich die Probleme an den jeweils vorgelagerten Übergängen in die nachgelagerten Übergänge fort sowie umgekehrt Probleme an den jeweils nachgelagerten Übergängen auf die vorgelagerten zurückwirken (vgl. TIMMERMANN 1988). Diese gesellschaftlichen Sachverhalte haben in letzter Zeit zur intensiveren theoretischen Auseinandersetzung mit den Übergangsproblemen und zur Etablierung einer "Übergangsforschung" geführt (vgl. KUTSCHA 1991).

Der Übergang vom Sekundarbereich I in den Sekundarbereich II wird beeinflußt einerseits von der Struktur der Bildungsgänge und Abschlüsse des Sekundarbereichs I (drei- bis fünfgliedriges allgemeines Schulwesen) und andererseits von der Struktur des Sekundarbereichs II (gymnasiale Oberstufe und Berufsausbildungssystem; innerhalb des Berufsausbildungssystems Differenzierung in berufsschulische, betriebliche und überbetriebliche/außerschulische Ausbildung). Dadurch ergeben sich am Verteilerkreis 1 (vgl. KELL 1982 und 1987) für die verschiedenen Gruppen Jugendlicher je spezifische Übergangsprobleme, die vor allem von den im Sekundarbereich I erworbenen allgemeinen Schulabschlüssen und von den Zugangsbedingungen des stark differenzierten Angebots an berufs- bzw. studienvorbereitenden, berufsqualifizierenden und zum Teil berufsweiterbildenden Bildungsgängen im Sekundarbereich II beeinflußt werden.

Nach Beendigung der allgemeinen Vollzeitschulpflicht (nach 9 bzw. 10 Schuljahren) reicht die Spannweite der Schulabschlüsse von Abgangsbescheinigungen aus der Klasse 6 der Haupt- oder Sonderschule bis zum Versetzungsvermerk für die Klasse 11 der gymnasialen Oberstufe (Fachoberschulreife mit Qualifikationsvermerk). Weitaus stärker differenziert sind die aufnehmenden Bildungsgänge im Sekundarbereich II. Sie sind qualifiziert in Bildungsgänge zur Erfüllung der (Teilzeit)-Berufsschulpflicht in Verbindung mit sozialpädagogischen und/oder berufsvorbereitenden "Maßnahmen" bzw. mit Erwerbsarbeit (Jungarbeiter - Jugendliche ohne Ausbildungsverhältnis) bis zum Abschluß einer (angesehenen, neugeordneten, entwicklungsoffenen) Berufsausbildung (z.B. Bank- und Versicherungskaufmann mit hohem Abiturientenanteil) in doppeltqualifizierenden Bildungsgängen (z.B. Schulberuf mit allgemeiner Hochschulreife; Ausbildungsberuf mit Fachhochschulreife) und in Bildungsgänge der gymnasialen Oberstufe (mit den Abschlüssen allgemeine Hochschulreife bzw. fachgebundene Hochschulreife. Diese Übergangsproblematik wird überlagert von der Geschlechtszugehörigkeit, der Nationalität und der regionalen Herkunft (Ansässigkeit) (Benachteiligung in der Berufsausbildung von Frauen, Ausländern und Jugendlichen in strukturschwachen Regionen).

Der Übergang vom Sekundarbereich I in den Sekundarbereich II ist dadurch gekennzeichnet, daß das Spektrum der Übergangsoptionen mit dem im Sekundarbereich I erreichten Schulabschluß korrespondiert. Schüler mit der Berechtigung zum Übergang in die gymnasiale Oberstufe können sich auch für den Eintritt in das Berufsausbildungssystem entscheiden; die übrigen Absolventen des Sekundarbereichs I sind (zumindest zunächst) vom Übergang in die gymnasiale Oberstufe ausgeschlossen. Zugleich resultieren aus der jeweiligen Heterogenität der Bildungsgänge in den Sekundarbereichen I und II zahlreiche qualitative Abstimmungsprobleme. Je nach Bildungsgang variiert die Qualität und Verwertbarkeit der Berufsvorbereitung (und auch der Studienvorbereitung).

Die strukturell vorherrschenden qualitativen Unterschiede in den Zugangs- und Entwicklungsmöglichkeiten für Jugendliche bestehen zwischen

- einem Bildungsgang des allgemeinen Schulwesens (z.B. Studienvorbereitung in der gymnasialen Oberstufe) und einem beruflichen Bildungsgang (z.B. Berufsausbildung nach dem Berufsbildungsgesetz);

- einem berufsvorbereitenden und einem berufsqualifizierenden Bildungsgang;

- einem ausschließlich oder vorrangig schulischen (des Staates oder eines gesellschaftlichen Trägers) und einem ausschließlich oder vorrangig betrieblichen (eines privaten Unternehmens oder einer staatlichen Behörde) Bildungsgang.

Mehr als die Hälfte der 17 bis 18jährigen Jugendlichen befinden sich in einer Berufsausbildung: Letztlich absolvieren etwa zwei Drittel der Jugendlichen eines Geburtsjahrganges eine Berufsausbildung im Rahmen des sogenannten dualen Systems von Betrieb und Berufsschule. Trotz eines weitgehend einheitlichen rechtlichen Rahmens sind die Ausbildungsbedingungen außerordentlich heterogen. Das Angebot an betrieblichen Ausbildungsplätzen und die betriebliche Ausbildungsqualität schwanken erheblich je nach Region, Berufsfeld (Branche; Wirtschaftszweig), Ausbildungsberuf und Ausbildungsbetrieb. Insgesamt bildet nur ein relativ kleiner Teil der Betriebe, die Facharbeiter bzw. -angestellte beschäftigen, selbst Auszubildende aus. Zum einen sind bei weitem nicht alle Betriebe in der Lage, die gesetzlich fixierten Ausbildungsstandards zu erfüllen, zum anderen orientiert sich die betriebliche Ausbildungspolitik weitgehend am *einzelbetrieblichen Rentabilitätskalkül*.

Die Entscheidungen über Art und Umfang betrieblicher Ausbildungsplätze werden vor allem nach ökonomischen Kriterien des einzelnen Betriebes getroffen, ohne daß überbetriebliche und überregionale Instanzen hinreichend für quantitativ und qualitativ korrigierende oder kompensierende Ausbildungsangebote sorgen. Zur Vermeidung externer Effekte neigen Betriebe mit kostenintensiven Ausbildungsplätzen zur Beschränkung des Ausbildungsplatzangebots auf den für den eigenen Betrieb kalkulierten Nachwuchsbedarf und zu einem relativ attraktiven Übernahmeangebot für die ausgebildeten Fachkräfte. Umgekehrt wird in Ausbildungsberufen, die durch den produktiven Einsatz der Auszubildenden bereits während der

Ausbildungszeit Nettoerträge (also höhere Ausbildungserträge als Ausbildungskosten) erbringen, über den Bedarf des Ausbildungsbetriebes an Fachkräften hinaus ausgebildet. Das hat zur Folge, daß ein Teil der Ausgebildeten vom Ausbildungsbetrieb nicht weiterbeschäftigt wird und oft auch in anderen Betrieben des gleichen Berufsfeldes keine adäquate Beschäftigung findet.

Diese Strukturverzerrungen werden verstärkt durch *Konjunktureinflüsse*, d.h. durch prozyklische Ausbildungsaktivitäten in "teueren" (überwiegend in Großbetrieben) und antizyklischen Schwankungen in "billigen" Ausbildungsbereichen (überwiegend in Handwerk und Handel). Stabilisierungstendenzen des Gesamtangebots an betrieblichen Ausbildungsplätzen gehen so zu einem Teil auf die "Schwammfunktion" kleinbetrieblicher Ausbildung zurück, die in Zeiten eines Nachfrageüberhangs nach Ausbildungsplätzen weit mehr Ausbildungsbewerber absorbiert, als nach Abschluß der Ausbildung in den Ausbildungsbetrieben beschäftigt werden können. Die Folge solcher Konjunktureinflüsse auf die Quantität und Qualität des betrieblichen Ausbildungsplatzangebots sind systembedingte generations-, regional-, geschlechts- und vorbildungsspezifische Chancenungleichheiten in der betrieblichen Berufsausbildung.

Bereits 1974 wurden die Folgen einzelbetrieblicher Ausbildungsfinanzierung diagnostiziert (vgl. SACHVERSTÄNDIGENKOMMISSION 1974):

- *Wettbewerbsverzerrungen* durch die ungleiche Verteilung von Kosten und Nutzen, die durch die Durchführung der Berufsausbildung bzw. die Nichtbeteiligung daran entstehen;

- *Qualitätsdefizite* aufgrund der unmittelbaren Abhängigkeit der Berufsausbildung von der ökonomischen Situation der Betriebe;

- *Strukturverzerrungen* wegen sektoraler, regionaler, branchen- und berufsbezogener Unterschiede in Umfang, Zusammensetzung und Qualität des Ausbildungsangebots;

- *Angebotsdefizite* an Ausbildungsplätzen für zukunftsorientierte und "teuere" Ausbildungsberufe und Überangebote an "billigen" Ausbildungsplätzen in Berufen mit geringen Beschäftigungschancen;

- *Konjunkturanfälligkeiten*, die sich in zyklischen Schwankungen der Quantität und Qualität des Ausbildungsplatzangebots ausdrücken;

- *Chancenungleichheiten* in Abhängigkeit von Geschlecht und Vorbildung der Auszubildenden.

Die wichtigste Bestimmungsgröße für die Qualität der betrieblichen Ausbildungsplätze ist nach Auskunft zahlreicher empirischer Untersuchungen die *Betriebsgröße*. Die positiven Merkmale einer planmäßig konzipierten und organisierten Berufsausbildung mit charakteristischen Attributen der "Verschulung" (wie systematisierte, produktionsgetrennte Ausbildung) lassen sich am deutlichsten in Großbetrieben mit über 1000 Beschäftigten ausmachen. Mit der Größe des Ausbildungsbetriebes variieren die Legalität der Berufsausbildung, also die Beachtung der gesetzlichen Bestimmungen und Ausbildungsvorschriften, wie auch der Planungs- und Systematisierungsgrad der Ausbildung, die Ausbildungsintensität, die Beschäftigung mit ausbildungsfremden Tätigkeiten und die Ausstattung mit Ausbildungswerkstätten, -mitteln und -personal.

Mit der unterschiedlichen *regionalen Verteilung* der (potentiellen) Ausbildungsbetriebe schwanken auch die Chancen der Bewerber, einen Ausbildungsplatz zu erhalten. Neben einem ausgeprägten Nord-Süd-Gefälle in der Angebots-Nachfrage-Relation konzentriert sich die Unterversorgung mit Ausbildungsplätzen auf Arbeitsamtbezirke in strukturschwachen Regionen. Umgekehrt bleibt in industriellen Ballungsgebieten und großstädtischen Regionen ein beachtlicher Teil der angebotenen Ausbildungsstellen mangels ausreichender Nachfrage unbesetzt. Die regionalen Disparitäten haben zur Folge, daß die für einen Strukturwandel benötigten beruflichen Qualifikationen gerade dort nicht entwickelt werden, wo sie am dringendsten benötigt werden und umgekehrt (Kumulierungseffekt). Zum anderen sind in strukturschwachen Regionen Ausbildungsentscheidungen häufig das Resultat zweiter oder dritter Wahl auf seiten der Auszubildenden, d.h. zahlreiche Ausbildungswünsche bleiben unerfüllt.

Die Qualität der Ausbildung und die daran geknüpften Berufsperspektiven unterscheiden sich deutlich je nach *Ausbildungsberuf*, insbesondere nach dessen Tätigkeitsinhalten, Spezialisierungsgrad, Ausbildungsdauer und Sozialprestige. Die Statusdifferenzen zwischen Ausbildungsberufen bestimmen rückwirkend die Rekrutierung aus verschiedenen sozialen Schichten und aus verschiedenen Schulformen. Innerhalb der Gesamtheit der Ausbildungsberufe gibt es eine vielfach differenzierte *informelle Hierarchie*, die sowohl die soziale, geschlechtsspezifische und schulische Rekrutierung als auch die unterschiedlichen Karrierechancen im einzelnen Ausbildungsberuf bestimmt.

Obwohl grundsätzlich alle Ausbildungsberufe den Absolventen aller Schulen nach der Vollzeitschulpflicht offenstehen und es keine unterschiedlichen rechtlichen Zugangsvoraussetzungen gibt, ergeben sich deutliche Konzentrationen bei der Zuordnung von *schulischen Abschlüssen* und Einmündungen in Ausbildungsberufe und -bereiche. Auszubildende mit Abitur konzentrieren sich auf nur zehn Ausbildungsberufe, insbesondere im kaufmännischen und Dienstleistungsbereich (Bank-, Industrie-, Groß- und Außenhandels-, Versicherungskaufmann/-frau u.a.). In anderen Bereichen, z.B. im Baugewerbe und in den meisten handwerklichen Ausbildungsberufen, treten Abiturienten nur vereinzelt auf. In Industrie und Handel sind inzwischen weniger als ein Drittel der Auszubildenden Absolventen der Hauptschule, im öffentlichen Dienst etwa 10%, im Handwerk und in der Hauswirtschaft dagegen etwa 60%. Jugendlichen ohne Hauptschulabschluß gelingt der Übergang in ein Ausbildungsverhältnis nur selten und dann vorrangig in Ausbildungsberufe mit geringem Status und/oder geringen Beschäftigungsaussichten (z.B. hauswirtschaftstechnische/r Betriebshelfer/in). Diese Konzentration bestimmter Schulabschlüsse auf bestimmte Ausbildungsberufe ist weniger das Resultat notwendiger Qualifikationserfordernisse als vielmehr das Ergebnis von Präferenzen und Marktkonstellationen.

Insgesamt bedeutet die Entwicklung der *Vorbildungsstruktur* im dualen System, daß in den meisten Ausbildungs- und Tätigkeitsbereichen die Berufsanfänger eine längere und höhere Vorbildung aufweisen als ihre Vorgänger in den entsprechenden Positionen. Insofern ist das in diesem Zusammenhang viel benutzte Schlagwort vom "Verdrängungswettbewerb" mißverständlich. Das Abitur wird heute zunehmend als Eingangsvoraussetzung für Ausbildungsberufe verlangt, für die vorher der mittlere Schulabschluß genügte, und dieser wird zunehmend für Ausbildungsberufe vorausgesetzt, die früher vorwiegend von Hauptschulabsolventen ergriffen werden konnten. Für die Hauptschulabsolventen wiederum hat sich das Berufswahlspektrum tendenziell verkleinert. Allerdings ist diese Entwicklung ein Reflex auf die gestiegenen Absolventenzahlen aus weiterführenden Schulen, nicht umgekehrt. Daß in den vergangenen Jahren ein erheblicher Teil der Hauptschulabsolventen keine betriebliche Ausbildungsstelle fand, war weniger das Ergebnis einer Verdrängung als vielmehr das einer globalen Lücke zwischen Ausbildungsangebot und -nachfrage. Die Konzentration der Benachteiligungen auf die Absolventen der untersten Stufe der Schulhierarchie ist Folge der "creaming-Effekte" *betrieblicher Rekrutierungsmuster*, die den Absolventen weiterführender Schulen größere Chancen einräumen. Da die Qualität des Schulabschlusses die Erfolgsaussichten bei der Suche nach einem Ausbildungsplatz, aber auch die späteren beruflichen Karrieremöglichkeiten wesentlich mitbestimmt, besuchen viele Jugendliche nach dem ursprünglich beabsichtigten Schulabschluß weitere Bildungseinrichtungen in der Hoffnung, mit einem höheren Schulabschluß die Chancen auf einen Ausbildungsplatz zu steigern, oder aber auch, um eine drohende Arbeitslosigkeit zu vermeiden.

Mit der Verringerung der beruflichen Verwertungschancen "niederer" Schulabschlüsse und der Verlängerung der Verweildauer im Bildungssystem ist ein tendenzieller *Wertverlust höherer Bildungsabschlüsse* verknüpft. Dadurch, daß sich immer neue Schülergruppen für weiterführende Bildungsgänge entscheiden, verlieren diese Bildungsgänge ihren Exklusivitätscharakter. Höhere Schulabschlüsse werden wichtiger und wertloser zugleich: In dem Maße, wie deren Entwertung erfolgt, wird es individuell immer wichtiger, sich an diesem Erosionsprozeß zu beteiligen. Obwohl höhere Schulabschlüsse ihre Garantie als Grundstein einer erfolgreichen Berufskarriere verlieren, werden sie dennoch zur unabdingbaren Voraussetzung im Ausbildungswettbewerb. Das gilt vor allem für weibliche Jugendliche, die seit Jahren verstärkt Ausbildungsplätze nachfragen und inzwischen mehr als die Hälfte aller Bewerber um einen betrieblichen Ausbildungsplatz ausmachen. Ihre *geschlechtsspezifische Benachteiligung* dokumentiert sich schon darin, daß sie mit rund 43% insgesamt unterproportional an der Berufsausbildung beteiligt sind. Hinzu kommt ein besonders eingeengtes Berufsspektrum, das sich in der höheren Konzentration der weiblichen Auszubildenden auf wenige Ausbildungsberufe ausdrückt. Diese Konzentration ist weniger ein Zeichen der Orientierung von Mädchen an sogenannten Modeberufen als vielmehr Ausdruck des Mangels an alternativen qualifizierten Ausbildungsplätzen. Besonders in den handwerklichen "weiblichen" Ausbildungsberufen (z.B. Friseurin) bestehen erhebliche Diskrepanzen zwischen Auszubildendenzahl und Nachwuchsbedarf. Auszubildende dienen hier häufig in erster Linie als billige Arbeitskräfte; die Beschäftigungschancen nach Ausbildungsabschluß sind gering. Trotz höherer Vorbildungsabschlüsse bleiben die Startchancen von Mädchen und Frauen auf dem Ausbildungsstellen- und Arbeitsmarkt in qualitativer und quantitativer Hinsicht noch immer unter denen der männlichen Mitbewerber zurück (vgl. SATTEL 1989).

Besonders auffallend waren in den letzten Jahrzehnten die *generationsspezifischen Disparitäten* beim Zugang zu betrieblichen Ausbildungsstellen. Einer der wichtigsten Gründe für die in den siebziger und achtziger Jahren verschlechterten Arbeits- und Ausbildungschancen Jugendlicher lag in der *demographischen Entwicklung*. Als Folge der außergewöhnlich geburtenstarken Jahrgänge der fünfziger und sechziger Jahre drängten seit Mitte der siebziger Jahre vermehrt Jugendliche in das Berufsbildungs- und Beschäftigungssystem. Zwar nimmt seit 1981 (aufgrund entsprechender Geburtenrückgänge seit Mitte der sechziger Jahre) die Zahl der Jugendlichen kontinuierlich ab. Dennoch hat sich diese Entwicklung lange Zeit kaum als Entlastung des Ausbildungsstellenmarktes ausgewirkt. Zum einen ließ sich der hohe Sockel der "Altbewerber" aus den Vorjahren nur allmählich abbauen. Zum anderen lassen sich seit Jahren massive Veränderungen des *Übergangsverhaltens* der Absolventen aus der Sekundarstufe I und der Sekundarstufe II feststellen. Zunehmend werden betriebliche Ausbildungsplätze auch von Absolventen beruflicher Vollzeitschulen und von Abiturienten nachgefragt, die sich davon eine Verbesserung ihrer beruflichen Perspektive versprechen. Darüber hinaus haben "ungelernte" Schulabsolventen als Jungarbeiter kaum mehr Chancen auf einen Arbeitsplatz, so daß auch diese Jugendlichen inzwischen auf den Ausbildungsstellenmarkt drängen. Der Abschluß einer Berufsausbildung hat sich weitgehend als Regelvorstellung eines "Bildungsminimums" durchgesetzt. Liefen bis Anfang der siebziger Jahre nur rund die Hälfte eines Altersjahrgangs durch eine duale Berufsausbildung, so waren es Ende der achtziger Jahre rund 70%. Im

Zuge der Expansion des dualen Systems hat - ähnlich wie der Besuch einer weiterführenden Schule - der Abschluß einer Berufsausbildung gleichermaßen an Bedeutung gewonnen und verloren. Einerseits hat sich vor dem Hintergrund des Ausbildungs- und Arbeitsplatzmangels das erfolgreiche Absolvieren einer betrieblichen Berufsausbildung als minimale Voraussetzung für den Eintritt in das Beschäftigungssystem durchgesetzt; die Beschäftigungschancen "ungelernter" Jugendlicher sind auf ein Minimum gesunken. Andererseits bietet der Nachweis einer abgeschlossenen Berufsausbildung weniger als je zuvor eine Gewähr für einen einschlägigen Beschäftigungseinstieg.

Inzwischen hat sich der Ausbildungsstellenmarkt wieder von einem Anbieter- zu einem Nachfragermarkt entwickelt. Seit 1989 übersteigt das Angebot an Ausbildungsstellen deutlich die Nachfrage - mit zunehmender Tendenz. Aus pädagogischer Sicht bleibt es dennoch problematisch, wenn die Ausbildungschancen ganzer Generationen je nach Marktlage unter den Bedingungen freier Wahl oder aber unter dem Diktat der Mangelverteilung erfolgt. Die Altersjahrgänge, die von Mitte der siebziger Jahre bis Mitte der achtziger Jahre auf den Ausbildungs- und Arbeitsmarkt drängten, mußten gegenüber den vorangegangenen und den nachfolgenden Jahrgängen erhebliche Nachteile in Kauf nehmen.

Jenseits der globalen Disparitäten und Ausgleichstendenzen verweist die empirische "Übergangsforschung" auf die spezifischen Übergangsprobleme, die erst bei einer regional eingegrenzten und *disaggregierten Betrachtung* erkennbar werden. Beispielhaft für die Erfassung *regionalspezifischer* Angebots-Nachfrage-Relationen und Übergangsströme sind die Erhebungen über "Herkunft und Verbleib Duisburger Schulabgänger und Absolventen des dualen Systems 1984-1989" (vgl. STENDER 1989; KUTSCHA 1990a.), an denen folgende Disparitätenprobleme deutlich werden:

1. Das im Bundesdurchschnitt festzustellende Überangebot von Ausbildungsplätzen hat die Disparitäten zwischen den Ausbildungsregionen nicht verringert, sondern vergrößert.

2. In Problemregionen (wie Duisburg) bestehen zwischen den Übergangswünschen der Jugendlichen und den Übergangsquoten z.B. in eine

(duale) Berufsausbildung große Diskrepanzen: Während gut 2/3 aller befragten Jugendlichen einen dahingehenden Ausbildungswunsch äußerten, konnten ihn nur 1/3 realisieren (1984-1986).

3. Nur gut 13% der Abgänger aus Sonderschulen haben einen Ausbildungsplatz in einem anerkannten Ausbildungsberuf erhalten; 85% mündeten in berufsvorbereitende Bildungsgänge und -maßnahmen (wie Vorklasse zum Berufsgrundschuljahr/Berufsgrundschuljahr; Klassen für Jugendliche ohne Ausbildungsverhältnisse; Maßnahmen der Arbeitsverwaltung; diese Bildungsgänge führen zu gut 10% wieder in Maßnahmen und zu über 50% in Arbeitslosigkeit).

4. Abgänger aus der Hauptschule erwarben zu 45% einen Ausbildungsplatz, gingen zu 18% in einen schulischen oder anderen Bildungsgang und mündeten zu 37% in berufsvorbereitende Bildungsgänge und -maßnahmen.

5. Für Abgänger aus der Realschule ist die Übergangsquote in eine anerkannte Berufsausbildung fast gleich hoch (41,2%); sie mündeten aber nur zu 5% in berufsvorbereitende Bildungsgänge und -maßnahmen.

6. Abgänger aus dem Gymnasium gingen zu 31% in eine Berufsausbildung, zu 25% begannen sie ein Studium, und zu 23% absolvierten sie ihren Grundwehrdienst. In berufsvorbereitende Bildungsgänge und -maßnahmen mündeten nur 0,9%.

7. Trotz eines Überangebotes an Ausbildungsplätzen (106,1%) gibt es weiterhin eine große Gruppe Jugendlicher, die außerhalb einer qualifizierten Berufsausbildung bleiben (24,2% in Duisburg 1990).

Trotz des globalen statistischen Ausgleichs auf dem Ausbildungsstellenmarkt deuten alle Indikatoren darauf hin, "daß die Ungleichheit der Bildungschancen gemessen an den aufweisbaren Disparitäten des Zugangs zu qualifizierten Ausbildungsmöglichkeiten und des Übergangs in ausbildungsadäquate Beschäftigungsverhältnisse eher zu- als abgenommen haben" (KUTSCHA 1990b., S. 300).

Für diese kurz skizzierten Strukturprobleme im Sekundarbereich II gibt es viele Ursachen, und auf die weiteren Entwicklungen wirken zahlreiche Einflüsse, die für eine bildungspolitische Erklärung zur Sekundarstufe I genauer zu analysieren und darzustellen wären. Durch Veränderungen im Sekundarbereich I können die Ursachen und Einflüsse, die für Jugendliche zu strukturbedingten Problemen beim Übergang in den Sekundarbereich II führen, nicht beseitigt werden; sie können nur darauf gerichtet sein, auf die Übergänge vorzubereiten, um die Übergangsprobleme zu mildern. Aus dieser Sicht muß es das allgemeine Ziel der Schulen des Sekundarbereichs I sein, allen Jugendlichen am Ende der allgemeinen Schulpflicht im Hinblick auf die differenzierten Bildungsgänge im Sekundarbereich II möglichst viele Zugangschancen offenzuhalten. Die dafür notwendige Flexibilität und Mobilität der Jugendlichen wird davon beeinflußt, inwieweit schulorganisatorisch regionale Schulsysteme mit differenzierten Angeboten und Übergangsmöglichkeiten eingerichtet und inwieweit ein darauf bezogenes didaktisches Konzept für die Grundbildung entwickelt und durchgesetzt wird. Zu einem solchen Grundbildungskonzept für alle Schüler gehört die vorberufliche Bildung:

1. Aus den Erfahrungen mit dem Arbeitslehreunterricht für die Hauptschule in den westlichen Bundesländern und mit dem polytechnischen Unterricht in der DDR ist ein entsprechender Unterrichtskomplex - mit welcher Bezeichnung auch immer - didaktisch neu zu strukturieren und zum Pflichtbereich für alle Schüler zu machen.

2. Dieser unterrichtliche Kernbereich der vorberuflichen Bildung ist hinsichtlich Anspruchsniveau, Theorie-Praxis-Verhältnis und Berufsbezug zu differenzieren, so daß sie für alle Schülergruppen im Hinblick auf die differenzierten Übergangsmöglichkeiten in den Sekundarbereich II relevant wird.

3. Um die Zusammenarbeit der Berufsberatung durch die Bundesanstalt für Arbeit mit den Schulen des Sekundarbereichs I weiter zu verbessern, sollte ein Berufswahlunterricht in diesen unterrichtlichen Kernbereich integriert werden.

4. Eine verstärkte Teilnahme an diesem Unterricht im Rahmen eines Wahlpflichtangebotes darf nicht dazu führen, daß in bezug auf einen qualifizierten Sekundar I-Abschluß eine vorzeitige Selektion verbunden ist.

Literatur

BUNDESMINISTER FÜR BILDUNG UND WISSENSCHAFT (Hrsg.): Grund- und Strukturdaten. Bonn 1974 ff. (jährlich).

-- (Hrsg.): Berufsbildungsbericht. Bonn 1977 ff. (jährlich).

GEORG, W./GIESBRECHT, A./MATTERN, C./SATTEL, U.: Grundkurs Berufspädagogik. Fernuniversität Hagen 1991.

KELL, A.: Berechtigungswesen zwischen Bildungs- und Beschäftigungssystem. In: BLANKERTZ, H./DERBOLAV, J./KELL, A./KUTSCHA, G. (Hrsg.): Sekundarstufe II - Jugendbildung zwischen Schule und Beruf (Enzyklopädie Erziehungswissenschaft, Band 9.1). Stuttgart 1982, S. 289-320.

-- Berechtigungswesen - Bollwerk gegen die Realisierung materialer Chancengleichheit? In: MÜLLER-ROLLI, S. (Hrsg.): Das Bildungswesen der Zukunft. Stuttgart 1987, S. 138-164.

KUTSCHA, G.: Öffentlichkeit, Systematisierung, Selektivität - zur Scheinautonomie des Berufsbildungssystems. In: HARNEY, K./PÄTZOLD, G. (Hrsg.): Arbeit und Ausbildung, Wissenschaft und Politik. Festschrift für Karlwilhelm Stratmann. Frankfurt a.M. 1990a., S. 289-303.

-- Herkunft und Verbleib Duisburger Schulabgänger und Absolventen des dualen Systems 1984 -1989. Duisburg 1990b.

-- Übergangsforschung - Zu einem neuen Forschungsbereich. In: BECK, K./ KELL, A. (Hrsg.): Bilanz der Bildungsforschung. Stand und Zukunftsperspektiven. Weinheim 1991, S. 113-155.

SACHVERSTÄNDIGENKOMMISSION KOSTEN UND FINANZIERUNG DER BERUFLICHEN BILDUNG: Kosten und Finanzierung der außerschulischen beruflichen Bildung. Abschlußbericht. Bielefeld 1974.

SATTEL, U.: Frauenerwerbstätigkeit und Arbeitsmarkt in der Bundesrepublik Deutschland. Ein Überblick über zentrale Strukturen und theoretische Erklärungsansätze. In: Gegenwartskunde 38.(1989), 1, S. 101-129.

STENDER, J.: Segmentation und Selektion: Regionale Systemanalysen zur beruflichen Bildung (2 Bände). Berlin 1989.

TIMMERMANN, D.: Die Abstimmung von Bildungs- und Beschäftigungssystem: ein Systematisierungsversuch. In: BODENHÖFER, H.-J. (Hrsg.): Bildung, Beruf, Arbeitsmarkt. Berlin 1988, S. 25-82.

Klaus Klemm

Expansion und Kontraktion: Zur Schulentwicklung in den neuen Ländern

Im Verlauf des Jahres 1991 wurden in den neuen Ländern und im östlichen Teil von Berlin die schulrechtlichen Voraussetzungen getroffen, um das aus der DDR überkommene Schulwesen von Grund auf umzugestalten. Auf der Grundlage des neu beschlossenen oder - im Fall von Berlin - direkt übernommenen Landesschulrechts tritt nun an die Stelle des im Wesentlichen aus den Polytechnischen und Erweiterten Oberschulen bestehenden allgemeinbildenden Schulsystems eine gegliederte Schullandschaft.

Eine Durchsicht der Schulgesetze bzw. der Vorschaltgesetze der neuen Länder (KMK 1991) zeigt, daß dort neben dem nach westlichem Muster ausgestalteten Sonderschulwesen ein im Kern dreigliedriges System etabliert wird - allerdings mit, im Vergleich zu den alten Ländern, unklareren Grenzziehungen zwischen den nicht gymnasialen Bildungswegen der allgemeinbildenden Schulen. Auf der vierjährigen (in Berlin und Brandenburg sechsjährigen) Grundschule aufbauend finden wir in Mecklenburg-Vorpommern Hauptschulen, Realschulen, Gymnasien sowie, an bestimmte Bedingungen geknüpft, Gesamtschulen. In Berlin (Ost) wurde das viergliedrige System des Westteils der Stadt übernommen, wegen des faktischen Wegfalls der Hauptschule ist das weiterführende Schulsystem dort mit Realschule, Gesamtschule und Gymnasium tatsächlich dreigliedrig. In Brandenburg finden sich eben diese drei Schulformen, so daß das Ost-Berliner und brandenburgische Schulsystem sich weitgehend entsprechen. In den drei anderen Ländern findet sich jeweils neben den Gymnasien eine - je Land unterschiedlich benannte - Regel-, Mittel- oder Sekundarschule. Ihnen ist gemeinsam, daß sie in sich erkennbare Haupt- und Realschulbildungsgänge anbieten sollen.

Auch im Bereich der berufsbildenden Schulen wurden die Strukturen der westlichen Bundesländer in ihren zentralen Aspekten übernommen; lediglich Brandenburg setzt mit der Öffnung für doppeltqualifizierende Bildungsgänge in der Sekundarstufe II einen eigenen landesspezifischen Akzent.

Die Umsetzung dieser rechtlichen Vorgaben ist im Bereich der allgemeinbildenden Schulen in Berlin und in den neuen Bundesländern weitgehend abgeschlossen, lediglich Sachsen hat diese Umgestaltung noch nicht vollzogen. Im Bereich der berufsbildenden Schulen, wo infolge der Betriebsschließungen und der damit verbundenen Entwurzelung der betrieblichen Berufsschulen die Lage besonders schwierig und auch unübersichtlich ist, scheint der Umstrukturierungsprozeß noch voll im Gange und fern von einem Abschluß zu sein.

Insgesamt wurden und werden damit in den neuen Ländern und im Osten Berlins allein im Bereich der allgemeinbildenden Schulen nahezu 6000 Schulen rechtlich und faktisch aufgelöst. Dies entspricht in etwa der Zahl aller allgemeinbildenden Schulen Nordrhein-Westfalens. Nur wer in den alten Ländern einmal "vor Ort" in Schulschließungen, Zusammenlegungen, Umwidmungen o.ä. "verwickelt" war, kann ermessen, um was es gegenwärtig in der Schulentwicklung der neuen Länder geht. Denn dies ist zu bedenken: Bei allen Vorbehalten gegenüber den Schulen in der ehemaligen DDR und gegenüber ihrer Rolle in der gesellschaftlichen Ordnung dieses Staates, diese Schulen waren in der Nachkriegszeit gewachsene Institutionen, mit eigener Identität, mit Nachbarschaftsverflechtungen, mit Ehemaligen ...

Die politische Grundannahme dieses radikalen Einschnitts war zum einen die, daß die überwiegende Zahl der Eltern in den neuen Ländern Struktur und Inhalt der DDR-Schulen nicht mehr zu akzeptieren bereit war. Zum anderen wurde wohl davon ausgegangen, daß auf der Basis des dabei neu geschaffenen Gesamtsystems eine kontinuierliche und systematische Phase des Neuaufbaus eingeleitet werden könne. Diese beiden Grundannahmen schienen zu rechtfertigen, bei der Umstrukturierung des Schulsystems in kürzester Zeit radikale Strategien zu verfolgen. Beide Annahmen müssen allerdings inzwischen problematisiert werden. Hinsichtlich der Akzeptanz der DDR-Schulstruktur zeigt eine vom Dortmunder Institut für Schulentwicklungsforschung (IFS) im Oktober 1991 durchgeführte Repräsentativumfrage in den neuen Bundesländern, daß 57% der Befragten dem folgenden Satz zustimmten: "Die Abkehr von der partei-ideologisch beeinflußten

Pädagogik halte ich für richtig. Die äußere Schulstruktur (wohnortnahe AOS für alle Kinder, EOS oder Lehre, Berufsausbildung mit Abitur) sollte man ruhig beibehalten." (ROLFF u.a. 1992). Hinsichtlich der Möglichkeit des Beginns einer Phase des kontinuierlichen und systematischen Aufbaus müssen gegenwärtig noch größere Zweifel als hinsichtlich der Akzeptanz der neuen Schulstruktur angemeldet werden: Es bestehen begründete Annahmen dafür, daß sich in dem Zusammenwirken von Bildungsexpansion und demographischem Zusammenbruch die westdeutsche Schulstruktur in den neuen Ländern eher als Problemexport denn als Problemlösungsbeitrag erweisen wird.

1. Das Bedingungsgefüge der Schulentwicklung: Expansion und Kontraktion

Für die Füllung der neu etablierten Schulstruktur mit schulischem Leben werden die Zahl der Schüler und Schülerinnen, die in den kommenden Jahren Schulen besuchen werden, sowie ihre Verteilung auf die unterschiedlichen Bildungswege bedeutsam sein. Beide Aspekte sollen daher im folgenden etwas ausführlicher dargestellt werden.

Expansive Tendenzen: Zur Bildungsbeteiligung in den neuen Ländern

Eine Einschätzung davon, wie sich die Bildungsbeteiligung in den neuen Ländern in naher Zukunft entwickeln wird, ist gegenwärtig nur tendenziell möglich. Die Tendenz allerdings ist eindeutig: Die neuen Länder holen den vierzigjährigen Prozeß der Bildungsexpansion gleichsam aus dem Stand auf, sie setzen an die Stelle der Bildungsexpansion eine Bildungsexplosion: Anfang der 50er Jahre wechselten etwa 14% der Grundschüler in der Bundesrepublik zu Gymnasien, 1990 taten dies etwas mehr als 30% (HANSEN/ROLFF 1990, S. 48). In der DDR wechselten bis zur politischen Wende etwa 14% in Bildungswege, die zum Abitur (ohne oder mit Berufsausbildung) führten. Zum jetzt begonnenen Schuljahr werden nach ersten Hochrechnungen mehr als 30% der Grundschulabsolventen in den neuen Ländern Gymnasien besuchen; dazu kommen noch die Überwechsler auf Gesamtschulen, die dort auch den Weg zur Studienberechtigung einschlagen können. Dieses Gleichziehen bei der Bildungsbeteiligung findet im allgemeinbildenden Schulbereich offensichtlich überall in den neuen Ländern statt:

- Im östlichen Teil von Berlin wurden (zum Schuljahr 1991/92) 1,3% aller Grundschulabgänger zu Hauptschulen, 12,8% zu Realschulen, 37,6% zu Gymnasien und 48,3% zu Gesamtschulen angemeldet.

- In Mecklenburg-Vorpommern besuchen in den fünften Klassen der weiterführenden Schulen etwa 16% eine Hauptschule, 30% ein Gymnasium und über 50% eine Realschule; einige wenige Schüler und Schülerinnen lernen in den Gesamtschulen des Landes.

- In Brandenburg zeigen Vorabauswertungen der Verteilungsdaten, daß etwa 12% der Schüler in den siebten Klassen in einer Realschule, 25% in Gymnasien und 61% in Gesamtschulen lernen (etwa 2% besuchen die wenigen noch bestehenden Polytechnischen Oberschulen).

- In Thüringen wechselten etwa 33% der Grundschulabsolventen zu Gymnasien, die anderen zu den Regelschulen.

- In Sachsen-Anhalt wählten 29,5% der Kinder bzw. ihre Eltern ein Gymnasium, die anderen die Sekundarschule.

- In Sachsen wird die Umstellung auf die neue Schulstruktur erst zum kommenden Schuljahr vollzogen.

Daß die sich in diesen Daten abzeichnende Tendenz für die neuen Länder insgesamt gilt, läßt sich, obwohl weitere Länderauswertungen noch nicht vorliegen, vermuten. Im Rahmen der schon erwähnten IFS-Befragung (ROLFF u.a. 1992) gaben 13% der Eltern in den neuen Ländern an, daß sie für ihr Kind einen Hauptschulabschluß wünschten, 36% nannten bei dieser Frage nach dem Schulabschlußwunsch die Fachoberschulreife, 51% das Abitur.

Mehrere Gründe sprechen dafür, daß derart expansive Tendenzen bei der Bildungsbeteiligung nicht nur eine kurzlebige Reaktion auf die langjährige

Drosselung beim Zugang zur Erweiterten Oberschule sind, sondern daß sie stabil sein und sich eher noch steigern werden. Zum einen gilt, daß der jetzt einmal eingeschlagene Weg bei der Bildungsbeteiligung bei den nachfolgenden Elterngenerationen so etwas wie eine Sogwirkung entfalten wird: Ein dauerhaftes Zurückfallen hinter ein einmal erreichtes Verteilungsmuster wurde in den Jahren der Bildungsexpansion auch in den alten Ländern zu keinem Zeitpunkt beobachtet. Gestützt wird diese Einschätzung dadurch, daß die auf absehbare Zeit bestehende hohe Arbeitslosigkeit in den neuen Ländern dazu führen wird, daß die einzelne Familie in einer möglichst guten und hoch angesehenen Schulbildung ihren Kindern möglichst günstige Einstiegsbedingungen in das spätere Erwerbsleben versuchen wird zu sichern. Erleichtert werden ihr derartige Bildungsentscheidungen sicher auch dadurch, daß die Entscheidung für längere und bessere Bildungs- und Ausbildungswege kaum durch attraktive Perspektiven in der beruflichen Ausbildung, die etwa an einen Hauptschulabschluß anschließt, "gestört" wird.

Neben diesen weitgehend aus der westdeutschen Bildungsforschung vertrauten Überlegungen zur Wahrscheinlichkeit eines Fortgangs der Bildungsexpansion ist eine spezifische Konstellation in den neuen Ländern für die Vorhersage weiterer expansiver Tendenzen von Bedeutung: Angesichts der - im Vergleich zu westlichen Ländern - geringen Zahl von Familien, die im Bereich des Handwerks, der Industrie oder von Dienstleistungsbetrieben über Besitz verfügen, werden die Behauptung sozialer Positionen bzw. sozialer Aufstieg mehr noch als in westlichen Industrieländern direkt an den Erwerb schulischer Zertifikate gebunden sein. Diese in den Besitzverhältnissen begründete sehr enge Kopplung von Schulerfolg und sozialer Position wird dem Prozeß der Bildungsexpansion zusätzliche Schubkraft geben.

Wenn diese Annahme richtig ist, so bedeutet dies für die künftige Schulentwicklung, daß es bei den allgemeinbildenden Schultypen, die an die Grundschule anschließen, zu einem ausgeprägten Konkurrenzverhältnis kommen wird. Insbesondere die Hauptschulen in Berlin und in Mecklenburg-Vorpommern, die Realschulen in Brandenburg und die Hauptschulbildungsgänge in den drei anderen Bundesländern werden um ihre Bestandssicherung fürchten müssen. Verschärft wird diese Perspektive dadurch, daß sich schon mittelfristig die Zahl der Schüler und Schülerinnen in den einzelnen Jahrgängen - demographisch bedingt - insgesamt stark verringern wird.

Kontraktive Tendenzen: Der demographische Zusammenbruch und die Entwicklung der Schülerzahlen

Für die Zahlen der künftig zu erwartenden Schüler und Schülerinnen sind insbesondere die Geburtenzahlen der vergangenen Jahre und die zu erwartenden jährlichen Geburtenzahlen bedeutsam. Daher sind ein Rückblick auf die Geburtenentwicklung in der DDR und ein erster prognostischer Ausblick auf die Geburtenzahlen zur Einschätzung der Schülerzahlenentwicklung erforderlich (vgl. dazu insgesamt KLEMM/BÖTTCHER/WEEGEN 1992).

Nach dem großen Geburtenrückgang von fast 300.000 (1960) auf 1975 nur noch etwa 182.000 hatte es in der DDR bis zum Beginn der 80er Jahre einen Wiederanstieg der Geburtenzahlen gegeben - auf 240.000 und mehr. Danach sind die Geburtenzahlen wieder zurückgegangen - auch schon vor der politischen Wende: 1989 wurden in der DDR nur noch knapp 200.000 Kinder geboren. Dieser Rückgang hat sich dann 1990 beschleunigt, so daß am Jahresende nur 175.000 Geburten gezählt wurden (vgl. Tabelle 1, S. 149).

Wenn man nun die Geburtenzahlen der ersten Monate des Jahres 1991 zu einem Jahresergebnis hochrechnet, so wird es 1991 im Vergleich zu dem ohnehin schon niedrigen Wert von 1990 nur noch zwei Drittel der damaligen Geburten geben: 114.000 (57%).

Wenn man einmal unterstellt, daß das generative Verhalten, das zu diesem Einbruch führt und das ja mitbestimmt wird durch die Unsicherheiten auf dem Arbeitsmarkt, den Abbau bzw. die Verteuerung von Krippen, Kindergärten und Horten, die Verschlechterungen bei der Beurlaubungsregelung für Mütter und vieles mehr, daß dieses generative Verhalten also in den 90er Jahren konstant bleibt (Variante 1), werden im Jahre 2000 nur noch 98.000 Geburten in den neuen Ländern und in Berlin (Ost) zu erwarten sein. Dieser weitere Rückgang trotz konstant angenommenen generativen Verhaltens erklärt sich daraus, daß in Folge des Geburtenrückgangs in den späten 60er und in den 70er Jahren die kommenden Elterngenerationen schwächer besetzt sein werden.

Tabelle 1:
Geburtenentwicklung in 1000

Jahr	DDR	BRD	D
1950	303,9	812,8	1.116,7
1955	293,3	820,1	1.113,4
1960	293,0	968,6	1.261,6
1965	281,1	1.044,3	1.325,4
1970	236,9	810,8	1.047,7
1975	181,8	600,5	782,3
1980	245,1	620,7	865,8
1981	237,5	624,6	862,1
1982	240,1	621,8	861,7
1983	233,8	594,2	828,0
1984	228,1	584,2	812,3
1985	227,6	586,2	813,8
1986	222,3	626,0	848,3
1987	226,0	642,0	868,0
1988	215,7	677,3	893,0
1989	198,9	681,5	880,4
1990	174,7	724,0	898,7

Quellen: Staatliche Zentralverwaltung für Statistik: Statistisches Taschenbuch der DDR 1989, Berlin 1989; verschiedene Bände des „Statistischen Jahrbuchs der BRD“; BMBW: Grund- und Strukturdaten 1990/91, Bonn 1990

Wenn man dagegen in einer optimistischeren Variante (2) davon ausgeht, daß sich bis zum Jahr 2000 das generative Verhalten, das die Geburtenzahl im letzten Jahr vor der politischen Wende bestimmt hat (also 1989), schrittweise wiederherstellt, so können wir im Jahre 2000 wieder mit 163.000 Geburten rechnen. Aber auch dieser eher optimistische Wert stellt im Vergleich zu dem Einschulungsjahrgang des Jahres 1991/92, der 220.000 stark war, einen starken Einbruch dar (74%).

Welche der beiden Prognosevarianten letztlich die zukünftige Entwicklung genauer treffen mag, ist ungewiß: Sicher aber ist, daß der jetzt schon eingetretene demographische Einbruch (verstärkt ja noch durch Abwanderungsbewegungen) und der - auch im günstigsten Fall - nur allmähliche Wiederanstieg der Geburtenzahlen eine tiefe Spur in der künftigen Schulentwicklung hinterlassen wird. Um dies zu verdeutlichen, sollen im folgenden die Ergebnisse einer Schülerzahlenprognose vorgestellt werden, die zutreffen würde, wenn die optimistischere Variante 2 der Geburtenprognose eintreten, wenn es bis zum Jahre 1995 zu einem Auslaufen der gegenwärtigen Abwanderungsbewegung kommen und wenn sich die Bildungsbeteiligung in den neuen Ländern dauerhaft auf dem jetzt in den alten Ländern erreichten Niveau halten würde. Unter diesen Voraussetzungen sind für die kommenden Jahre in den neuen Ländern und im östlichen Teil von Berlin die folgenden Schülerzahlen zu erwarten (vgl. Tabelle 2, S. 151):

- Im Bereich der noch einzurichtenden vorschulischen Förderung (in Vorklassen, Vorbereitungsklassen oder in vergleichbaren Einrichtungen) wird sich der Geburtenrückgang bereits 1995 auswirken. Es ist daher davon auszugehen, daß nach Schaffung derartiger vorschulischer Einrichtungen für die kommenden Jahre ein etwa gleichbleibender Bedarf bestehen wird.

- In den Grundschulen kommt es ab sofort zu einem Rückgang der Schülerzahlen: Im Vergleich zu den 870.100 Kindern in den Klassen 1 bis 4 der Polytechnischen Oberschule werden sich die Grundschülerzahlen im Jahre 2000 in etwa halbiert haben. Danach erholen sie sich nur langsam wieder.

Tabelle 2:
Entwicklung der Schülerzahlen[1] in den neuen Ländern sowie Berlin (Ost) - in 1000

Schulstufe		1989	1995	2000	2005	2010
Vorschulischer Bereich		-	17	14	17	17
Primarstufe		1.991 (POS)	781	450	524	591
Sekundarstufe I			1.257	1.145	741	680
Sekundarstufe II - allgemeinbildende Schulen		ca 34 (EOS)	161	196	187	115
Sekundarstufe II - berufsbildende Schulen	Vollzeit	158[2]	161	165	154	94
	Teilzeit	314	490	501	466	286
Sonderschulen	Lernbehinderte	ca 65	42	32	25	25
	andere		42	32	25	25
	Σ		84	64	50	50
Σ		(2.562)[3]	2.951	2.535	2.139	1.833

1) Die hinsichtlich der Bildungsbeteiligung unterstellten Strukturquoten entsprechen denen der alten Länder (1989/90): Vorschulischer Bereich - 11 % der 5jährigen; Primarstufe - 98 % der 6- bis 10jährigen; Sekundarstufe I - 98 % der 10- bis unter 16jährigen; Sekundarstufe II A: 1995 - 26 %, 2000 - 31 %, danach 32 % der 16- bis unter 19jährigen; Sekundarstufe II B-Vollzeit - 26 %, Sekundarstufe II B-Teilzeit -79 % der 16- bis unter 19jährigen; Sonderschulen - 4 % (2 % Lernbehinderte, 2 % andere) der 6- bis unter 16jährigen. Die Werte in dieser Tabelle weichen von denen in der Studie: K. Klemm: Der Teilarbeitsmarkt Schule in den alten und neuen Bundesländern, Frankfurt 1991 leicht ab. Dies erklärt sich zum einen daraus, daß hier für alle Schüler und Schülerinnen ein 10. Schuljahr angenommen wurde und zum anderen daraus, daß diese Tabelle als Summe der Ländertabellen (also mit Rundungsabweichungen) entstanden ist.
2) Schüler und Schülerinnen an Fachschulen, die nur sehr bedingt den beruflichen Vollzeitschulen der alten Länder vergleichbar sind.
3) zum Teil geschätzt

- In den Schulen der Sekundarstufe I, auch hier muß beim Vergleichen wieder hilfsweise auf die Schulbevölkerung zurückgegriffen werden, wird es bis 1995 nahezu zu einer Konstanz der Schülerzahlen kommen; erst danach gehen auch dort die Schülerzahlen zurück, ab 2000 sehr drastisch.

- In den Schulen der Sekundarstufe II kommt es vor allem bei den allgemeinbildenden Bildungswegen zu einer massiven Expansion: Die Ausdehnung auf 13 Schuljahre bis zum Abitur, die hier für alle Länder angesetzt wird, die Vervielfachung der Übergänge in diese Bildungswege sowie der bis 2000 anhaltende Anstieg der Jahrgangsstärken bei den 16- bis unter 19jährigen führen dazu, daß an Stelle der 1989 nur 34.000 Jugendlichen in Erweiterten Oberschulen (und der zusätzlichen

Jugendlichen in den Klassen der Berufsbildung mit Abitur) im Jahre 2000 etwa 196.000 Oberstufenschüler und -schülerinnen zu erwarten sein werden. Sollten einige der neuen Länder bei einer bis zum Abitur zwölfjährigen Schulzeit bleiben, so würden sich diese Zahlen entsprechend verringern. Tendenziell ähnlich, wenn auch nicht ganz so ausgeprägt, verlaufen die expansiven Tendenzen in den berufsbildenden Schulen: Die expansiven Annahmen werden hier möglicherweise dann noch übertroffen, wenn es nicht gelingen sollte, in hinreichendem Ausmaß Ausbildungsplätze im Dualen System bereitzustellen und wenn deshalb vollzeitschulische Angebote "ersatzweise" geschaffen werden müssen.

- In den Sonderschulen werden sich, wenn es nicht zu stärkeren Integrationserfolgen kommt, die Schülerzahlen nach einem Anstieg in der Mitte der neunziger Jahre bis zum Jahre 2000 wieder auf das Niveau des Jahres 1989 hin bewegen - danach werden sie voraussichtlich weiter absinken.

Insgesamt werden damit die Zahlen der Schülerinnen und Schüler von 1989 bis 1995 (auf etwa 115 %) ansteigen. Dann werden sie bis zum Jahre 2000 in etwa auf das Niveau des Jahres 1989 absinken, um dann im Jahre 2010 mit einem Wert von etwa 71,5 % des Jahres 1989 einen Tiefpunkt zu erreichen.

Die erwartbare Entwicklung bei der Zahl der Schülerinnen und Schüler, die zwar in einzelnen Nuancen auch anders als hier eingeschätzt eintreten kann, die aber in ihren grundlegenden Trends mit ziemlicher Sicherheit so ablaufen wird, ist damit durch das Zusammenspiel von Expansion und Kontraktion gekennzeichnet: In eine demographisch determinierte Kontraktion, die in ihrer Schnelligkeit und ihrem Ausmaß die ebenfalls demographisch bedingte west- und ostdeutsche Schrumpfungsphase der siebziger und achtziger Jahre weit in den Schatten stellt, wächst eine vom Verhalten der Elternhäuser bzw. der Jugendlichen verursachte expansive Bildungsbeteiligung hinein. Aus einer - nach einem "Zwischenhoch" - deutlich kleiner werdenden Gesamtgruppe von Kindern und Jugendlichen erwächst eine steigende Quote der Nachfrager nach hoch qualifizierenden Bildungswegen.

2. *Gefährdungsbereich in der Schulentwicklung: Standortsicherung und Personalerneuerung*

Die hier beschriebene Kopplung von Kontraktion und Expansion wird sich in zwei Feldern der Schulentwicklung besonders problematisch auswirken: bei der Standortsicherung der allgemeinbildenden Schulen sowie bei der Versorgung dieser Schulen mit neu ausgebildeten Lehrerinnen und Lehrern.

Standortsicherung bei sinkenden Schülerzahlen

Zum Schuljahr 1991/92 stammen die Kinder, die neu eingeschult wurden, aus Geburtsjahrgängen aus der Mitte der 80er Jahre, die zwischen 220.000 und 230.000 "stark" waren; die Schüler und Schülerinnen der fünften Klasse kommen aus Jahrgängen, die etwa 240.000 Kinder zählten (vgl. Tabelle 1). Infolge der inzwischen eingetretenen Geburtenentwicklung wird der Einschulungsjahrgang des Jahres 1997/98 nur noch um 110.000 "stark" sein; vier Jahre später ist dieser Rückgang der Schülerzahlen dann in der Klasse 5 "angekommen". Pauschal betrachtet bedeutet dies, daß sich die Einschulungsjahrgänge in den nur 6 Jahren gegenüber 1991/92 halbiert haben werden und daß sich die Zahl der Kinder in den fünften Klassen zu Anfang des kommenden Jahrhunderts mehr als halbiert haben wird. In den weiterführenden Schulen wird diese Reduktion noch durch die Nebeneffekte der Bildungsexpansion verschärft: Die eher noch zunehmende Hinwendung zu den gymnasialen Bildungswegen (und in Berlin und Brandenburg die zu den Gesamtschulen) führt bei den Hauptschulen und bei den Realschulen dort, wo es diese Schulen gibt, zu noch höheren Schülerverlusten; bei den Regel-, Mittel- und Sekundarschulen führt dies dazu, daß die in ihnen vorgesehenen je gesonderten Haupt- bzw. Realschulbildungswege kaum gefüllt werden können.

Insgesamt läßt sich vorhersagen, daß der demographische Zusammenbruch - selbst wenn es mittelfristig zu einem Wiederanstieg der Geburtenzahlen kommen sollte - in zahllosen Fällen zu massiven Bestandsgefährdungen der gerade erst neu installierten Schulen führen wird. Dies ist auch deshalb eine sehr realistische Perspektive, weil eine größere Zahl der neu errichteten Schulen des Sekundarschulwesens in Folge der im Durchschnitt eher kleinen Schulgebäude der DDR nur zweizügig ausgelegt ist und weil die Klassenfrequenzen in der überwiegenden Zahl der Fälle bei 25 liegen. Die Betriebsgrößen von Schulen wie auch die der Klassen sind damit so dimensioniert, daß sie kaum über Reserven verfügen, die bei einem Rückgang der Schülerzahlen zunächst einmal "abgeschmolzen" werden könnten. Für zahlreiche Schulen - für Grundschulen wie auch für die weiterführenden Schulen - stellt daher schon ein kleinerer Rückgang der Schülerzahlen die Existenzfrage - es sei denn, die Rahmenbedingungen für den Betrieb von Schulen würden zumindest vorübergehend einschneidend verändert.

In dieser Lage, die, wenn auch weniger stark ausgeprägt, in den siebziger und achtziger Jahren in den alten Ländern als Folge des Geburtenrückgangs vergleichbar entstanden war, sind unterschiedliche Problemlösungsstrategien denkbar. Mit einem Rückgriff auf damalige Systematisierungsversuche (KLEMM 1980) lassen sich diese Strategien wie folgt systematisieren:

- Auf die sinkenden Schülerzahlen wird mit Schulschließung reagiert, die Schüler und Schülerinnen werden auf andere Schulen "verteilt" (Transportlösung). Dieser Lösungsweg ist in den neuen Ländern und besonders in den dünner besiedelten Regionen dort kaum mehr gangbar: Die dabei entstehenden Schulwege würden in zahlreichen Gebieten zu nicht mehr vertretbar langen Wegzeiten führen.

- Angesichts des Rückgangs der Schülerzahlen werden die Schulen der Sekundarstufe I, soweit sie je für sich nicht mehr genügend Schüler und Schülerinnen haben, zu mehr Zusammenarbeit, zu Kooperation oder auch zur Integration verpflichtet (Integrationslösung). Dieser Weg würde dazu führen, daß die gerade vollzogene Aufteilung der Schülerschaft auf unterschiedliche Bildungswege tendenziell rückgängig gemacht würde, daß im Sekundarschulwesen die alte Schulstruktur, allerdings mit deutlich verstärkter schulinterner Differenzierung, restauriert würde.

- Die Bestandsgefährdung einzelner Schulstandorte, die von sinkenden Schülerzahlen und daran angekoppelt von sinkender Personalzuweisung ausgeht, würde durch eine Zuweisung von Lehrerstellen, die an die Zahl der gebildeten Klassen, nicht aber an die der Schüler und Schülerinnen gebunden wäre, aufgehoben (Personallösung). Bei einem solchen Vorgehen müßten überall dort, wo aus regionalpolitischen Gründen Schulstandorte welchen Typs auch immer erhalten bleiben sollen, soviele Lehrerstellen bereitgestellt werden, daß der für diese Schule bei "normaler" Schülerzahl vorgesehene Unterricht auch tatsächlich erteilt werden könnte. Dieser naheliegende Lösungsweg wäre der von den hier vorgestellten der mit Abstand kostspieligste; er hätte aber den Vorteil, einem jetzt installierten Schulnetz eine Phase ruhiger Entwicklung zu sichern und dieses Netz für Zeiten wieder steigender Geburten- und Schülerzahlen zu erhalten.

Lehrereinstellungen bei sinkenden Schülerzahlen

Der zuletzt vorgestellte Lösungsweg, die Sicherung des Schulnetzes durch regional angepaßte Lehrerzuweisungen, bietet neben den bereits genannten Vorteilen die Chance, ein anderes Problem, das sich aus der demographischen Entwicklung ergeben wird, abzuschwächen, das Problem des langfristig gestörten Arbeitsmarktes für Lehrer und Lehrerinnen (vgl. zu den folgenden Ausführungen KLEMM u.a. 1992).

Wenn man die in diesem Beitrag angestellte Schülerzahlenprognose (vgl. Tabelle 2) für eine Lehrerbedarfsprognose zu Grunde legt und wenn man des weiteren davon ausgeht, daß die Lehrerzuweisung im Durchschnitt der neuen Länder so ausgestaltet wird, wie es gegenwärtig in den alten Ländern ist, so ergibt sich (vgl. Tabelle 3, S. 156) für die Jahre bis 2010 eine Bedarfsentwicklung, die 1995 bei 180.000, im Jahr 2000 bei nur noch etwa 155.000, dann 2005 sogar nur noch bei knapp 130.000 und im Jahr 2010 nur noch bei etwa 110.000 Stellen liegt (vgl. Tabelle 3).

Die Beurteilung des sich daraus ergebenden Einstellungsbedarfs setzt die Kenntnis über den Stellenbestand des Schuljahres 1991/92 voraus. Diese Kenntnis besteht gegenwärtig nicht, offensichtlich auch nicht bei den zuständigen Ministerien. Eine vorsichtige Hochrechnung von bisher eingeleiteten Entlassungen und von Absichtserklärungen zu den künftigen Bildungshaushalten läßt es jedoch als einigermaßen zuverlässig erscheinen, zum Ende des Schuljahres 1991/92 von etwa 155.000 besetzten Stellen in den neuen Ländern auszugehen. Wenn weiter unterstellt wird, daß sich dieser

Tabelle 3:
Entwicklung des Lehrerbedarfs[1] in den neuen Ländern sowie Berlin (Ost)

Schulstufe (S/L-Realtion)		1995	2000	2005	2010
Vorschulischer Bereich (14,0)		1.213	1.000	1.213	1.213
Primarstufe (20,3)		38.473	22.167	27.094	29.506
Sekundarstufe I (14,7)		85.512	77.891	50.409	46.257
Sekundarstufe - allgemeinbildende Schulen (10,6)		15.188	18.491	17.641	10.848
Sekundarstufe - berufsbildende Schulen	Vollzeit (11,7)	13.761	14.103	13.163	8.035
	Teilzeit (41,6)	11.778	11.803	11.202	6.873
	Σ	25.539	25.906	24.365	14.908
Sonderschulen	Lernbehinderte (8,1)	5.554	3.950	3.086	3.086
	andere (5,1)	8.236	6.273	4.901	4.901
	Σ	13.790	10.223	7.987	7.987
Σ		179.715	155.678	128.709	110.719

1) bei den Schüler/Lehrer-Relationen, die 1989/90 in den alten Ländern gemessen wurden (vgl. die Werte in der Spalte „Schulstufe")

Personalbestand in Abhängigkeit von seiner Altersstruktur durch langsam steigende Pensionierungszahlen und durch ein (bis 2010 auf westdeutschem Niveau liegendes) Ausscheiden aus anderen als Altersgründen verändert, wenn man dazu auch noch annimmt, daß sich bis 2010 das Ausmaß der freiwilligen Teilzeitbeschäftigung dem "Niveau" der alten Länder angleicht, so ergibt eine Bilanzierung von Bestand und Bedarf, daß bis zum Jahre 2000 jährlich 3.300 und von 2000 bis 2010 jährlich nur noch 2.100 Stellen besetzt werden müssen (vgl. Tabelle 4, S. 157).

Diese vor allem für die Jahre nach 2000 erschreckend niedrigen jährlichen Einstellungszahlen bedeuten, wenn sie nicht infolge klarer politischer Prioritätensetzungen überschritten werden (mit allen Haushaltskonsequenzen), daß die Lehrerkollegien in den Schulen der neuen Länder eine pädagogisch nicht wünschbare Altersstruktur bekommen würden. Sie bedeuten darüber hinaus, daß pädagogische Reformen in den Schulen der neuen

Tabelle 4:
Jahresdurchschnittliche Einstellungen in den neuen Ländern sowie in Berlin (Ost)

Jahr	Bedarf		Bestand ohne Einstellungen	Einstellungen im Jahresdurchschnitt bis...	Bestand in Personen
	Stellen	Personen			
1992	-	-	(155.000)	-	(155.000)
2000	155.700	155.700	126.700	3.300	126.700 +29.000[2)]
					155.700
2010	110.700	120.700[1)]	74.900	2.100	101.100[3)] +19.800[4)]
					120.900

1) Anteil der Teilzeitbeschäftigten an allen Beschäftigten wie in den alten Ländern (auf 100 Stellen werden 109 Personen geführt)
2) 9 Jahre jährlich 3.300 Einstellungen, also 29.700 - abzüglich der dann jährlich wieder Ausscheidenden
3) 74.900 (Bestand ohne Einstellungen) zuzüglich der 29.000 bis zum Jahre 2000 Eingestellten, abzüglich der von ihnen bis 2010 wieder Ausscheidenden (also 74.900 zuzüglich 26.200)
4) 10 Jahre jährlich 2.100, also 21.000, abzüglich der von ihnen wieder Ausscheidenden (1.200)

Länder weitgehend über die Fort- und Weiterbildung der Lehrer und Lehrerinnen und kaum über neu ausgebildete Lehrkräfte in die Schulen gelangen werden. Insbesondere für die Grundschulen, deren Schülerzahl sich in den kommenden acht Jahren halbieren wird, bedeuten diese Zahlen, daß es dort bis etwa zum Jahre 2005 nicht mehr zu Lehrereinstellungen kommen wird. Pädagogisch ist dies eine sehr bedenkliche Aussicht.

3. Perspektiven über den Tag hinaus

Der bei den Schülerzahlen schon mittelfristig einsetzende Schrumpfungsprozeß mit seinen Folgen in den Bereichen "Schulnetzsicherung" und "Personalerneuerung" erfordert von der Schulpolitik (und im Zusammenhang damit von der Regionalpolitik sowie letztlich der Finanzpolitik) frühzeitige Grundsatzentscheidungen. Wenn nicht hingenommen werden soll, daß es vor allem in den dünner besiedelten Regionen der neuen Länder zu zahlreichen Schulstandortaufgaben mit der Folge unerträglich weiter Schulwege kommt, daß also größere Gebiete ihrer schulischen Infrastruktur beraubt werden, und wenn weiter nicht akzeptiert werden soll, daß allmählich veraltende Lehrerkollegien allein die Innovationslast dieser groß angelegten inhaltlichen und strukturellen Umgestaltung des Schulwesens tragen sollen, so müssen drei Grundsatzentscheidungen gefällt und dann auch getragen werden.

1. Es bedarf klarer Entscheidungen darüber, welche Schulwegdistanzen im Primar- und Sekundarschulwesen akzeptiert werden können. Daraus folgt dann, daß den Schulen, die trotz des Absinkens ihrer Schülerzahlen unter ein "Normalmaß" erhalten bleiben sollen, der für die Erfüllung ihrer Aufgaben erforderliche Stellenrahmen zur Verfügung gestellt wird (unabhängig von den üblichen an Schülerzahlen gekoppelten Zuweisungsverfahren).

2. Es muß entschieden werden, ob Lehrereinstellungen grundsätzlich parallel zu der Entwicklung der Schülerzahlen (und das heißt in nächster Zukunft: mit sinkender Tendenz) vollzogen werden oder aber ob es auch dann, wenn ein rechnerischer Bedarf - wie z.B. in der Primarstufe - kaum oder gar nicht besteht, zur Erhaltung der Innovationsfähigkeit der Schulen einen verläßlichen Einstellungskorridor geben wird.

3. Schließlich muß, im direkten Zusammenhang mit den beiden hier bereits angemahnten Grundsatzentscheidungen, Klarheit darüber geschaffen werden, auf welche Kapazität insgesamt die Lehrerausbildung in den Hochschulen der neuen Länder angelegt werden soll. Dabei ist einerseits zu berücksichtigen, daß es auf Dauer auch in den neuen Ländern eine regionalisierte Lehrerausbildung geben muß und daß die dafür erforderlichen Kapazitäten nicht erst aus dem Boden gestampft werden können, wenn ein Neueinstellungsbedarf unmittelbar bevorsteht. Andererseits muß aber auch vermieden werden, daß zu groß dimensionierte Ausbildungskapazitäten junge Menschen in Ausbildungswege locken, die letztlich Sackgassen werden könnten.

Literatur

HANSEN, R./ROLFF, H.-G.: Abgeschwächte Auslese und verschärfter Wettbewerb - Neuere Entwicklungen in den Sekundarschulen, in: ROLFF, H.-G. u.a. (Hrsg.): Jahrbuch der Schulentwicklung 6, Weinheim 1990, S. 45-79.

KLEMM, K.: Zum Schülerrückgang in den 80er Jahren, in: Die Deutsche Schule 2/80, S. 66-78.

-- u.a.: Bildungsgesamtplan '90 - Ein Rahmen für Reformen, Weinheim 1990.

-- Der Teilarbeitsmarkt Schule in den alten und neuen Bundesländern 1992-2010, Frankfurt 1991.

KLEMM, K./BÖTTCHER, W./WEEGEN, M.: Bildungsplanung in den neuen Bundesländern - Entwicklungstrends, Perspektiven und Vergleiche, Weinheim 1992 (März).

KMK: Dokumentation der Schulgesetze der Länder Brandenburg, Mecklenburg-Vorpommern, Sachsen, Sachsen-Anhalt, Thüringen, Bonn 1991.

ROLFF, H.-G. u.a. (Hrsg.): Jahrbuch der Schulentwicklung 7, Weinheim 1992 (im Erscheinen).

Elisabeth Fuhrmann

Schultheoretische und schulreformerische Probleme des Strukturwandels des Bildungswesens in den neuen Ländern

Die Wucht und ungeheuren Dimensionen des Umgestaltungsprozesses in den neuen Ländern brachten es mit sich, daß bisher Abstand und Muße fehlten, um den Veränderungsprozeß in bezug auf Schule und Unterricht wissenschaftlich angemessen zu erfassen, zu dokumentieren, zu hinterfragen, erkannte Problemstellungen aufzugreifen und ihnen systematisch und gründlich nachzugehen. Auch Erziehungswissenschaftler waren und sind in diesen Prozeß voll eingebunden, gestalten ihn mit und erleben ihn hautnah. Derzeit werden vor allem Fakten gesammelt, um die Prozeßabläufe, Ursachen, Wirkungen und Bedingungszusammenhänge wenigstens so weit analysieren zu können, daß annähernd akzeptable politische Entscheidungen getroffen werden können. Zugleich sind die Bemühungen darauf gerichtet, die Veränderungsprozesse in Schule, Unterricht, Lehrplanentwicklung, Lehreraus- und -fortbildung zu befördern, wissenschaftlich zu begleiten, Einfluß zu nehmen auf einen für Schülerinnen und Schüler, Eltern sowie Lehrerinnen und Lehrer erträglichen Verlauf des Umgestaltungsprozesses. Dabei muß oft zu ad-hoc-Lösungen Zuflucht genommen werden, weil das Leben dies fordert und geprüfte Konzepte fehlen oder die in den alten Ländern bewährten Modelle nicht ohne weiteres übertragbar sind.

Zu Beginn des Jahres 1992 ist es deshalb auch nur annähernd möglich, eine *umfassende Problemanalyse* zu Brennpunkten der Schulentwicklung in den neuen Ländern anzustellen.

Im folgenden soll versucht werden, über die in anderen Beiträgen bereits angesprochenen Probleme hinaus einige weitere Probleme zu kennzeichnen, von denen manche längerfristig gründlicher Erforschung bedürfen, andere auf Grund aktueller Herausforderungen in den neuen Ländern kurzfristig nach Lösung verlangen.

1. Fragen im Rückblick auf die Zeit bis August 1991

Seit mehr als zwei Jahren vollzieht sich in den neuen Ländern ein historisch einmaliger Wandlungsprozeß: Der gesamtgesellschaftliche Rahmen änderte sich in einer Weise, wie es radikaler nicht denkbar ist. Wesentliche gesellschaftliche Bereiche gerieten aus den Fugen: Politik, Wirtschaft, Finanzen, "Sicherheits-" und Verteidigungssystem, Rechtssprechung, die sozialen Verhältnisse, Arbeitsmarkt, Gesundheitswesen, Wohnungsmarkt, Verwaltung, Lebensstil und Lebensgewohnheiten. Selbst die Weltpolitik blieb von den Wandlungsprozessen im Osten Deutschlands nicht unberührt. Aber: Im Vergleich dazu erwies sich die Schule erstaunlicherweise als relativ stabil. Fast zwei Jahre vergingen nach der Maueröffnung und rund ein Jahr nach der Herstellung der staatlichen deutschen Einheit, bis zum Beginn des Schuljahres 1991/92 eine radikale Strukturveränderung im Schulsystem der neuen Länder per Gesetzgebung verfügt wurde. Bis dahin ging in der Schule der Betrieb ohne Unterbrechungen, ohne wesentliche Turbulenzen weiter. Gewissermaßen "nahtlos" wurden die von den Bildungsministern Emons und Meyer nach der "Wende" verfügten partiellen Korrekturen (curriculare und organisatorische) praktisch umgesetzt. Unspektakulär wurden die Aufgaben der Schule und die Ziele des Unterrichts revidiert, dabei manches ersatz- (und "schmerz-")los über Bord geworfen. Das alles ging trotz Verunsicherung vieler Lehrerinnen und Lehrer und wohl auch mancher Schülerinnen und Schüler erstaunlich reibungslos vonstatten. Der kontinuierliche Lernprozeß wurde in der Mehrzahl der Fächer nicht unterbrochen. Die Organisationsstrukturen (z.B. Hortbetrieb, Fachzirkelarbeit) paßten sich den neuen Bedingungen an. Die zeitweilige Unübersichtlichkeit bestehender Regelungen wurde an vielen Schulen als Chance für mehr Entscheidungs- und Handlungsspielraum begriffen und genutzt. Ja, mehr noch: Der größere Teil der Lehrer- und Schülerschaft war neu motiviert, nutzte dankbar und ideenreich die neuen Möglichkeiten der Selbstbestimmung auch in bezug auf die Gestaltung des Schullebens und des Unterrichts sowie des Erfahrungsaustausches mit westlichen Kollegien bzw. Schülergruppen. Unter Lehrern, Schülern und Eltern herrschte ein Gemisch von Freude und Aufbruchstimmung, Enttäuschung (z.B. über verlorengegangene Ideale), Zorn (z.B. über noch bestehende alte Seilschaften in Kreisämtern), viel Nachdenklichkeit und wohl auch Trauer (über mögliches eigenes Versagen gegenüber dem so übermächtigen System, vorauseilenden Gehorsam, fehlenden eigenen Mut, Unehrlichkeit gegenüber Schülern). Dominant waren jedoch vielerorts an den Schulen (und an den "Runden Tischen" für Bildung) der Wunsch und der Wille, eine neue, bessere, menschlichere Schule aufzubauen, die Schule im Inneren zu verändern, sie von Grund auf zu reformieren (vgl. HOFMAN u.a. 1990; FAULHABER 1991; APW 1990). Dabei wurde weniger an das Zerschlagen bestehender Schulstrukturen gedacht, als vielmehr an deren flexiblen und differenzierten Ausbau von Klasse 1 an und zu den oberen Klassen hin immer variabler werdend. Die Überlegungen, Wünsche und Forderungen von Eltern und Lehrern schlossen im übrigen von vornherein immer auch die (Wieder)-Einführung des Gymnasiums, als Schule ohne staatliche Zulassungsbeschränkung, ein. Ein derartiger Schritt wurde gewissermaßen als selbstverständliche Konsequenz aus der politischen Entwicklung angesehen und sofort nach der Wende durch die Einführung von Leistungsklassen an den 10-klassigen Schulen (meist für Klasse 9 und 10) vorbereitet. An vielen Schulen der ehemaligen DDR begann ein reges geistiges Leben, was z.T. heftige Auseinandersetzungen mit einzelnen Lehrern und Schülern und die Abwahl von Direktoren einschloß. Allerdings gab es auch Schulen, an denen sich wenig rührte. Das Fortbildungsbedürfnis der DDR-Lehrerschaft war ungeheuer groß und setzte viele Kolleginnen und Kollegen in den Altbundesländern in Erstaunen. Ja, es brachte etliche Lehrerkollegien, vor allem in grenznahem Gebiet, in Verlegenheit: Allen Wünschen nach Hospitationen und Gesprächen - individuell oder in Gruppen - nach Ost-West-Patenschaften usw. konnte kaum entsprochen werden. Aus den Kontakten zu westdeutschen Kolleginnen und Kollegen erwuchsen vielfältige Anregungen zur Überprüfung der eigenen Vorstellungen von einem schülerorientierten Unterricht und zur Beförderung von Reformversuchen an einer großen Zahl von Schulen in den neuen Ländern.

Die Bemühungen um eine Schulreform von unten mit allen ihnen anhaftenden Unzulänglichkeiten bestimmten das Schuljahr 89/90 und setzten sich bis weit in das Schuljahr 90/91 hinein fort.

- Wie soll man dieses Phänomen der relativen "Stabilität" von Schule inmitten fundamentaler gesellschaftlicher Umwälzungen interpretieren? Erschüttert es nicht die vielerorts als "gesichert" geglaubte Auffassung von einem sehr engen, sehr direkten, unmittelbaren *Zusammenhang von Gesellschafts- und Schulentwicklung*? Zwingt es Erziehungswissenschaft nicht dazu, Fragen nach der Art und Dimensionalität dieses Zusammenhangs neu zu stellen und nach modifizierteren Antworten auf diese Fragen zu suchen?

Bei einem groben Vergleich der Schulsysteme in der ehemaligen DDR und in den alten Bundesländern fallen zuallererst die gravierenden Unterschiede ins Auge, besonders hinsichtlich Schulstrukturen, Zielstellungen des Unterrichts, Stundentafel und Curricula, Lehreraus- und -fortbildung. Gegenwärtig besteht die Neigung, alle diese Unterschiede pauschal als Folgen der unterschiedlichen politischen Systeme in Ost und West zu erklären. Dies wird jedoch auf Dauer kaum ausreichen, um die Geschichte der DDR-Pädagogik und DDR-Schule aufzuarbeiten, die Gegebenheiten in den neuen Ländern zu verstehen und Ansätze aufzuspüren, die das Zusammenwachsen von alten und neuen Ländern auf dem Gebiet von Schule und Unterricht befördern könnten.

Unterscheidet man bei einer vergleichenden Analyse der Schulsysteme verschiedene Ebenen, so kommt man zu einem sehr viel differenzierteren Bild. Mindestens fünf verschiedene Ebenen bieten sich an:

1. die Ebene der programmatischen bildungspolitischen Erklärungen, des Bildungsgesetzes und weiterer gesetzlicher Regelungen, der schulpolitischen Aufgabenstellung, der zentralen Vorgaben bis hin zu Lehrplänen;

2. die Ebene der pädagogischen Wissenschaften, einschließlich Unterrichtsforschung, Lehre, Lehrerliteratur;

3. die Ebene der Bedingungen, unter denen Schule und Unterricht tatsächlich stattfanden (gesellschaftliche Rahmenbedingungen, Leitungsstrukturen, Dirigismus, materielle, personelle, organisatorische Bedingungen);

4. die Ebene der Schulwirklichkeit, der realen Qualität von Unterricht;

5. die Ebene der tatsächlich erreichten Unterrichtsergebnisse.

Bei einer vergleichenden Analyse z.B. der Schulwirklichkeit trifft man einerseits neben erwarteten (etwa hinsichtlich des Unterrichtsinhalts in gesellschaftskundlichen Fächern) auch auf unerwartete Unterschiede, die tieferliegende Ursachen im unterschiedlichen Verständnis von Unterricht haben könnten. Andererseits stößt man auf viel mehr Gemeinsamkeiten, als die zentralen Vorgaben hätten vermuten lassen.

- Was sind z. B. die tieferen Ursachen dafür, daß trotz der gravierenden Unterschiede zwischen der DDR und der alten BRD in bezug auf Zielstellungen des Unterrichts, Curricula, Lehreraus- und -fortbildung, Schulstrukturen, Schulausstattung usw. usf. die methodisch-didaktische Qualität des Unterrichts in der Sekundarstufe I in beiden Schulsystemen ganz erstaunliche Ähnlichkeiten aufwies (z. B. hinsichtlich Lehrerzentriertheit und Dominanz von Frontalunterricht)?
  (Diese "Übereinstimmungen" konnten im übrigen erst nach der Wende anhand analoger Untersuchungsbefunde - u. a. der Fernuniversität Hagen und des Instituts für Didaktik der APW - "entdeckt" werden.)

Auf eine weitere schultheoretische Fragestellung führt die vielleicht absurd klingende Behauptung: Trotz aller Deformationen, die auch oder vor allem durch die Schule in dem vormundschaftlichen Staat DDR zu verantworten bzw. ihr anzulasten sind, hat die sozialistische Schule im Endeffekt den ihr schulpolitisch verordneten Erziehungsauftrag in bezug auf "klassenmäßige" ideologische Erziehung nicht erfüllt. Nicht erst die Abstimmung mit den Füßen Tausender vor allem junger Leute im Sommer 1989, die ja alle 10 oder 12 Jahre die DDR-Schule durchlaufen hatten, sind dafür ein Indiz, sondern vor allem die Nicht-Annahme der (besonders im Heimatkunde-, Staatsbürgerkunde- und Literaturunterricht) vermittelten "sozialistischen Ideale". Sie ging einher mit betonter Gleichgültigkeit, seit Mitte der 80er Jahre zunehmend auch mit deutlich artikuliertem Frust, immer stärker werdender Emanzipierung bis zum offenen Protest von Schülerinnen und Schülern gegenüber Schule, Jugendorganisation, staatlichen und gesellschaftlichen Zwängen. Dies kam im Freizeitverhalten weitaus stärker zum Ausdruck als im Unterricht, war aber auch in der Schule unübersehbar. Zu keiner Zeit entsprach die Jugend in der Realität der DDR dem Bild, das von offizieller Seite immer wieder beschworen wurde. Auch DDR-interne Untersuchungsergebnisse, z.B. des Zentralinstituts für Jugendforschung in

Leipzig, der Soziologen der Akademie der Pädagogischen Wissenschaften und der Berliner Humboldt-Universität, der Rostocker Lehrerforschung, die Ergebnisse von Praxisanalysen des Instituts für Didaktik der APW u.a.m., haben diese Diskrepanz wiederholt deutlich gemacht.

Nun sind solche Diskrepanzen keineswegs spezifisch nur für die DDR-Schule. Wohl kaum in einer Gesellschaft ist es bisher gelungen, den Erziehungsauftrag der Schule umfassend zu realisieren.

Nach wie vor gibt es noch keine gültige Antwort auf die Frage:

- Inwieweit und unter welchen Bedingungen kann Schule überhaupt ihren jeweiligen gesellschaftlich (politisch) bestimmten Erziehungsauftrag tatsächlich erfüllen?

Eine weitere Diskrepanz dürfte weniger bekannt sein:

Auch der normale Unterrichtsalltag und das reale Sozialverhalten von Lehrern in ihrem Fachunterricht entsprachen in der Mehrheit der Fächer nicht den politisch-ideologischen Soll-Vorstellungen. Ergebnisse von Untersuchungen des Instituts für Didaktik, und zwar Unterrichtsanalysen anhand von 25.000 Unterrichtsstunden aus der Zeit von 1972 bis 1990 belegen eindeutig, daß vordergründig ideologieträchtige Merkmale im Unterrichtsverlauf nur selten beobachtbar oder äußerst schwach ausgeprägt waren. Ausnahmen hiervon bildeten die Fächer Staatsbürgerkunde, Literatur, Kunsterziehung, Geographie, Musik (vgl. FUHRMANN 1991).

Ausgehend von den Gesamtergebnissen dieser analytischen Untersuchung lassen sich zur Unterrichtsrealität der DDR-Schule bis 1990 einige verallgemeinernde Aussagen treffen:

Das Lehrerhandeln war deutlich mehr durch Stoff- als durch Schülerorientiertheit geprägt. Zu den am stärksten ausgeprägten Merkmalen gehörten:

- Lehrplanbindung,
- Beachtung stofflicher Anforderungen,

- die fachwissenschaftliche Qualität der Lehrerdarstellungen und ihr sprachliches Niveau,
- Beispielwirkung des Lehrers in seinem Auftreten, in der Einhaltung von Normen,
- Konsequenz und Durchsetzungsvermögen des Lehrers,
- Gliederung der Unterrichtsstunden,
- Gestaltung vielfältiger, für die Schüler interessanter Übungen, vor allem im Unterstufenunterricht.

Als ausgesprochene Defizite wurden hingegen eingeschätzt:

- das Nutzen der Potenzen sozialen Lernens;
- das Übertragen von Verantwortung auf die Schüler;
- die Organisation von Gruppenarbeit;
- die Quantität und Qualität problemorientierten Unterrichts;
- das selbständige Erkennen oder Aufwerfen von Problemen, Formulieren von Fragen durch Schüler;
- das Aufgreifen individueller Schülererfahrungen;
- der Einsatz differenzierter Aufgaben sowie das differenzierte pädagogische Arbeiten überhaupt.

Vor dem Hintergrund dieser Ausgangssituation muß man die eingangs charakterisierten Änderungsprozesse an den Schulen im Jahre 1990 sehen, die sich im Rahmen der "Reform von unten" Bahn brachen. Quasi über Nacht wurden die Lehrerinnen und Lehrer in der ehemaligen DDR durch Unterrichtshospitationen in den alten Ländern, Teilnahme an Fortbildungsveranstaltungen, durch Literaturstudium usw., mit Begriffen konfrontiert, von denen sie bisher nichts oder nur sehr Vages gehört hatten: offener Unterricht, Projektunterricht, Integrationsklassen, Epochalunterricht, Differenzierungssysteme, Streaming, Setting, Groß- und Kleingruppenunterricht, Teamteaching, Integrierte Gesamtschule, Waldorfschule, Montessori-Schule, Jenaplanschule, Freinetpädagogik, Angebotsschule, Schulprofil etc.

Als Wissenschaftler hätte man davor warnen wollen, sich zuviel auf einmal zuzumuten, Jahrzehnte der Theorieentwicklung im Laufschritt nehmen zu wollen. Aber hier war ein Prozeß im Gange, der nicht aufzuhalten war. Er war einerseits mit Selbstwertverlusten bei den Lehrerinnen und Lehrern der neuen Länder verbunden, setzte andererseits in der Praxis aber unerhört viel Energie und Initiativen frei. Dies war eine große Chance für die Schulentwicklung in den neuen Ländern. Es wurde über Reformprojekte und bemerkenswerte Schulentwicklungskonzepte nachgedacht. Konzepte für eine schrittweise Umwandlung der Einheitsschule in einen neuen Regelschultyp mit verändertem Stufenprofil und schülerorientierter Prozeßkonzeption wurden entwickelt und erprobt. Kühne Modellversuche wurden unter Einbeziehung von Eltern und Schülern ganz einfach in Angriff genommen (vgl. HEIDENREICH 1990; LANGE 1990; VÖLKER 1990; KONZEPT DER LABOR- UND KONSULTATIONSSCHULE 1990; FUHRMANN u.a. 1991). Gesamtschulen entstanden, Elterninitiativen für grundständige Gesamtschulen wurden gegründet. Allerdings darf nicht verschwiegen werden, daß dieser Prozeß auch mit der unkritischen Übernahme vieler Schwächen, Mängel, Probleme und negativen Begleiterscheinungen verbunden war, mit denen das Schulsystem in den alten Ländern bzw. verschiedene pädagogische Konzepte behaftet sind. Noch steht eine gründliche Analyse der im Jahre 1990 in den neuen Ländern praktizierten Reformansätze aus. Viele Versuche mußten ja, kaum daß sie angelaufen waren, auf Entscheidung der inzwischen gebildeten Schulämter hin wieder abgebrochen werden (vgl. EISBRENNER 1991; LUCKMANN 1991; KUBAN 1991; LORENZ 1991). Sicher war der Innovationswert - gemessen an den bereits in der Literatur vorliegenden praxiserprobten theoretischen Konzepten und im Vergleich zu in den alten Ländern laufenden Modellversuchen - zum Teil relativ gering. Die Realisierungsbedingungen waren zum Teil nicht genügend in Rechnung gestellt worden. Personelle und materielle Voraussetzungen waren unzureichend. Oft ersetzte der gute Wille klar durchdachte theoretisch begründete Konzepte. Und es waren auch nicht alle Schulen gleichermaßen an diesem Prozeß beteiligt.

Die Aufbruchstimmung in dem ersten Jahr nach der Wende hat auf jeden Fall bewirkt, daß in der Lehrerschaft der neuen Länder ein Prozeß des Umdenkens in mindestens vier Richtungen begann:

- Alte Ziel-Inhalts-Prozeß-Vorstellungen wurden von weltanschaulicher Einseitigkeit und ideologischer Verbrämung entrümpelt. Allgemein akzeptiert wurde die Notwendigkeit, sich auf weltanschaulichen Pluralismus einzustellen, den Schülern mit Toleranz zu begegnen, ihnen aber auch eigene Positionen zu verdeutlichen und Rede und Antwort zu stehen. Allerdings gestehen viele Lehrer ein, daß sie im Umgang mit Meinungspluralität im Unterricht noch ihre Schwierigkeiten haben.

- Die Sicht auf den Schüler und das Verhältnis von Lehrern und Schülern hat sich verändert. Bei Überlegungen und Entscheidungen zum Unterricht wird stärker vom Kinde her und zu ihm hingedacht. Allerdings artikulieren viele Lehrer und Lehrerinnen auch ihre Unsicherheit im Hinblick auf die Frage, was denn nun für die Kinder wirklich gut und richtig sei, ob bzw. bis zu welchem Grade selbstbestimmtes Lernen auf den verschiedenen Stufen überhaupt möglich, sinnvoll und effektiv sei.

- Es gibt eine große Öffnung für alternative Konzepte, für Anregungen und Möglichkeiten eines schülerorientierten Unterrichts, für Projektarbeit usw.

- Immer mehr Lehrer gehen mit den größer gewordenen Entscheidungsspielräumen souveräner um, lernen es, mit Rahmenplänen zu arbeiten.

2. Zur Problemlage seit Schuljahresbeginn 1991/92

Sozusagen "schlagartig" ist mit Beginn des Schuljahres 1991/92 eine neue Situation eingetreten, die sich in den einzelnen Ländern unterschiedlich darstellt, je nachdem wie radikal der Bruch mit den bisherigen Schulstrukturen vollzogen wurde.

Der Beginn des Schuljahres 1991/92 ist zugleich der Beginn eines flächendeckenden "Experiments" ungeheuren Ausmaßes unter Einbeziehung aller Schulen, Schüler und Lehrer der ehemaligen DDR, zu dessen Verlauf und Ergebnis es keine theoretisch begründeten Hypothesen, keine erprobten Modelle, sondern nur Hoffnungen und gute Wünsche gibt. Die in den neuen Ländern in kürzester Frist erarbeiteten (bzw. wie im Falle Berlin von alten Ländern mit all ihren Schwächen übernommenen) Schulreformgesetze sind die Grundlage für dieses "Experiment".

Wie nicht anders zu erwarten, haben die von "oben" verordneten radikalen Veränderungen der Schulstrukturen massenhaft zu Problemen an den Schulen geführt, Lehrer und Schüler verunsichert und - wie die jüngsten Untersuchungen des INSTITUTS FÜR SCHULENTWICKLUNGSFORSCHUNG der Universität Dortmund unter Leitung von H.-G. ROLFF ergaben - bei einer Reihe von Eltern Unzufriedenheit ausgelöst. 57% der Befragten vertreten die Meinung: "Die Abkehr von der parteiideologisch beeinflußten Pädagogik halte ich für richtig. Die äußere Schulstruktur hätte man ruhig beibehalten sollen." (vgl. ROLFF 1991). Man muß andererseits aber auch sehen, daß der Zeitdruck, unter dem politische Entscheidungen über Schulstrukturen, Ausbildungsordnungen usw. getroffen werden mußten, von der Öffentlichkeit ausging, im besonderen von Eltern, die für ihre Kinder Chancengleichheit durch den Erwerb von Abschlüssen anstreben, die denen in den alten Ländern voll entsprechen. In Brandenburg ist der Reformgedanke, der Wunsch nach Demokratisierung von Schule, nach Mitsprachemöglichkeiten der Eltern wohl mit am ausgeprägtesten, aber letztlich hat dieses Land dieselben Probleme zu bewältigen wie die anderen Länder auch (vgl. BIRTHLER 1991).

Probleme, die aus der Strukturreform erwachsen

Ein Hauptproblem besteht darin, daß die Strukturreform vorerst alle inhaltlichen Überlegungen zu überschatten drohte. Die Diskussion um "Standortfragen", Klassenstärken, Lehrereinsatz verdrängte (zunächst) die Sorge um die innere Reform von Schule und Unterricht, um Schulkonzepte, Profilierungsbestrebungen. Denn: *Keine* Schule blieb, was sie war. Jede der bisherigen (in der Regel zweizügigen) 10-klassigen Einheitsschulen erhielt eine völlig neue Struktur (vgl. BUDDE u.a. 1991; KLEMM in diesem Bd.). Kaum ein Kollegium blieb auch nur annähernd in seiner bisherigen Zusammensetzung erhalten. Lehrerschaft und Schülerschaft sind neu zusammengesetzt. Schüler untereinander und Lehrer untereinander sowie Lehrer und Schüler müssen sich erst kennenlernen und zueinander finden. Eine solche Situation, die mit vielfältigen Verhaltens- und Orientierungsproblemen verbunden ist, stellt zugleich auch eine große Chance für einen Neubeginn unter kritischer Sichtung bisher gewonnener Erfahrungen, eine Chance für "innere" Reformen dar.

Allerdings ist z.Z. in der Lehrerschaft die Diskussion um Schulentwicklungskonzepte, "größere" Reformprojekte usw. im Vergleich zum Vorjahr deutlich abgeebbt und hat Tagesfragen Platz gemacht. Verständlicherweise ist gegenwärtig das Bedürfnis nach konkreten Anregungen für die eigene Arbeit besonders groß. Derzeit gehen Veränderungswille, ein starkes Fort- und Weiterbildungsbedürfnis bei einer großen Zahl von Lehrerinnen und Lehrern, ihre Bereitschaft, Stil und Ton der pädagogischen Arbeit, Unterrichtskonzepte, bisherige Erfahrungen zu überdenken, den Unterricht zu öffnen, ihn schülerorientierter zu gestalten, souverän zu werden gegenüber Lehrplänen und anderen zentralen Vorgaben, mit Verunsicherungen und Frustrationen einher. Diese werden durch eine ganze Reihe von Ursachen hervorgerufen, denen hier nicht detaillierter nachgegangen werden soll: Die Tatsachen sind bekannt: Tausenden von Lehrern droht wegen Stellenabbaus die Entlassung (Ausnahme Brandenburg). Einstufungs- und Besoldungsfragen sind noch nicht zufriedenstellend gelöst. Die soziale Situation ist in vielen Elternhäusern angespannt, und das überträgt sich auch auf die Lernbereitschaft der Schüler und die Atmosphäre in den Klassen. Eine nicht unbedeutende Rolle dürfte im Sekundarbereich das Empfinden der Lehrer spielen, daß die Gewaltbereitschaft einzelner Kinder und Jugendlicher im Zusammenwirken mit materiellen und organisatorischen Übergangsproblemen an den Schulen zunimmt. Nach Aussagen einer Reihe von Schulleitern häufen sich die Fälle, daß bisher pädagogisch erfolgreiche Lehrerinnen und Lehrer über große Schwierigkeiten in der Interaktion mit ihren Schülern klagen und hilflos den sich verändernden Lern- und Lebenseinstellungen, vor allem in der Sekundarstufe I, gegenüberstehen. Schulleiter selbst sehen sich überfordert, diesen Kollegen mit Rat und Tat zur Seite zu stehen.

Weitere Probleme: In vielen Schulgesetzen ist das Elternrecht schwach ausformuliert. Daraus resultieren Unsicherheiten von Lehrern und Eltern in bezug auf Rechte und Pflichten in der Zusammenarbeit von Elternhaus und Schule. Der außerunterrichtliche Bereich an den Schulen ist weggebrochen, Äquivalente sind nur punktuell vorhanden. Im berufsbildenden Bereich sind die Anpassungsschwierigkeiten besonders groß.

Manche dieser Probleme haben Übergangscharakter, aber ihre Massivität macht Lehrern und Schulpolitikern sehr zu schaffen. Noch fehlen tragfähige Konzepte, um diesen Problemen pädagogisch angemessen begegnen zu können. Hinzu kommt: Für alle Beteiligten (Schüler, Lehrer, Schulleiter, Eltern, Schulträger) stellen auch die zu den alten Ländern analogen Schulformen (Grundschule, Hauptschule, Realschule, Gymnasium, Gesamtschule) *neue* Schultypen dar, deren Spezifik erst erlebt und erfahren werden muß. Die neuen Schulformen konnten ja nicht "wachsen", sondern sind quasi aus dem Stand unter den gegebenen personellen und materiellen Bedingungen mit Inhalt zu füllen - auf angemessenem Niveau und mit einem den Schulen in den alten Ländern vergleichbaren Standard.

Auf dem Hintergrund der sich daraus ergebenden Notwendigkeit allgemeiner Um- und Neuorientierung stellt sich die Situation für die einzelnen Schulformen recht unterschiedlich dar. Einige Kernfragen (z.T. speziell aus brandenburgischer Sicht), die im Prozeß der Arbeit zu lösen sind, lassen sich in etwa wie folgt skizzieren:

- Wie kann z.B. der Weg von der 3-jährigen Unterstufe zur 4- bzw. 6jährigen *Grundschule* zur Öffnung (aber nicht Beliebigkeit) von Schule und zur Profilgewinnung jeder Schule beitragen, möglichst konfliktarm für Schülerinnen und Schüler verlaufen und als "Entwicklungsprozeß" für Lehrerinnen und Lehrer gestaltet werden? Wie lassen sich die Erfahrungen aus den alten Ländern ohne bloßes "Überstülpen" nutzen?

- Wie kann verhindert werden, daß der Weg von der POS zur *Gesamtschule* als bloßes Fortschreiben betrachtet wird? Wie lassen sich unter Beachtung der gegebenen Bedingungen, z.B. Schulgröße, Abwandern einer großen Zahl von Schülern in Gymnasien, der räumlichen, materiellen, personellen Bedingungen, die *neuen* Anforderungen, z.B. im Hinblick auf Kursangebote realisieren und eine prinzipiell neue Unterrichtsqualität erreichen? Welche Differenzierungsmodelle sind für zwei- oder dreizügige Gesamtschulen anwendbar?
  Unter welchen Bedingungen lassen sich die vor allem aus dem Primarbereich vorliegenden Erfahrungen mit altersgemischten Lerngruppen als Lösungsansatz für das Differenzierungsproblem an kleinen Gesamtschulen nutzen?

- Wie gehen wir mit den DDR-Erfahrungen aus dem polytechnischen Unterricht oder der Berufsausbildung mit Abitur um?

- Worin unterscheidet sich die pädagogische Arbeit an *Realschulen* von der in den bisherigen Oberstufen der POS?

- Wie kann mit der vorhandenen Lehrerschaft und unter den gegebenen materiellen Bedingungen möglichst rasch die *berufliche Bildung* auf ein den alten Ländern vergleichbares Profil und Niveau gebracht werden, um zu verhindern, daß massenhaft Auszubildende in die alten Bundesländer abwandern?

- Wie läßt sich in absehbarer Zeit der ungeheure Bedarf an Nachqualifizierungen für Lehrer, z.B. im *Sonderschulbereich*, decken?

- Wie nehmen Lehrerinnen und Lehrer, Schülerinnen und Schüler sowie Eltern die neuen Schulformen und den höheren Grad von Selbstbestimmung des Bildungswegs an?
  Wie entwickelt sich das Profil von Schulen?
  Welche Innovationsprozesse vollziehen sich?
  Wie verändern sich Kommunikationskulturen im Unterricht?

Rahmenplanentwicklung

In kürzester Frist sind in allen Ländern Dutzende von Rahmenplänen zu entwickeln. Wie kann unter diesem Zeitdruck all den inhaltlichen Ansprüchen Genüge getan werden? Wie läßt sich das Prinzip der Partizipation verwirklichen? Welche begleitenden Fortbildungsmaßnahmen sind unerläßlich? Wie lassen sich die Erfahrungen der alten Länder für die Rahmenplanarbeit nutzen und dennoch die im Lande vorhandenen Bedingungen, Erfordernisse, Möglichkeiten weitgehend berücksichtigen?

Wie arbeiten Lehrerinnen und Lehrer mit den Richtlinien und Rahmenlehrplänen? Wie gehen sie mit dem größeren Freiraum für eigene Entscheidungen in bezug auf Ziel und Inhalt des Unterrichts um?

Lehrerfortbildung

Das alte (ganz gut funktionierende) System der Lehrerfort- und -weiterbildung ist während der letzten Monate zusammengebrochen. Zum Teil ist auf diesem Gebiet ein Vakuum entstanden. Das gilt es, schnell mit neuen Inhalten, neuen Strukturen, neuen Formen, neuem Geist auszufüllen, denn der Fortbildungs- und Nachqualifizierungsbedarf ist objektiv und subjektiv (aus Sicht der Lehrerinnen und Lehrer) ungeheuer groß.

Trotz aller oben angesprochenen Schwierigkeiten dominiert bei Lehrern, Schülern und Eltern der Wille, die nun geschaffenen Strukturen inhaltlich gut - vor allem kindgemäß - auszugestalten und die viel beschworene "neue Qualität" von Schule und Unterricht Realität werden zu lassen. Die Bereitschaft, bisherige Erfahrungen neu zu hinterfragen und hinzuzulernen, ist bei vielen Lehrerinnen und Lehrern groß. Allerdings sind bei einer Reihe von Pädagogen auch Anpassungsbestrebungen (z. B. an die in den "westlichen" jeweiligen Partnerländern praktizierten Muster) unübersehbar.

Vielerorts spürbar ist die Suche und das Ringen um Schulentwicklungskonzepte, die für die innere Reform der Schule wegleitend sein könnten. Sie sollen nach den Vorstellungen der Pädagogen die guten Erfahrungen aus den alten Ländern aufzeigen, die Fehler vermeiden helfen und zugleich den vor Ort bestehenden Voraussetzungen und Perspektiven und den Möglichkeiten der jeweiligen Schüler- und Lehrerschaft Rechnung tragen.

Literatur

BIRTHLER, M. Die Suche nach einem eigenen Weg wurde zu schnell beendet. In: "Pädagogik", Heft 11/91.

BUDDE, H./MEERGANS, H.: Der Weg zu einem gemeinsamen Schulsystem in Berlin. In :"Pädagogik", Heft 11/91.

EISBRENNER, B.: Was hat sich an meiner Schule seit Sommer 1989 verändert? In: "Pädagogik", Heft 11/91.

FAULHABER, L.: Haben Bürgerinitiativen Schule gemacht? In: Die Deutsche Schule. Heft 3/1991.

FUHRMANN, E.: Entwicklungstendenzen hinsichtlich der Qualität des Unterrichts, Vortrag auf der AEPF-Tagung im März 1991. Landau 1991.

FUHRMANN, E./TILLMANN, K.-J.: Zwei Jahre nach der "Wende". In: Pädagogik, Heft 11/1991.

HEIDENREICH, H. Das Modell einer Gesamtschule in Ost-Berlin. In: Materialien ... Berlin 1990.

HOFMANN, J./TIEDTKE, M.: Thesen zur Erziehungsauffassung/Versuch einer Alternative. In: Wortmeldungen, Heft 1. Volk und Wissen Verlag 1990.

KLEMM, K.: Expansion und Kontraktion: Zur Schulentwicklung in den neuen Ländern (Beitrag in diesem Materialband) .

Konzept der Labor- und Konsultationsschule "Heinrich-Heine", Berlin-Mitte, Juni 1990.

KUBAN, B.: Rückschau auf zwei Jahre Irritationen. In: "Pädadogik", Heft 11/91.

LANGE, R.U.: Initiative Nachbarschaftsschule Leipzig. In: Materialien ..., Berlin 1990.

LORENZ, B.: Mecklenburg-Vorpommern. Die konservative Wende. In: "Pädagogik", Heft 11/91.

LUCKMANN, W.: Eine Direktorin zieht sich zurück. In: "Pädagogik", Heft 11/91.

Materialien des Koordinierungstreffens von Vertretern bildungspolitischer Initiativgruppen für eine "Bildungreform von unten", Berlin, 3. und 4. März 1990. Hg.: Unabhängiges Kontaktbüro Berlin, Projektgruppe "Gesellschaft und Bildung" (APW), Berlin 1990.

ROLFF, H.-G.: Vorlage zur Pressekonferenz am 16.12.1991 in Bonn. Institut für Schulentwicklungsforschung (IFS) Universität Dortmund.

VÖLKER, W.: Vorschlag für ein demokratisches Schulsystem. In: Materialien, Berlin 1990.

Manfred Weiß/Horst Weishaupt

Überlegungen zur Sicherung der Ressourcenausstattung im Bildungswesen

1. Problemlage

Die Sicherung der für eine angemessene Aufgabenerfüllung erforderlichen Ressourcenausstattung des Bildungswesens wird in Zukunft aufgrund von gravierenden Veränderungen in den gesellschaftlichen und ökonomischen Rahmenbedingungen wachsende Bedeutung erlangen. Folgende Entwicklungen sind in diesem Zusammenhang zu nennen:

- Erhebliche Probleme für die Finanzierung der öffentlichen Ausgaben werden sich aus den Grenzen der Belastbarkeit[1] der langfristig schrumpfenden Erwerbsbevölkerung ergeben. Das potentielle Ausmaß der Belastung läßt sich daran abschätzen, daß nach Vorausschätzungen der OECD (1988, S. 29) die Gesamtbelastungsquote (Anteil der 0-14jährigen und über 65jährigen an der "wirtschaftlich aktiven" Bevölkerung zwischen 15 und 65 Jahren) in den alten Bundesländern infolge des stark ansteigenden Anteils der über 65jährigen von 44,0 im Jahre 1990 auf 74,8 im Jahre 2040 zunehmen wird.[2] Für die Erwerbsbevölkerung noch belastungsverstärkend wirkt sich aus, daß selbst bei optimaler Ausschöpfung von Umschichtungspotentialen und trotz schrumpfender Gesamtbevölkerung die öffentlichen Sozialausgaben (Bildung, Gesundheit, Altersversorgung, Familienförderung, Arbeitslosenunterstützung) wegen

---

[1]Zu sehen ist auch, daß in den letzten Jahrzehnten die Belastung der privaten Haushalte durch direkte und indirekte Steuern und Sozialabgaben bereits stark zugenommen hat: Konnte 1965 eine Familie mit zwei Kindern noch über 58,3 Prozent ihres Einkommens verfügen, so waren es 1986 nur noch 49,8 % (RECKTENWALD 1985, S.13).

[2]Nach Vorausschätzungen von HOF (1990), die bis zum Jahre 2010 reichen, ändert die deutsche Vereinigung nichts an dem projektierten Trend.

der steigenden kostenintensiveren "Altenlast"[3] zunehmen werden.

- Die altersstrukturelle Veränderung der deutschen Bevölkerung wird langfristig zu einer Verlagerung der Ausgabenschwerpunkte in den öffentlichen Haushalten von der "Jugend-" zur "Altenlast" führen. Während der Anteil der 0-15jährigen, wie Projektionen für das vereinte Deutschland zeigen (HOF 1990), von 1990 bis 2010 um etwa 15% zurückgeht, steigt der Anteil der über 65jährigen im gleichen Zeitraum um 28 bis 37% an. Sind die altersstrukturbedingten Auswirkungen auf den gesamtstaatlichen Mittelverteilungsprozeß in der Tendenz absehbar, so ist derzeit ungewiß, ob bzw. inwieweit die mit der deutschen Vereinigung verbundenen erheblichen zusätzlichen Belastungen der öffentlichen Haushalte (bisher vor allem des Bundeshaushalts) für den Bildungsbereich nachteilige Prioritätenverschiebungen zur Folge haben werden.

- Aufgrund der expansiven Personalpolitik der 60er und 70er Jahre wird ein starker Ausgabenanstieg für die Alterssicherung der (beamteten) öffentlichen Bediensteten entstehen. Der Anteil der Steuereinnahmen, der insgesamt für Personalausgaben (einschließlich Beamtenversorgung) der Gebietskörperschaften aufzuwenden ist, wird Projektionen für die alten Bundesländer zufolge (FÄRBER/LITTMANN 1989) im Jahre 2030 mit annähernd 87% fast doppelt so hoch sein wie heute. Am stärksten werden die Länder belastet sein, auf die schon bald eine "Pensionswelle" zurollt und die zwei Drittel der Pensionszahlungen zu tragen haben werden. Diese für die Haushaltsflexibilität und damit den politischen Handlungsspielraum höchst problematische Perspektive kann insbesondere für die Personalpolitik im Bildungsbereich, der 1989 44% der Personalausgaben und 31% der Gesamtausgaben der Länder "verbrauchte", nicht folgenlos bleiben.

- Die Verschuldungsquote (Staatsverschuldung in % des Bruttoinlandprodukts) wird 1992 in der Bundesrepublik mit 46% einen Höchststand erreichen. Hauptursache dafür sind die hohen Finanztransfers in die neuen Bundesländer. Mit einer weiteren Zunahme der Staatsverschul-

---

[3]Nach Berechnungen der OECD waren die Pro-Kopf-Ausgaben für die über 65jährigen 1980 um mehr als dreimal höher als die für die 0-14jährigen (vgl. OECD 1988, S. 34).

dung ist dann zu rechnen, wenn - wie es derzeit den Anschein hat - der ökonomische Aufholprozeß Ostdeutschlands nur zögernd vorankommt. Bei anhaltend hohem Zinsniveau werden die damit verbundenen Zinsbelastungen und die Tilgungsverpflichtungen - zusätzlich zu den steigenden Personalausgaben - den zukünftigen finanzwirtschaftlichen Handlungsspielraum des Staates, auch bei den Ländern und Gemeinden[4], einengen.

Angesichts dieser Entwicklungen wäre es fatal, wenn die bildungspolitisch Verantwortlichen allein darauf vertrauten, durch Betonung der gesellschaftlichen und ökonomischen Bedeutung von Bildung, ihres "Humankapitalcharakters", eine relative Besserstellung des Bildungswesens im gesamtstaatlichen Mittelverteilungsprozeß zu erreichen. Dem steht auch die in der letzten Zeit verstärkt vorgebrachte Kritik an einer unwirtschaftlichen Mittelverwendung im Bildungsbereich entgegen (vgl. zusammenfassend WEISS 1992). Vor diesem Hintergrund sowie im Blick darauf, daß die Schulbudgets real kaum entsprechend den in den 90er Jahren in den alten Bundesländern wieder ansteigenden Schülerjahrgangsbreiten (siehe dazu den Beitrag von KLEMM in diesem Band) zunehmen werden und sich die Bildungspolitik einen Spielraum für notwendige Weiterentwicklungen des Schulwesens sichern muß, wird es notwendig sein,

(1) Möglichkeiten der Erschließung neuer Finanzierungsquellen im privaten Sektor zu prüfen,

(2) den Finzierungsspielraum durch interne Mittelfreisetzung zu erweitern und

(3) für eine prioritätengeleitete Mittelallokation zu sorgen.

---

[4]1990 entfielen in den Länderhaushalten 7,8 % der Gesamtausgaben auf Zinsverpflichtungen (DEUTSCHER BUNDESTAG 1991, S.133).

2. *Erschließung neuer Finanzierungsquellen im privaten Sektor*

Für eine stärkere Mitbeteiligung an der Finanzierung der Bildungsaufwendungen kommen (1) die freien Träger der Wohlfahrtspflege, die Kirchen, die Privatwirtschaft und (2) die privaten Haushalte in Frage. Die im folgenden entwickelten perspektivischen Vorstellungen sind von der Überlegung geleitet, daß für eine stärkere Inanspruchnahme des privaten Sektors nicht nur fiskalische Gründe (Entlastung der öffentlichen Bildungsbudgets) ausschlaggebend sein können, sondern stets auch die Auswirkungen auf gesellschaftliche Ziele zu berücksichtigen sind (z.B. Gleichheit der Bildungschancen und der Lebensverhältnisse).

2.1 *Private Träger von Bildungseinrichtungen*

In den verschiedenen Bildungsbereichen sind die privaten Träger von unterschiedlicher Bedeutung. Traditionell haben im *Vorschulbereich* die Wohlfahrtsverbände und die Kirchen ein großes Gewicht. Annähernd 70% der Kindergartenplätze werden gegenwärtig durch sie bereitgestellt. Doch ist der Anteil privater bzw. freier Träger im Kindergartenbereich zurückgegangen und der Anteil öffentlicher Kindergärten - von 1962 bis 1986 von 20% auf 31% - angestiegen, nachdem in der bildungspolitischen Diskussion der 60er Jahre (s. DEUTSCHER BILDUNGSRAT 1970) der Kindergarten von einer sozialpädagogischen Einrichtung zum Eingangsbereich des Bildungswesens umdefiniert und eine öffentliche Gesamtverantwortung für diesen Bereich verlangt wurde. Im Blick auf das angestrebte Ziel, die Gleichwertigkeit der Lernbedingungen in den Kindergärten weiter zu verbessern und noch bestehende regionale, soziale und ethnische Disparitäten zu verringern, kann von einem weiteren Ausbau der öffentlichen Beteiligung im Elementarbereich ausgegangen werden.

Bei *Schulen* in privater Trägerschaft dominieren die kirchlichen Einrichtungen, die von etwa 75% der Privatschüler besucht werden. Das verbleibende Viertel verteilt sich auf Waldorfschulen, sonstige freie Schulen und Landerziehungsheime (vgl. WEISS/MATTERN 1991). Die Quote des Privatschulbesuchs ist steigend, die quantitative Bedeutung dieses Teils des Schulwesens - trotz verfassungsmäßig abgesicherter Privatschulgarantie - jedoch relativ gering: Gegenwärtig besuchen nur etwas mehr als 6% aller Schüler private allgemeinbildende Schulen. Als Mitfinanzier des Schulwesens spielen private Träger kaum eine Rolle, da die Privatschulen den überwiegenden Teil ihrer laufenden Ausgaben über staatliche Zuschüsse finanzieren. Deshalb ist der Staat an einer Expansion des Privatschulsektors wenig interessiert, zumal die privaten Träger in verstärktem Maße eine finanzielle Gleichstellung mit staatlichen Schulen fordern.

Im *Hochschulbereich* gab es zwar in den letzten Jahren einige publizistisch vielbeachtete private Neugründungen, und die Gesamtzahl der privaten Hochschulen ist mit 53 Einrichtungen überraschend hoch (s. BMBW 1987, S. 3). Insgesamt besuchten 1985 aber nur etwa 23.500 Studenten nichtstaatliche Hochschulen (ca. 1,8% aller Studenten). An der - gemessen an den Studentenzahlen - marginalen Bedeutung privater Hochschuleinrichtungen dürfte sich in Zukunft kaum etwas ändern.

Der außerschulische Teil der *beruflichen Bildung* wird überwiegend von der Privatwirtschaft finanziert. Bemühungen des Staates, die nicht oder wenig ausbildende Wirtschaft auf dem Wege einer gesetzlich geregelten Umlage stärker zur Finanzierung der Berufsausbildung heranzuziehen und einen Ausgleich zwischen ausbildenden und nicht-ausbildenden Betrieben zu erreichen, war bislang wenig Erfolg beschieden. In der Vergangenheit evident gewordene Mängel der einzelbetrieblichen Finanzierung machten deshalb, wie die Entwicklung der Berufsbildungsfinanzierung in den letzten 20 Jahren verdeutlicht, in steigendem Maße staatliche Interventionen durch Förderprogramme notwendig (vgl. z.B. MÄDING 1983, SCHMIDT 1985).

Auch wenn inzwischen in den alten Bundesländern aufgrund der demographischen Entwicklung und des rückläufigen Interesses an einer Ausbildung im dualen System die bis Mitte der 80er Jahre noch bestehende Engpaßsituation bei den Ausbildungsplätzen einem globalen Angebotsüberhang gewichen ist, kann daraus nicht auf eine geringere Notwendigkeit eines staatlichen Engagements in der beruflichen Bildung geschlossen werden. Eher dürfte das Gegenteil der Fall sein. Zu den vordringlich wahrzunehmenden Aufgaben zählen die Mitwirkung beim Ausbau des beruflichen Bildungsangebots in den neuen Bundesländern, in Problemregionen und für Problemgruppen (z.B. ausländische Jugendliche) sowie der Abbau strukturbedingter Defizite im Ausbildungsplatzangebot, insbesondere in zukunftsträchtigen Berufen.

In der *Weiterbildung* ist die Trägervielfalt am größten. Die allgemeine Weiterbildung ist über die Volkshochschulen noch in starkem Maße durch öffentliche Einrichtungen bestimmt. In der beruflichen Weiterbildung ist demgegenüber das öffentliche Angebot - sieht man von den berufsbezogenen Kursen der Volkshochschule ab - und damit der öffentliche Einfluß sehr gering. Dennoch ist es Absicht der Bildungspolitik, die Weiterbildung als einen Hauptbereich des Bildungswesens unter öffentlicher Verantwortung auszubauen. Diese Intention unterstreichen die in den 70er Jahren in fast allen Ländern beschlossenen Weiter- oder Erwachsenenbildungsgesetze. Sie sehen eine Landesbeteiligung bei der Finanzierung der Veranstaltungen vor und beziehen sich entweder nur auf die Volkshochschulen - die meist kommunale Einrichtungen sind - oder die Hauptträger der allgemeinen Weiterbildung (VHS, Kirchen, DGB, DAG, Bildungswerke der Wirtschaft, Bauernverband u.ä.). So ist auch in diesem Bereich - mit dem Elementarbereich vergleichbar - eine Intensivierung des öffentlichen Einflusses in zweierlei Hinsicht beobachtbar: Erstens werden die öffentlichen Angebote verstärkt ausgebaut, zweitens wird die finanzielle Beteiligung an den Angeboten freier Träger erhöht. Dadurch soll eine Verringerung der regionalen und sozialgruppenspezifischen Disparitäten in der Weiterbildung erreicht und ein gewisses Grundangebot in allen Regionen sichergestellt werden.

2.2 Private Haushalte

Die Ausbildung der Kinder und die eigene berufliche und allgemeine Weiterbildung führen zu erheblichen Belastungen der privaten Haushalte in Form direkter Kosten (z.B. Schulgeld, Studiengebühren, Kursgebühren, Fahrtkosten, Lernmittelausgaben) und - in der nachschulpflichtigen Ausbildungsphase - indirekter Kosten (entgangene Einkommen). Der Staat hilft, diese Belastungen einmal über den Familienlastenausgleich zu verringern, zum anderen durch direkte (zweckgebundene) Zuschüsse (z.B. BAFöG, Erstattung von Schülertransportkosten). Nachdem in den 60er und 70er Jahren eine Verlagerung der Finanzierungslasten von den Nutzern von Bildungsangeboten auf die öffentlichen Haushalte erfolgte, wurden seit Beginn der 80er Jahre - aus fiskalischen und zum Teil auch ordnungspolitischen Gründen - in verstärktem Maße Überlegungen angestellt (und partiell auch umgesetzt), die Familien bzw. die Teilnehmer an Bildungsmaßnahmen wieder stärker an der Bildungsfinanzierung zu beteiligen. Dem kommt sicherlich die in Teilen der Bevölkerung bestehende Bereitschaft entgegen, selbst Ausbildungsaufwendungen zu übernehmen, wie dies an privaten Vorschulinitiativen, dem wachsenden Interesse an Privatschulen und der gestiegenen Kursbelegung an Volkshochschulen ablesbar ist. Der hohe Lebensstandard breiter Bevölkerungsschichten und die geringe Kinderzahl in den Familien bilden den ökonomischen Hintergrund für diese Entwicklung.

Allerdings wird es in den einzelnen Bildungsbereichen in unterschiedlichem Maße möglich sein, die privaten Haushalte stärker zur Mitfinanzierung von staatlichen Bildungsleistungen heranzuziehen. Einen substantiellen Finanzierungsbeitrag leisten die privaten Haushalte derzeit bereits im Elementarbereich und in der Weiterbildung. Der Spielraum für eine weitere Kostenüberwälzung dürfte hier gering sein. Im *Elementarbereich* gehen die Überlegungen derzeit eher dahin, die Elternbeiträge zu reduzieren, um einkommensschwachen Gruppen die Teilnahme an vorschulischer Erziehung zu erleichtern und prohibitive Wirkungen bei diesen Gruppen zu verringern. In der *Weiterbildung* wird schon jetzt durchschnittlich etwa ein Drittel der Ausgaben der Hauptträger der allgemeinen Weiterbildung durch Gebühren der Teilnehmer abgedeckt (vgl. WEISHAUPT/WEISS u.a. 1988, S. 311), so daß auch hier mit Blick auf die Vermeidung unerwünschter Auswirkungen auf die Weiterbildungsbereitschaft einer stärkeren Belastung der privaten Haushalte Grenzen gesetzt sind.

Im *Schulbereich* ist die private Beteiligung an den Bildungsausgaben zwar gering; gleichwohl bieten sich - zumindest im Pflichtschulbereich - praktisch kaum Ansatzpunkte für eine stärkere Privatisierung der Kosten. Aus der Schulpflicht leitet sich eine dem Staat obliegende Pflicht zur Bereitstellung des Bildungsangebots ab, d.h. eine weitgehende Finanzierung der Bildungsausgaben aus öffentlichen Mitteln. Sieht man einmal von der - problematischen - Möglichkeit von Einschränkungen der Lernmittelfreiheit und der Kostenerstattung beim Schülertransport ab, dann verbleibt als budgetentlastende Maßnahme die private Kostenbeteiligung bei der Inanspruchnahme von Dienstleistungsangeboten (z.B. für Betreuungsleistungen), die über die schulische Grundversorgung hinausgehen.

Anders sieht die Situation im *Hochschulbereich* aus. Eine stärkere private Beteiligung an der Ausbildungsfinanzierung wird hier immer wieder in die öffentliche Diskussion gebracht. Die vorgeschlagene Einführung von Studiengebühren (mit der Möglichkeit der Inanspruchnahme von Darlehen zu ihrer Deckung) ist von der Überlegung geleitet, eine Korrektur der dem gegenwärtigen Finanzierungssystem angelasteten negativen Allokations- und Distributionseffekte zu bewirken. Hochschulbildung zum "Nulltarif", so das zentrale Argument, sei zu einem erheblichen Teil mitverantwortlich für die starke - die verfügbaren Kapazitäten überfordernde - Zunahme des Hochschulbesuchs und führe zu einer verteilungspolitisch unerwünschten Begünstigung von Akademikern gegenüber Nicht-Akademikern und Familien der oberen Einkommensklassen, deren Kinder an den Hochschulen überrepräsentiert sind. Von der Einführung von Studiengebühren wird nicht nur eine "bedarfsgerechtere" Orientierung der Nachfrage nach Hochschulbildung und ein höheres Maß an Verteilungsgerechtigkeit erwartet, sondern zugleich auch eine Verbesserung der internen Effizienz der Hochschulen als Folge der Wettbewerbssituation und des gestiegenen Kostenbewußtseins bei Anbietern und Nachfragern (vgl. im einzelnen WEISHAUPT/WEISS u.a. 1988, S. 178ff). Sozialpolitisch vertretbar sind solche Überlegungen freilich nur, wenn die Erhebung von Studiengebühren mit umfangreichen Stipendienprogrammen für einkommensschwächere Gruppen gekoppelt ist. Spürbar entlastet wurde insbesondere der Bildungshaushalt des Bundes durch den Rückgang der BAFöG-Zuwendungen als Folge der Umstellung auf zinslose Darlehen im Wintersemester 1983/84. Die sozialpolitisch inakzeptablen Auswirkungen dieser Maßnahme veranlaßten die Bundesregierung jedoch - den Empfehlungen des Beirats für Ausbildungsförderung folgend - zu einer Novellierung des BAföG. Seit Juli 1990 wird danach die Ausbildungsförderung der Studierenden zur Hälfte aus einem Zuschuß und zur Hälfte aus einem rückzahlungspflichtigen Darlehen gewährt (mit einem Darlehensteilerlaß bei gutem Studienabschluß). Außerdem wurden die Förderungsbedingungen für Familien mit mittlerem Einkommen durch Anhebung der relativen Freibeträge vom Elterneinkommen verbessert.

2.3 Resümee

Die Möglichkeiten, private Haushalte und nichtstaatliche Träger zur Finanzierung der Bildungsaufwendungen heranzuziehen, sind begrenzt. Der einzige Bildungsbereich, in dem Umverteilungen zu Lasten der privaten Haushalte ernsthaft erwogen werden, ist der Hochschulbereich. Für die sozialpolitische Akzeptanz dazu entwickelter Modellvorstellungen sind flankierende Studienförderungsprogramme eine unabdingbare Voraussetzung. Sie stellen den "Erfolg" solcher Überlegungen unter dem Aspekt der Haushaltsentlastung wieder in Frage.

Die Verlagerung von Bildungsangeboten auf private Träger liegt außerhalb des staatlichen Dispositionsbereichs. Die dadurch realisierbaren Budgetentlastungen dürften - selbst wenn es zu einer beträchtlichen Angebotsausweitung käme - dann gering sein, wenn, wie im Schulbereich, staatliche Subventionierungsverpflichtungen in erheblichem Umfang bestehen. Im Elementarbereich, in der beruflichen Bildung und in der Weiterbildung weist die bildungspolitische Diskussion eher in Richtung auf eine Verstärkung des öffentlichen Engagements, die zum Ziel hat, Angebotsdisparitäten weiter zu verringern und gleichwertige Bildungschancen zu eröffnen. Wenn somit der private Sektor kaum für eine Ausweitung der Mitfinanzierung in Frage kommt, dann ist der Erweiterung des Finanzierungsspielraums durch interne Mittelfreisetzung verstärkte Aufmerksamkeit zu schenken.

3. Erweiterung des Finanzierungsspielraums durch interne Mittelfreisetzung im Schulbereich

Mittelfreisetzungen lassen sich erzielen durch gezielte Ausgabenanpassung, Einsparungen und den Abbau von Unwirtschaftlichkeiten. Ansatzpunkte dafür im Schulbereich, auf die sich die folgenden Ausführungen beschränken[5], sind im wesentlichen

---

[5]Diese Beschränkung liegt in dem thematischen Schwerpunkt des Arbeitskreises begründet und ist auch durch die aktuelle Kritik an der Wirtschaftlichkeit des Mitteleinsatzes im Schulwesen gerechtfertigt (vgl. zusammenfassend WEISS 1992). Hinzu kommt, daß der Hochschulbereich durch die fortdauernde Überlast-Situation wenig Ansatzpunkte

(1) die Personalausgaben der Länder und

(2) die Sach- und Investitionsausgaben der Gemeinden.

Wie die Tabelle 1 (S. 187) zu erkennen gibt, die die Struktur des Bildungsbudgets 1989 nach Bildungsbereichen, Ausgabenarten und Gebietskörperschaften darstellt, machen die Personalausgaben der Länder für das Schulwesen 37% des gesamten Bildungsbudgets aus. Die Sach- und Investitionsausgaben der Gemeinden für das Schulwesen haben, einschließlich der dem Förderbereich zugeordneten Schülertransportausgaben, daran einen Anteil von 12%. Diese beiden Ausgabengruppen und die Hochschulausgaben der Länder umfassen fast 80% der Bildungsbudgets aller Gebietskörperschaften. Die übrigen Bildungsbereiche sind für Mitteleinsparungen nur von marginaler Bedeutung.

3.1 Personalausgaben

Angesichts der Tatsache, daß die Personalausgaben der Länder im Bildungswesen (ohne Versorgungsleistungen) inzwischen fast 80% ihrer Bildungsausgaben ausmachen, müssen Maßnahmen zur Mittelfreisetzung vornehmlich bei dieser Ausgabenkategorie ansetzen. Dies scheint auch im Blick auf die eingangs erwähnten erheblichen Belastungen geboten, die auf die Länderhaushalte durch den Ausgabenanstieg für Pensionszahlungen zukommen werden.

Die folgenden Überlegungen beziehen sich auf (1) personalpolitische Maßnahmen, insbesondere die Einstellungspolitik der Kultusministerien, (2) die Lehrdeputatsverwendung, (3) Möglichkeiten einer kostengünstigeren Funktionserfüllung durch Nutzung außerschulischer Einrichtungen und Personalsubstitution sowie Personalkosteneinsparungen durch (4) schulorganisatorische Maßnahmen und (5) gezielte Veränderung von Parametern des Lehrerbedarfs.

---

für die Freisetzung von Mitteln bietet.

Tabelle 1: Die unmittelbaren Ausgaben nach Bildungsbereichen, Ausgabenarten und Gebietskörperschaften in v. H. der Ausgaben für das Bildungswesen insgesamt, 1989

Ausgabenart	Bildungsbereich					Bildung insgesamt	
	Kindergärten	Allgemeinbildende und berufliche Schulen	Hochschulen	Förderbereich (BAFöG und Schülertransport)	Sonstiges Bildungswesen	in v.H.	absolut[1]
			Bund				
Personalausgaben	-	0,00	0,01	0,00	0,01	0,02	20
Sach- und Investitionsausgaben	-	0,00	0,39	0,00	0,25	0,63	593
Übrige Ausgaben[2]	-	0,00	0,02	0,27	0,30	0,59	555
Ausgaben insgesamt	-	0,00	0,42	0,27	0,55	1,25	1.168
			Länder				
Personalausgaben	0,05	37,21	18,14	0,01	0,34	55,74	52.078
Sach- und Investitionsausgaben	0,01	1,26	12,05[3]	0,16	0,47	13,94	13.027
Übrige Ausgaben[2]	1,07	3,38	0,29	3,07[3]	0,49	8,30	7.751
Ausgaben insgesamt	1,12	41,85	30,47	3,24	1,30	77,98	72.856
			Gemeinden				
Personalausgaben	1,74	4,49	-	0,02	1,00	7,25	6.778
Sach- und Investitionsausgaben	0,79	9,88[4]	-	2,02[4]	0,65	13,34	12.465
Übrige Ausgaben[2]	0,01	0,06	-	0,00	0,11	0,18	165
Ausgaben insgesamt	2,54	14,43	-	2,04	1,76	20,77	19.408
			Gebietskörperschaften insgesamt				
Personalausgaben	1,79	41,71	18,15	0,03	1,35	63,01	58.876
Sach- und Investitionsausgaben	0,80	11,14	12,44	2,18	1,36	27,92	26.086
Übrige Ausgaben[2]	1,07	3,43	0,31	3,35	0,90	9,07	8.470
Ausgaben insgesamt in v.H.	3,66	56,28	30,90	5,55	3,61	100,00	
absolut[1]	3.421	52.583	28.868	5.187	3.373		93.432

1 In Millionen DM. - 2 Übertragungsausgaben an private Einrichtungen und Empfänger von Ausbildungsförderung. - 3 An der Finanzierung dieser Ausgaben beteiligt sich maßgeblich der Bund. - 4 An der Finanzierung dieser Ausgaben beteiligen sich maßgeblich die Länder.

Quelle: Statistisches Bundesamt, Fachserie 14: Finanzen und Steuern, Reihe 3.1, Rechnungsergebnisse des öffentlichen Gesamthaushalts, S. 21-22, 47; eigene Berechnungen.

(1) Personalpolitisch sind im Bildungsbereich Wege zu finden, die die Haushaltsbelastungen begrenzen und gleichzeitig - stärker als in der Vergangenheit - dem Aspekt des intertemporalen Ausgleichs der Berufschancen von Lehrern und Hochschullehrern Rechnung tragen. Als Problem erweist sich dabei, daß die Dispositionsfreiheit über das Personal im Bildungswesen stark eingeschränkt ist. Lehrer und Hochschullehrer

- sind "Beamte auf Lebenszeit", d.h., sie werden im allgemeinen für 35-40 Dienstjahre eingestellt und sind nicht kündbar,

- haben eine in einem starren Laufbahn- und Besoldungsgefüge festgelegte Besoldung, die über eine größere Anzahl von Dienstaltersstufen im Zwei-Jahres-Rhythmus eine Besoldungserhöhung - neben der normalen tariflichen Besoldungsanhebung - und bei einigen Lehrergruppen innerhalb dieses Zeitraums zusätzlich eine Beförderung in die nächst höhere Besoldungsgruppe vorsieht (das Lehrpersonal belastet mit zunehmendem Alter folglich immer mehr die Haushalte; Haushaltszuwächse sind bei zunehmendem Durchschnittsalter der Lehrer allein notwendig, um die steigende Besoldung finanzieren zu können),

- sind aufgrund ihrer Ausbildung nur in bestimmten Schularten und Fächern bzw. Fachrichtungen einsetzbar,

- haben auf Teilarbeitsmärkten außerhalb des Bildungswesens wenig Beschäftigungschancen.

Vor diesem Hintergrund wird zu prüfen sein, ob die *Einstellungspolitik* in jedem Fall den gängigen Lehrerbedarfsrechnungen (siehe dazu aktuell KLEMM 1991) folgen soll. Problematisch ist dies zumindest dann, wenn ein vorübergehender Anstieg der Schülerzahlen (wie er bis zum Jahre 2005 in den alten Bundesländern prognostiziert ist - vgl. KMK, Dokumentation Nr. 115 vom Januar 1991) zum Anlaß für zusätzliche Lehrereinstellungen genommen wird und in der späteren Kontraktionsphase ein relativer Lehrerüberschuß aufgrund der nur sehr bedingt möglichen Bestandsanpassung an die rückläufigen Schülerzahlen (theoretisch höchstens im Umfang freiwerdender Stellen) entsteht, der dann durch Funktionsausweitungen und eine Anhebung des Versorgungsniveaus (z.B. Reduzierung der Klassen- und

Kursgrößen) "bedarfskongruent" gemacht wird. Ein ständig steigender Finanzmittelbedarf ist damit programmiert, weil auf diese Weise kaum rückgängig zu machende Standards gesetzt werden (an denen sich wiederum die folgenden Lehrerbedarfsberechnungen ausrichten). Die davon ausgehenden kostentreibenden Effekte sind beträchtlich, wie die Entwicklung der realen "unit costs" in der vergangenen Kontraktionsphase augenfällig belegt: Obwohl zwischen 1975 und 1983 in den alten Bundesländern die Schülerzahlen um 20% zurückgingen, sind die (preisbereinigten) Personalausgaben je Schüler um mehr als 38% gestiegen (WEISHAUPT/ WEISS 1988, S. 544).[6] Im selben Zeitraum ging die Zahl der Schüler je Lehrer an allgemeinbildenden Schulen von 23,3 auf 17,0 zurück (Grund-/Hauptschulen: 23,3/19,1 - Realschulen: 22,7/19,8 - Gymnasien, 5-10: 21,7/18,5 - Gymnasien, 11-13: 13,5/12,2 - Sonderschulen: 11,8/7,8). Damit soll nicht bestritten werden, daß die Verbesserung der Schüler-Lehrer-Relation wichtig und wünschenswert war. Der Prozeß verlief in dieser Phase aber eher naturwüchsig als zielorientiert gesteuert (s. weiter unten).

(2) In der letzten Zeit wird die Öffentlichkeit mit dem Paradoxon konfrontiert, daß es trotz der kontinuierlichen Verbesserung der Betreuungsrelationen offenbar nicht gelingt, die unterrichtliche Grundversorgung (Erfüllung der Stundentafel) zu sichern. Dies hat den Blick auf die Determinanten des Lehrerbedarfs gelenkt. Detaillierte Untersuchungen der *Deputatsverwendung* legen den Schluß nahe, daß ein erheblicher Teil der Personalmittel nicht unterrichtswirksam wird. So gelangte der RECHNUNGSHOF BADEN-WÜRTTEMBERG (1990) zu dem Ergebnis, daß von den Deputaten, die den Grund- und Hauptschulen im Schuljahr 1989/90 zur Verfügung standen, nur ca. drei Viertel für den Pflichtunterricht (in den in der Stundentafel aufgeführten Fächern) verwendet wurde. Die übrigen Deputate wurden für die Wahrnehmung von Aufgaben außerhalb der Stundentafel eingesetzt (z.B. Schulleitungsaufgaben, sonstige administrative, kustodiale und beratende Funktionen innerhalb und außerhalb der Schule, Lehrerausbildung, Mentorentätigkeit) oder aufgrund von Ermäßigungen (aus

---

[6]Enthalten sind darin auch die Effekte der ständig gestiegenen Nachfrage nach höherqualifizierenden und kostenintensiveren Bildungsgängen. Die Unterrichtsstunde eines Gymnasiallehrers ist fast um ein Viertel und die Unterrichtsstunde eines Realschullehrers um 10% teurer als die eines Hauptschullehrers.

Alters- und Gesundheitsgründen) nicht geleistet. In anderen Bundesländern dürfte die Situation grundsätzlich ähnlich sein (vgl. z.B. KULTUSMINISTERIUM NRW 1991). Bezweifelt wird, ob es notwendig ist, Lehrerstellen in dem beschriebenen Umfang der Unterrichtsversorgung zu entziehen. Ein nicht unerheblicher Teil davon ließe sich, wie etwa der RECHNUNGSHOF BADEN-WÜRTTEMBERG aufzeigt, auch ohne Einschränkung administrativ notwendigen und pädagogisch oder sozialpolitisch als wichtig erachteten außerunterrichtlichen Bedarfs wieder der eigentlichen Unterrichtsversorgung zuführen (vgl. im einzelnen WEISS 1992).

(3) In diesem Zusammenhang ist auch an eine verstärkte Nutzung von Möglichkeiten einer *kostengünstigeren Funktionserfüllung* zu denken. Kosteneinsparungen lassen sich dadurch realisieren, daß

- anstelle eines eigenen Dienstleistungsangebots der Schule bereits vorhandene außerschulische Angebote privater und kommunaler Träger (z.B. Musikschulen, Sportvereine) in Anspruch genommen werden,

- (teure) Lehrkräfte durch nichtpädagogisches Personal bei der Wahrnehmung rein kustodialer und bestimmter administrativer Tätigkeiten substituiert werden.

Daß die Ausstattung mit nichtpädagogischem Personal selbst an großen Schulen nach wie vor unzureichend ist, liegt vor allem in der (fragwürdigen) Trennung der Zuständigkeit für "innere" und "äußere" Schulangelegenheiten und der sich daraus ableitenden Lastenteilung zwischen Land und Kommunen begründet. Angesichts der Tatsache, daß sich die Lastenverteilung kontinuierlich zuungunsten der Länder verschoben hat[7], erscheint es gerechtfertigt, wenn ein stärkeres Engagement der kommunalen Schulträger bei der schulischen Versorgung mit nichtlehrendem Personal erwartet wird.

(4) Die Reduzierung des Lehrerbedarfs durch Vermeidung einer unwirtschaftlichen *Schulorganisation* stellt einen weiteren wichtigen Ansatzpunkt

---

[7]Seit 1975 hat sich der Anteil der Länder an den Schulausgaben (wie auch der Bildungsausgaben insgesamt) von 72% auf 78% (1989) erhöht.

für die interne Freisetzung von Personalmitteln dar. Angesprochen sind damit wiederum die kommunalen Schulträger, die schulorganisatorische Maßnahmen weitgehend unter Außerachtlassung der Auswirkungen auf die Personalausgaben in den Landeshaushalten treffen. Die fehlende Kosteninzidenz hat zur Folge, daß vielfach lehrerbedarfsintensive Schulangebote und -strukturen mit sehr kleinen Schul- und Klassengrößen aufrechterhalten werden. So ist z.B. dem "Kienbaum-Gutachten" (KULTUSMINISTERIUM NRW 1991) zu entnehmen, daß in fast 40% aller nordrhein-westfälischen Kommunen die Hauptschulen unterdimensioniert sind (d.h. weniger als 260 Schüler aufweisen) und mehr als 12 Tsd. Lehrerstellen allein durch eine unterhalb der Richtwerte liegenden Klassenbildung verbraucht werden (47% der Klassen an Hauptschulen unterschreiten die Mindestfrequenz von 23 Schülern). Im Blick darauf erwägt die Landesregierung von Nordrhein-Westfalen, die kommunalen Schulträger in die finanzielle Mitverantwortung für vermeidbare Personalkosten zu nehmen, die diese durch eine unökonomische Schulorganisation verursachen. Um wirtschaftlich vertretbare Schulgrößen zu erreichen, sollen die Gemeinden verpflichtet werden, interkommunale Schulentwicklungspläne zu erstellen (vgl. Handlungskonzept der Landesregierung zur effektiveren Gestaltung der Schulorganisation und bedarfsgerechten Zuweisung von Lehrerstellen v. November 1991).

Zur Vermeidung von "diseconomies of scale" wird auch das Differenzierungsangebot in der Sekundarstufe II auf seine Kostenimplikationen hin zu überprüfen sein. Ökonomisch tragfähige Lerngruppengrößen werden häufig nur durch Kooperation von Schulen (Angebot schulübergreifender Kurse) oder jahrgangsübergreifenden Unterricht zu verwirklichen sein. Von der letztgenannten Möglichkeit sollte auch bei kleinen Grundschulen stärker als bisher Gebrauch gemacht werden, zumal damit, entgegen einem weitverbreiteten Vorurteil, keine pädagogischen Nachteile verbunden sein müssen (vgl z.B. KNÖRZER 1985; LEM/VEENMAN/VOETEN 1990).

(5) Von den *Parametern des Lehrerbedarfs* kommt für kurzfristige *Veränderungen* im wesentlichen nur die Klassen- und Kursfrequenz in Frage.[8]

---

[8]Zu einer spürbaren Verringerung des Lehrerbedarfs würde auch eine Verkürzung der Schulzeit und der Stundentafel führen, wie sie derzeit - wenn auch nicht unter fiskalischen Aspekten - diskutiert wird.

Selbst marginale "grenznutzenneutrale" Variationen sind mit beträchtlichen aggregierten Kosteneffekten verbunden, wie das nachfolgende hypothetische Beispiel verdeutlicht: Bei einer durchschnittlichen Klassenfrequenz von 25 Schülern, einem durchschnittlichen Angebot von 24 Lehrerwochenstunden und einem Bedarf von 30 Schülerwochenstunden werden bei 400 Tsd. zu beschulenden Primarschülern 20 Tsd. Lehrerstellen benötigt. Die damit verbundenen Personalkosten belaufen sich - bei Berücksichtigung eines Versorgungszuschlags von 30% - auf etwa 1,8 Mrd. DM. Bei Verringerung der durchschnittlichen Klassenfrequenz um einen Schüler würden Mehrkosten in Höhe von 75 Mio. DM entstehen. Diesem Betrag dürfte ein vernachlässigbarer "Grenznutzen" gegenüberstehen, was selbst diejenigen konzedieren werden, die der Klassengröße - trotz fehlender empirischer Evidenz (vgl. INGENKAMP/PETILLON/WEISS 1985) - immer noch eine überragende Bedeutung für die Unterrichtsqualität beimessen.

Ganz allgemein ist in diesem Zusammenhang anzumerken, daß die Bedeutung der materiellen Ressourcenausstattung für die Schul- und Unterrichtsqualität erheblich überschätzt wird. Durch eine Vielzahl von empirischen Untersuchungen zur Ressourcenwirksamkeit ist hinreichend belegt, daß innerhalb einer beträchtlichen Bandbreite Änderungen in den materiellen Rahmenbedingungen die schulische Leistungswirksamkeit nur unmaßgeblich beeinflussen (vgl. zusammenfassend HANUSHEK 1981; WEISS 1985). Unter dem provokativen Titel "Throwing Money at Schools" faßt HANUSHEK (1981) die Ergebnisse von 130 Studien folgendermaßen zusammen: "The message, taken as a whole, is that the inputs on which schools tend to concentrate - and which lead to differences in expenditures - appear to have no consistent pay off in terms of higher student performance. The only thing we can say with any confidence is that 'improving' schools in the ways conventionally suggested will increase school costs" (S. 28). Der umfangreiche Wissensfundus, der inzwischen zur "effektiven" Schule vorliegt (vgl. zusammenfassend PURKEY/SMITH 1983, WALBERG 1984, BARGEL/STEFFENS 1990, AURIN 1990, SCHULEN UND QUALITÄT 1991), enthält eine Fülle von Anregungen, wie durch Veränderung schulinterner Parameter die Schulqualität weitgehend "kostenneutral" verbessert werden kann.[9]

3.2 *Sach- und Investitionsausgaben*

Es ist einerseits konsequent, wenn sich das Hauptaugenmerk bei der Suche nach Möglichkeiten zur Freisetzung von Haushaltsmitteln auf die gewichtigste Ausgabenkategorie, die Personalausgaben, richtet. Andererseits darf nicht übersehen werden, daß auch die Sach- und Investitionsausgaben Ansatzpunkte für Mitteleinsparungen bieten, die vor allem die Bildungsbudgets der Schulträger entlasten. Im Mittelpunkt des Interesses steht dabei der Ressourcenverbrauch, den die Gebäudekapazitäten verursachen. Die Schulgebäude stellen insofern ein besonderes Problem dar, als sie

- für lange Zeit Kapital binden - und dies auch dann, wenn sie nicht oder nur wenig genutzt werden;

- eine Nutzungsdauer haben, die mit mehr als 50 Jahren deutlich höher liegt als die durchschnittliche Schul- und Hochschulbesuchsdauer (4-10 Jahre) - die gleiche "Gebäude-Generation" wird von vielen Schüler- und Studenten-Generationen durchlaufen;

- im allgemeinen nicht mobil, sondern nur an den gegebenen Standorten zu nutzen sind;

- je nach Gebäudequalität bzw. -standort unterschiedliche laufende Betriebskosten (z.B. Heizungs- bzw. Schülertransportkosten) verursachen;

---

[9] Von der Forschung identifizierte Kennzeichen leistungswirksamer Schulen sind unter anderem:
- Betonung des Erwerbs von grundlegenden Kulturtechniken ("basic skills"),
- hohe Leistungserwartungen an die Schüler,
- besonderes pädagogisches Engagement der Lehrer und Verantwortlichkeit für die Leistungsentwicklung ihrer Schüler,
- häufige Kontrolle ("monitoring") von Lernfortschritten,
- starke Führungsqualitäten des Schulleiters bzw. der Schulleitung,
- intensive fachliche Kooperation zwischen den Lehrern,
- eine geordnete und lernfördernde Atmosphäre,
- eine Umgangskultur im Kollegium und zwischen Lehrern und Schülern, die von Verständnis, Vertrauen und Verständigung geprägt ist,
- eine intensive Beteiligung der Eltern am Schulgeschehen.

- einen mehrjährigen Planungs-, Durchsetzungs- und Abwicklungsprozeß bei ihrer Errichtung oder Schließung erfordern.

Vermeidbare Kostenbelastungen sind im Schulbereich insbesondere dadurch entstanden, daß sich die Investitionstätigkeit der Schulträger - verstärkt noch durch ihre meist nur geringe finanzielle Eigenbeteiligung an den Bauinvestitionen - nicht selten an aktuellen Bedarfslagen statt an der "generationenübergreifenden" Entwicklung der Schülerzahlen orientierte, Anpassungen des Schulgebäudebestands an rückläufige Schülerzahlen vielfach unterblieben sind und Neubaubedarf (insbesondere im berufsbildenden Schulbereich) entstand, weil Möglichkeiten zur Umwidmung von unausgelasteten Schulanlagen ungenutzt blieben (vgl. im einzelnen WEISHAUPT/WEISS u.a. 1988, S. 191ff.).

Die dadurch entstandenen Überkapazitäten hätten in vielen Fällen durch Zusammenlegung oder Schließung von Schulen vermieden und damit die standortbezogenen Kosten je Schule[10], die von der Schülerzahl weitgehend unabhängig sind, verringert werden können. Hinzu kommt, daß Unterauslastungen auch zu einer unwirtschaftlichen Nutzung von Fachräumen führen.

Der Gesamteffekt der in der Kontraktionsphase evident gewordenen Unwirtschaftlichkeit der Schulorganisation aufgrund unterbliebener Anpassungen des Schulgebäudebestands läßt sich daran ablesen, daß von 1975 bis 1983 die aggregierten (preisbereinigten) Sachausgaben je Schüler um mehr als 23% anstiegen (vgl. WEISHAUPT/WEISS 1988). Bei den Schulträgern hat dieser Unwirtschaftlichkeitsfaktor bislang kaum Beachtung gefunden, weil kameralistisches Denken vorherrscht und durch die stark verringerten Sachinvestitionen in den letzten Jahren die Schulausgaben der Gemeinden insgesamt rückläufig waren. Das ändert aber nichts an dem Tatbestand, daß unzweckmäßig eingesetzte Mittel für die laufende Schulunterhaltung anderen Verwendungen entzogen werden.

---

[10]In Hamburg beliefen sich 1985 die Kosten für Unterhalt und Bewirtschaftung im Durchschnitt auf knapp 730 Tsd. DM.

Bei weiter eingeengtem Finanzierungsspielraum der Städte, Gemeinden und Kreise birgt die problematische Entwicklung der kommunalen Sachausgaben für Schulen die Gefahr eines sich verstärkenden Zentralismus des Schulangebots und der Schließung kleiner, nicht ausgelasteter peripher gelegener Schulen. Dieser absehbaren Entwicklung, die in den letzten Jahren durch den fortgesetzten Trend zum Gymnasium zusätzlich unterstützt wurde, gilt es vorzubeugen. Das wird aber nur gelingen können, wenn ein Umdenkungssprozeß einsetzt. Der anzustrebende Erhalt wohnungsnaher Schulen wird unter den beschriebenen Bedingungen langfristig nur möglich sein, wenn es - wirklich dünn besiedelte Problemregionen ausgenommen - gelingt, die Kapazitäten der wohnungsnahen Schulen auszulasten. Die Forderung nach Bestandssicherung von Schulen ohne die Gewährleistung einer angemessenen Gebäudeauslastung greift daher im Regelfall zu kurz. Dies nicht nur wegen der von den Schulträgern nicht mehr verantwortbaren Folgekosten des Schulangebots, sondern vor allem auch, weil die Länder nicht mehr bereit sind, für den personellen Mehrbedarf kleiner Schulen aufzukommen (siehe oben).

Wohnortnahe Versorgung und eine angemessene Schulgebäudeauslastung sind unter der Bedingung mittel- (neue Länder) und langfristig (alte Bundesländer) wieder rückläufiger Schülerzahlen nur über schulstrukturelle Anpassungsmaßnahmen möglich. Sie gestatten eine verbesserte Auslastung wohnungs- und wohnortnaher Schulen und bei Überkapazitäten die Schließung oder Umwidmung zentral gelegener Schulen. Schulschließungen können dann nötigenfalls bezogen auf zentral gelegene Standorte erörtert werden, deren Verlust keine Versorgungsverschlechterung bedeutet. Verschiedene schulstrukturelle Anpassungsmaßnahmen sind unter diesen Prämissen bereits seit Jahren in der Diskussion, aber wegen fehlender schulgesetzlicher Vorgaben nicht in dem erforderlichen Umfang planerisch umsetzbar (WEISHAUPT 1981). Sie sind als zusätzliche Optionen zur Erweiterung des Handlungsspielraums der Schulträger gemeint, über deren pädagogische Angemessenheit in konkreten planerischen Situationen jeweils entschieden werden muß:

- Erweiterung der Grundschule über eine organisatorische Anbindung der folgenden beiden Jahrgänge (Orientierungs-, Förderstufe) auf die Klassen 1-6 (POHL 1985, weitergehende Möglichkeit: sechsjährige Grundschule, wie in Berlin und Brandenburg); dadurch würde auch die organisatorische Flexibilität der meist nur noch ein- bis dreizügigen Grundschulen verbessert, und sie würden eher in die Lage versetzt, den erneut zu erwartenden Schülerrückgang aufzufangen.

- Schulorganisatorische Zusammenfassung von Haupt- und Realschule zur kombinierten Haupt-/Realschule oder aller weiterführenden Schulformen in der Sekundarstufe I zur schulformbezogenen Gesamtschule. Solche Modelle können bereits auf umfangreiche praktische Erfahrungen zurückgreifen (STRUCK 1979, S. 71-81, HESSISCHES INSTITUT FÜR BILDUNGSPLANUNG UND SCHULENTWICKLUNG 1981, S. 42-51).

- Organisatorische und räumliche Trennung der gymnasialen Unter- und Mittelstufe (gymnasiale Sekundarstufe I) von der gymnasialen Oberstufe (gymnasiale Sekundarstufe II). Nur über eine Trennung einer dezentralisierten gymnasialen Unter- und Mittelstufe von einer zentralisiert angebotenen Oberstufe, läßt sich in vielen ländlichen Regionen das notwendige Maß an Wahlfreiheit in der gymnasialen Oberstufe erhalten (siehe dazu den Beitrag von BARGEL/KUTHE in diesem Band), ohne die erreichte Dezentralisierung der gymnasialen Standorte bis zur Klasse 10 wieder zurücknehmen zu müssen (vgl. RÜDELL 1987).

- Integration von allgemeiner und beruflicher Vollzeitausbildung.

- Modifizierung des Fachklassenprinzips in der Teilzeit-Berufsschule (s. DECKER/GRIMMER/WEIS 1984, RÜDELL 1987).

Die Auswirkungen unterschiedlicher regionaler Schulsysteme auf die Ausgaben der Schulträger wurden bisher nur in städtischen Kontexten untersucht. Hamburg, als Stadtstaat ohne kommunale Ebene, hat nachhaltig eine Rückentwicklung des Schulstandortnetzes bei sinkenden Schülerzahlen verfolgt, um die Kosten der laufenden Schulunterhaltung zu senken (FREIE UND HANSESTADT HAMBURG 1985, Anlage 3). Allerdings hielt Hamburg an der 4jährigen Grundschule fest und mußte dadurch die Dezentralisierung des Angebots reduzieren. Daß trotz Schülerrückgangs die Flächendeckung des Angebots noch verbessert werden kann und gleichzeitig beachtenswerte Kosteneinsparungen erzielbar sind, konnte am Beispiel der Stadt Frankfurt am Main gezeigt werden (WEISHAUPT 1985). Ohne daß Kostenvergleiche angestellt wurden, lassen Studien für den ländlichen Raum (SOMMER 1983, FROMMELT/POHL 1983, POHL 1985) ebenfalls darauf schließen, daß eine maximale Dezentralisierung des Schulangebots unter Ausnutzung der vorhandenen Schulgebäude nicht nur erhebliche pädagogische Vorteile hat, sondern auch die Kosten der Schulträger für den laufenden Schulunterhalt senkt und zugleich die dezentral gelegenen Schulen organisatorisch stärkt.

Anliegen der Schulträger sollte es daher in Zukunft sein, eine den veränderten Bedingungen angemessene Schulstruktur aus den aufgezeigten Möglichkeiten zu entwickeln. Dazu müßten die Schulgesetze der Länder zunächst den Handlungsspielraum der Schulträger in schulorganisatorischen Fragen vergrößern, damit sie auch in die Lage versetzt werden, situativ angepaßt zu planen.

4. Prioritätengeleitete Mittelallokation

Bei einem sich tendenziell weiter verschärfenden Spannungsverhältnis zwischen Mittelverfügbarkeit und Mittelbedarf erweist es sich für die Bildungspolitik als unumgänglich, Prioritäten zu setzen und einen eventuellen Ressourcenmehrbedarf für die als vorrangig angesehenen Aufgaben durch Umschichtung intern freigesetzter Mittel zu decken. Anzunehmen ist, daß die Ressourcenausstattung des Bildungswesens sich nicht über die Erschließung neuer Finanzierungsquellen im privaten Sektor verbessern lassen wird, eher gehen sozialpolitische Überlegungen in die entgegengesetzte Richtung. Das Bildungswesen wird auch kaum wieder die gesellschaftlich zentrale Stellung erhalten, wie Ende der 60er und Anfang der 70er Jahre. Bei der Verteilung der verfügbaren Haushaltsmittel kann es nicht von einer bevorzugten Behandlung ausgehen, sondern es muß voraussichtlich um den Erhalt des Status quo kämpfen - trotz wieder steigender Schüler- und nach wie vor hoher Studentenzahlen. Es werden sich folglich die finanzwirtschaftlichen Rahmenbedingungen für Ausgabenanforderungen des Bildungswesens eher verschlechtern als verbessern. Insofern gewinnen

Überlegungen zur internen Reallokation von Mitteln in Zukunft an Bedeutung.

In der Vergangenheit sind Mittelumschichtungen innerhalb des Bildungsbudgets nicht in dem notwendigen Umfang gelungen. So zeigt der Vergleich zwischen der Ausgabenplanung im Entwurf der Fortschreibung des Bildungsgesamtplans und der tatsächlichen Ausgabenstruktur (WEISHAUPT/WEISS 1988), daß eine zielkonforme Umschichtung der Mittel, wie sie vor allem durch die demographische Entwicklung notwendig gewesen wäre, nicht gelang: Zwischen 1970 und 1985 wurde zwischen den Bildungsbereichen nur die Hälfte der Mittel transferiert, die für eine zielbezogene Mittelausstattung der Bildungsbereiche hätten umgeschichtet werden müssen. Verantwortlich dafür war nicht etwa die restriktive Haushaltspolitik der Finanzminister, sondern Mängel der internen Allokationspolitik, die vor allem im beruflichen Schulwesen und im Hochschulsektor eine finanzielle Unterversorgung zur Folge hatten. Zu erklären ist dies mit politischen, rechtlichen und anderen Restriktionen, die die Ausgabenflexibilität beeinträchtigen, sowie der Kompetenz- und Lastenverteilung zwischen den Gebietskörperschaften, die eine prioritätengeleitete Ausgabenumschichtung verhindern (vgl. ausführlich WEISHAUPT/WEISS 1988). Anpassungen der Ausgaben an veränderte Bedarfslagen und Prioritätensetzungen innerhalb der jeweiligen Haushalte können in Zeiten expandierender Bildungsbudgets durch Korrekturen bei der Verteilung des Zuwachses, wie dies in der Vergangenheit partiell geschehen ist, vorgenommen werden. Bei nominal niedrigem Haushaltszuwachs greift diese inkrementalistische "Allokationspolitik" jedoch nicht mehr. Auch unter dieser Perspektive sind Verlagerungen von Ausgabenprioritäten in nennenswertem Umfang nur über eine interne Reallokation von Mitteln zu erreichen. Die Voraussetzung dafür ist eine ausreichende Budgetflexibilität.

Die Frage, welche sektoralen und sachlichen Prioritätensetzungen für die interne Mittelallokation in Zukunft leitend sind/sein sollten, ist insofern nicht einfach zu beantworten, als ein politisch verbindlicher Bezugsrahmen, wie ihn seinerzeit der Bildungsgesamtplan und der Entwurf seiner Fortschreibung lieferte, gegenwärtig fehlt. Unstrittig dürfte jedoch sein, daß angesichts der eklatanten Unterversorgung mit Ressourcen - als Folge der von unzutreffenden Annahmen ausgehenden "Überlaststrategie" - dem

Hochschulsektor in den nächsten Jahren eine Vorrangstellung einzuräumen ist. Als wichtig erachtet wird auch der Ausbau der Weiterbildung und die Sicherung der Berufsausbildung in den neuen Bundesländern. Unter dieser Prioritätensetzung nach Bildungsbereichen wird es für das Schulwesen in besonderer Weise darauf ankommen, die verfügbaren Mittel prioritätengerecht einzusetzen. Dies auch im Blick darauf, daß in Aussicht genommene Innovationen im Schulwesen, wie insbesondere die begonnene Integration von Behinderten und der angestrebte Ausbau ganztagsschulischer Angebote, erhebliche zusätzliche Mittel erfordern (STEINERT/RAUIN/WEISHAUPT 1991). Im Schulwesen wird eine pädagogisch und sozialpolitisch begründete Erweiterung des Dienstleistungsangebots davon abhängig gemacht werden müssen, daß sie ohne Beeinträchtigung des schulischen Grundauftrags finanzierbar ist. Dasselbe gilt für die Umsetzung der Forderung nach einem vielfältigeren Bildungsangebot. Flächendeckende Konzepte, die auf eine angebotsorientierte Steuerung der Nachfrage abzielen, sollten durch situative, an der faktischen Bedarfslage orientierte Maßnahmen ersetzt werden. Ebenso sind für die Schulorganisation regional differenzierte Modelle notwendig, die pädagogischen und ökonomischen Anforderungen in gleicher Weise gerecht werden. Dies bedingt zum Teil schulgesetzliche Änderungen. Gelingt es nicht, schulstrukturbedingte Unwirtschaftlichkeiten abzubauen, und zwar sowohl bei den Personal- als auch bei den Sachausgaben, dann ist vor dem Hintergrund der zu erwartenden ungünstigen finanzwirtschaftlichen Rahmenbedingungen die Wahrscheinlichkeit groß, daß die Ressourcenausstattung im kommenden Jahrzehnt nicht einmal für die Sicherung des Status quo im Schulwesen ausreicht.

Literatur

AURIN, K. (Hrsg.): Gute Schulen - worauf beruht ihre Wirksamkeit? Bad Heilbrunn 1990.

BARGEL, T./STEFFENS, U.: Erkundungen zur Qualität von Schule. Hess. Institut für Bildungsplanung und Schulentwicklung 1990.

BUNDESMINISTER FÜR BILDUNG UND WISSENSCHAFT: Nichtstaatliche Hochschulen. Eine Übersicht. Bildung - Wissenschaft - Aktuell 5/87 (1987).

DECKER, M./GRIMMER, M./WEIS, W.: Fachklassenbildung - Ein Jahrgangs- und Flächenproblem der 80er Jahre in Rheinland-Pfalz, aufgezeigt am Beispiel der Region Westpfalz. In: Akademie für Raumforschung und

Landesplanung (Hrsg.): Regional differenzierte Schulplanung unter veränderten Verhältnissen. (Forschungs- und Sitzungsberichte, Bd.150), Hannover 1984.
DEUTSCHER BILDUNGSRAT: Strukturplan für das Bildungswesen. (Empfehlungen der Bildungskommission). Stuttgart 1970.
DEUTSCHER BUNDESTAG: Unterrichtung durch die Bundesregierung. Jahresgutachten 1991/92 des Sachverständigenrates zur Begutachtung der gesamtwirtschaftlichen Entwicklung. Drucksache 12/1618 vom 18.11.1991.
FÄRBER G./LITTMANN, K.: Bevölkerungsentwicklung und Staatsfinanzen. In: RECKTENWALD, H.C. (Hrsg.): Der Rückgang der Geburten - Folgen auf längere Sicht. Mainz 1989, S. 101-129.
FREIE UND HANSESTADT HAMBURG, Behörde für Schule und Berufsbildung: Referentenentwurf zur Entwicklungsplanung für die allgemeinbildenden Schulen in Hamburg 1984/85 bis 1990. Hamburg 1985.
FROMMELT, B./POHL, U.: Schulentwicklung bei sinkenden Schülerzahlen - Problem erkannt und zu den Akten geschrieben?. In: Die Deutsche Schule, 75 (1983) 6, S.469-490.
HANUSHEK, E.A.: Throwing money at schools. In: Journal of Policy Analysis and Management, 1(1981)1, S. 19-41.
HESSISCHES INSTITUT FÜR BILDUNGSPLANUNG UND SCHULENTWICKLUNG (Hrsg.): Schulentwicklung bei sinkenden Schülerzahlen (Materialien zur Schulentwicklung, Heft 1). Wiesbaden 1982.
HOF, B.: Gesamtdeutsche Perspektiven zur Entwicklung von Bevölkerung und Arbeitskräfteangebot 1990 bis 2010. Köln 1990.
INGENKAMP, K./PETILLON, H./WEISS, M.: Klassengröße: Je kleiner desto besser? Weinheim und Basel 1985.
KLEMM, K.: Der Teilarbeitsmarkt Schule in den alten und neuen Bundesländern 1992-2010. Gutachten im Auftrag der Max-Traeger-Stiftung. Frankfurt a.M. 1991.
KNÖRZER, W. (Hrsg.): Sind Schüler in kombinierten Grundschulklassen benachteiligt? Eine empirische Untersuchung. Baltmannsweiler 1985.
KULTUSMINISTERIUM DES LANDES NORDRHEIN-WESTFALEN (Hrsg.): Organisationsuntersuchung im Schulbereich. Abschlußgutachten der Kienbaum Unternehmensberatung GmbH. Düsseldorf 1991.
LEM, P./VEENMAN, S.A.M./VOETEN, M.J.M.: Zeitnutzung und Schulleistungen in Mehrstufenklassen. In: Zeitschrift für Pädagogische Psychologie, (1990)1, S. 37-45.
MÄDING, H.: Finanzielle Förderung der beruflichen Erstausbildung. In: Recht der Jugend und des Bildungswesens, 31(1983)1, S. 42-47.
OECD: Ageing Populations. The Social Policy Implications. Paris 1988.
POHL, U.: "Wohnortnahes Schulangebot" - ein Problem regionaler Bildungsplanung (Materialien zur Schulentwicklung, Heft 6). Wiesbaden 1985.
PURKEY, S.C./SMITH, M.S.: Effective schools: A review. In: The Elementary

School Journal, 83(1983), S. 427-452.

RECHNUNGSHOF BADEN-WÜRTTEMBERG: Deputate der Lehrer an Grund- und Hauptschulen. Beratende Äußerung. Karlsruhe 1990.

RÜDELL, G.: Wieviel Schüler braucht die Bildung? Über den Zusammenhang zwischen demographischer Entwicklung und Veränderungen in der Sekundarstufe II. In: Die Deutsche Schule, 79(1987) 4, S. 519-528.

SCHMIDT, H.: Die Finanzierung der betrieblichen Berufsausbildung als Gegenstand der Berufsbildungspolitik in der Bundesrepublik Deutschland mit Ausblick auf Entwicklungen in anderen Industrienationen. In: BRINKMANN, G. (Hrsg.): Probleme der Bildungsfinanzierung. Berlin 1985, S. 335-358.

Schulen und Qualität. Ein internationaler OECD-Bericht. Frankfurt a.M. u.a.: 1991.

SOMMER, H.-J.: Bildungsplanung und Regionalentwicklung am Beispiel der Region Rheingau-Taunus-Kreis/Wiesbaden. In: WEISHAUPT, H. (Hrsg): Sozialraumanalyse und regionale Bildungsplanung. Baden-Baden 1983, S. 33-64.

STEINERT, B./RAUIN, U./WEISHAUPT, H.: Rahmenbedingungen für mehr Schulqualität in Hessen: Modellrechnungen zur Schulentwicklung in den 90er Jahren. Frankfurt a.M. 1991 (unveröff. Papier).

STRUCK, P.: Die Hauptschule. Geschichte, Krise und Entwicklungsmöglichkeiten. Stuttgart 1979.

WALBERG, H.J.: Improving the productivity of America's schools. In: Educational Leadership, 41(1984)8, S. 19-30.

WEISHAUPT, H.: Pädagogische Überlegungen zur Standortbestimmung. In: Informationen zur Raumentwicklung, (1981)9, S. 603- 613.

-- Kosten-Wirksamkeitsanalyse schulorganisatorischer Alternativen dargestellt am Beispiel von zwei Planungsmodellen für Frankfurt am Main. In: BRINKMANN, G. (Hrsg.): Probleme der Bildungsfinanzierung. Berlin 1985, S. 359-405.

WEISHAUPT, H./WEISS; M./v. RECUM, H./HAUG, R.: Perspektiven des Bildungswesens der Bundesrepublik Deutschland. Baden-Baden 1988.

-- Bildungsbudget und interne Mittelallokation. In: Zeitschrift für Pädagogik, 34(1988)4, S. 535-553.

WEISS, M.: Schuleffekt-Forschung: Ergebnisse und Kritik empirischer Input--Output-Untersuchungen. In: TWELLMANN, W. (Hrsg.): Handbuch für Schule und Unterricht, Bd. 7. Düsseldorf 1985, S. 1060-1094.

-- Zur "inneren Ökonomie" des Schulwesens. Anmerkungen zu einem aktuellen Thema unter besonderer Berücksichtigung der Kritik der Landesrechnungshöfe. In: Recht der Jugend und des Bildungswesens, 40(1992)2.

WEISS, M./MATTERN, C.: The situation and development of the private school system in Germany. In: v. RECUM/H./WEISS, M. (Hrsg.): Social change and educational planning in West Germany. Frankfurt a.M. 1991, S. 41-62.

Rainer Brockmeyer/Peter Zedler

GRUNDBILDUNG.
Aufgaben und Herausforderungen des Unterrichts in der Sekundarstufe I

1. Der Weg zu einer allgemeinen und differenzierten Grundbildung

Unter den Begriffen, mit denen Aufgaben und Ziele schulischer Bildungsprozesse unterschieden werden, ist der Begriff "Grundbildung" ein begriffsgeschichtlich vergleichsweise junger und offener Begriff. Im Unterschied zu Begriffen wie Elementarbildung, Allgemeinbildung und Berufsbildung, zielt "Grundbildung" nicht auf eine Unterscheidung grundlegender Aufgaben und Funktionen schulischer Bildungsprozesse, sondern auf eine zeitliche und sachliche Stufung von Bildungsaufgaben. "Grundbildung" kennzeichnet eine Stufe des Bildungsprozesses, in der die zureichende Grundlage bzw. das zureichende Fundament für etwas erworben und gelegt werden soll, das selbst nur in mindestens einer weiteren nachfolgenden Stufe mit spezialisierten Bildungsaufgaben verfolgt und erreicht werden kann.

Der Begriff "Grundbildung" wurde erstmals in den 20er Jahren im Zusammenhang einer Differenzierung zwischen dem Anspruch von Allgemeinbildung und dem, was Schule grundsätzlich davon einzulösen vermag, verwandt. Unter Bezug auf das von HUMBOLDT geprägte Verständnis von Allgemeinbildung als allgemeiner Menschenbildung, demzufolge die allgemeine Bildung auf eine Entfaltung und Stärkung der Kräfte, auf Humanität und Bürgerlichkeit zielt, letztlich aber auf eine nur im Vollzug des Lebens selbst zu erreichende Entfaltung von Individualtität und Universalität gerichtet ist, kann Schule - so E. SPRANGER - stets nur "Grundbildung" vermitteln. Im Sinne einer allgemeinen Grundbildung erfülle Schule eine propädeutische Funktion für Allgemeinbildung, deren Mittelpunkt nicht in einem wie immer gearteten Fächerspektrum bestehe, sondern in der Ausübung einer Berufstätigkeit. Allgemeinbildung bedürfe eines Mittelpunktes. Unter Bezug auf eine für den Zugang zu allen Berufen von

SPRANGER für zweckmäßig erachteten Zweiteilung des Schulformangebots in Volksschule und Höhere Schule unterschied er eine Grundbildung der Volksschule und eine "geistige Grundbildung" der Höheren Schule. Sollte erstere in jene Gemeinsamkeiten einführen, über die jeder Mensch im gemeinsamen Alltagsleben verfügen sollte, sollte die "geistige Grundbildung" der Höheren Schule bis zu dem "Punkt heranführen, wo mit der selbständigen Berufswahl die persönliche Bildungslaufbahn erst beginnt" (SPRANGER 1918; 1969, S. 69).

Ungeachtet der Frage unterschiedlicher Grundbildungsprofile in Abhängigkeit zu beruflichen Ausbildungswegen und schulformspezifischen Zugangsvoraussetzungen zielt "Grundbildung" darauf ab, den Heranwachsenden zu einer Teilhabe an zentralen Bereichen gesellschaftlicher Lebenspraxis zu befähigen. Mit Blick auf die Möglichkeiten dazu läßt sich der Auftrag allgemeiner Grundbildung in der Vermittlung bzw. dem Erwerb eines soziokulturellen Plafonds sehen. Dieser stiftet ein hinreichendes Maß an Gemeinsamkeiten. Er liegt der Differenzierung und Spezialisierung beruflicher Tätigkeiten voraus, hält den Einzelnen für die gesellschaftliche Entwicklung wie die gesellschaftliche Entwicklung für den Einzelnen anschlußfähig.

Erstmals in Richtung einer schulformübergreifenden Aufgabe wird "Grundbildung" vom Deutschen Ausschuß in seinen Vorschlägen für einen "Rahmenplan zur Umgestaltung und Vereinheitlichung des allgemeinen öffentlichen Schulwesens" verwandt. Explizit von Grundbildung spricht der Rahmenplan im Zusammenhang seiner Vorschläge zur Vereinheitlichung und Neugestaltung der Höheren Schule sowie zur Neugestaltung der Realschule und des Abschlusses der Mittleren Reife. Nicht von Grundbildung, sondern von "elementarer Bildung" wird im Zusammenhang der Vorschläge zur Gestaltung der Hauptschule gesprochen. Der Begriff der Grundbildung wird dabei in einem vierfachen Sinne entfaltet: als eine alle Schulformen und -typen verbindende Aufgabe allgemeiner Bildung, als curricularer Kernbereich der höheren Schulen, als Bildungsauftrag und Ziel der Realschule sowie als ein fächerübergreifendes didaktisches Prinzip.

Im Zusammenhang der Vorschläge zu einer Vereinheitlichung und Neustrukturierung des höheren Schulwesens fordert der Rahmenplan eine gemeinsame Grundbildung im Sinne eines curricularen Kernbereichs bei gleichzeitiger Differenzierung nach schultypspezifischen Schwerpunkten. Begründend heißt es: "Es gibt eine Grundbildung in den geschichtlichen und den modernen Disziplinen, die auf allen Zweigen der Höheren Schule vertreten sein muß. Eine Bildung ohne Mathematik und Naturwissenschaften und ohne politische Orientierung ist heute nicht möglich; ebensowenig kann es eine deutsche Bildung ohne Goethe und ohne einen Grundstock geschichtlicher Kenntnisse und Einsichten geben. Moderne Fremdsprachen müssen in allen Typen des deutschen Bildungswesens vertreten sein, und jede Sprache lebt aus der Überlieferung ihres Landes. Deshalb ist auch das Element, in dem sich jegliche Bildung entfaltet, nämlich die Muttersprache, ein Medium der Überlieferung, das alle Typen des Bildungswesens innig verbindet ... Aber die Schwerpunkte und Horizonte unterscheiden sich. Die Bildungsgehalte, die in einem Schultyp jeweils das Zentrum bilden, sind im anderen Typ nur exemplarisch oder auch gar nicht vertreten. Da durch die gemeinsame Grundbildung ein festes Fundament der Bildungseinheit gelegt ist, besteht kein Grund, die Beschränkung auf Bildungsgehalte zu scheuen, durch die ein Schul- und Bildungstyp seinen Charakter erhält" (DEUTSCHER AUSSCHUSS 1966, S. 92). Ergänzend und den Begriff der Grundbildung zugleich erweiternd heißt es an anderer Stelle: "Die gemeinsame Grundbildung (die von allen Schularten gemeinsam zu leisten ist und sie miteinander verbindet, P.Z.) verwirklicht sich auf verschiedenen Stufen und in verschiedenen Formen. Die allgemeinste und wichtigste Aufgabe der gemeinsamen Grundbildung, nämlich die auf der Erziehung des Elternhauses aufbauende Vermittlung eines Grundstocks von Kenntnissen, Fähigkeiten und Fertigkeiten, einer ersten Gemeinsamkeit der menschlichen Haltung und fundamentalen Überzeugungen, schließlich die erste Auseinandersetzung mit ethischen und sozialen Fragen - diese Aufgabe ist nicht an Fächer oder Schularten gebunden; sie ist auf der Unterstufe der Studienschule nicht weniger bedeutungsvoll als auf der Förderstufe, muß aber dort die Probleme überwinden lernen, die sich aus der Trennung der Kinder ergeben ... Die Differenzierung in verschiedene Schularten, die nun einsetzt, führt zu Unterschieden der Form und des Niveaus, aber der Kern der gemeinsamen Grundbildung wird durch diese Unterschiede nicht berührt" (DEUTSCHER AUSSCHUSS 1966, S.203).

Für die Realschule, die im Anschluß an die Förderstufe bis zur Klasse 11 führen und mit der Mittleren Reife abschließen soll, fordert der Rahmenplan eine "vielseitige wissenschaftliche Grundbildung", die im Unterschied zur "gehobenen wissenschaftlichen Grundbildung" der höheren Schule an der berufspragmatischen Verwendbarkeit der Kenntnisse insbesondere aus dem naturwissenschaftlichen Bereich ausgerichtet sein sollte. Begründend heißt es hierzu: "Die Verhältnisse der modernen Gesellschaft lassen es geraten erscheinen, an dieser Schulgattung festzuhalten, ihren Auftrag also nicht generell der (ausgebauten 10jährigen, P.Z.) Hauptschule zuzuweisen. ... Wirtschaft und Verwaltung verlangen heute nach einem solchen Typ der Bildung, die den praktischen Berufen mit erhöhter Verantwortung angemessen ist ... Wissenschaftliche Denk- und Verfahrensweisen bestimmen unser Dasein in solchem Maße, daß sie die Bildung wie die Ausbildung aller Schichten durchdringen müssen. Vertrautheit mit ihnen in verschiedenen Graden gehört heute zur Lebensausrüstung. Die Staaten des Ostens wollen in ihrem Bildungswesen dieser Entwicklung mit der 'Polytechnischen Bildung' entsprechen. Diese Antwort widerspricht unseren Vorstellungen von der Grundbildung, die eine möglichst vielseitige Entfaltung der menschlichen Anlagen, das Hineinwachsen in die Überlieferungen unserer Kultur und die Verantwortung für die Wahrheit, nicht nur für die Verwertbarkeit der Dinge, zu bewirken hat. Dennoch bleibt es nötig und gerechtfertigt, daß auch unsere Schule sich der Notwendigkeit öffnet, welche die wachsende Technisierung vorschreibt; es sind schlichte Existenznotwendigkeiten. Ihnen gerecht zu werden, ist insbesondere der Realschule und der Mittelstufe des naturwissenschaftlichen Gymnasiums aufgetragen. Je genauer und ernsthafter sie diesen Auftrag erfüllen, desto wirksamer werden sie bilden. In der Realschule kommt also den Fächern Mathematik, Physik, Chemie eine die Schule charakterisierende Bedeutung zu. Stärker als im Gymnasium wird die Methodik dieser Fächer vom Interesse der Schüler an elementaren technischen Vorgängen ausgehen, ihr Umfang durch die praktische Verwendbarkeit bestimmt sein ... Die Realschule ist - wenn auch keineswegs ausschließlich - auf die vewertbaren Kenntnisse, Fertigkeiten und Fähigkeiten hingeordnet ... Auch hier (im Bereich der 'Mittleren Bildung', P.Z.) muß die Jugend auf Aufgaben vorbereitet werden, die nicht nur ein höheres Maß an Wissen, sondern eine vielseitigere Grundbildung erfordern ... Deshalb ist der Ausschuß im vollen Bewußtsein der weittragenden Konsequenzen einer solchen Empfehlung zu der Überzeugung gelangt, daß die Stufe der 'Mittleren Reife' heute nicht vor Abschluß des 11. Schuljahres erreicht werden kann ... Die für eine gehobene wissenschaftliche Grundbildung begabten Schüler können dann in die Unterprima des naturwissenschaftlichen Gymnasiums aufgenommen werden" (DEUTSCHER AUSSCHUSS 1966, S. 89f).

Das im Rahmenplan explizierte Verständnis von Grundbildung ist zwar deutlich schulformspezifisch geprägt, enthält jedoch gleichzeitig bereits einen Stufenbezug im Sinne eines besonderen Auftrags der als Mittelstufe bezeichneten Klassen 7-11 zur Vermittlung einer gemeinsamen und differenzierten Grundbildung. Gesamtauftrag der höheren Schulen ist zwar die gehobene wissenschaftliche Grundbildung, für beide vorgesehenen Formen der höheren Schule (Gymnasium ab Klasse 7 mit naturwissenschaftlichem und sprachlichem Zweig, Studienschule ab Klasse 5 mit griechischem und französischem Zweig) wird jedoch ein curricularer Kernbereich vorgeschlagen, der bis zum Beginn der Wahlpflichtdifferenzierung in Klasse 11 eine fächerorientierte gemeinsame Grundbildung sowohl innerhalb der höheren Schule als auch eine gemeinsame Grundbildung zwischen höherer Schule und Realschule stiften soll.

Das im Rahmenplan sich bereits abzeichnende Verständnis von allgemeiner Grundbildung als eines besonderen Auftrags der Mittelstufe des Bildungwesens, der seinerseits vor allem durch einen gemeinsamen Bereich von Kernfächern zu sichern ist, wird vom Strukturplan des DEUTSCHEN BILDUNGSRATES aufgenommen und im Zusammenhang einer Stufendifferenzierung des Bildungswesens vom Schulformbezug abgelöst. Aufgabe der bis einschließlich Klasse 10 reichenden Sekundarstufe I ist danach die Vermittlung einer zwar nach Schulformen ggf. differenzierten, aber im Prinzip gleichwertigen Grundbildung, die mit einem unterschiedlich profilierten Abitur I abschließen soll. Grundlage hierfür bilden ein Bereich von Pflichtfächern sowie gemeinsame fachübergreifende Unterrichtsprinzipien. "Die Lehrpläne und die Formen des Unterrichts in der Sekundarstufe I müssen so gestaltet werden, daß in allen Schulen eine vergleichbare Grundbildung erreicht werden kann; diese schließt einen relativ breiten Fächer grundlegender Kenntnisse und Fertigkeiten ebenso ein wie eine Theoretisierung auch praxisnaher Unterrichtsgegenstände, und sie umfaßt die Einübung in problemlösendes Denken ebenso wie die Fähigkeit, die angeeigneten Kenntnisse und erlernten Verfahrensweisen auf außerschulische Erfahrungen anzuwenden. Die Leistungsschwerpunkte des einzelnen können durchaus auf verschiedenen Gebieten liegen, sie müssen sich aber an der gleichen Anspruchshöhe messen lassen. Um für alle Schüler eine anspruchsvolle Grundbildung sicherzustellen, soll deshalb das Curriculum der Sekundarstufe I aus einem breiten, für alle Schulen verbindlichen Bereich von Pflichtfächern und aus einem Bereich von Wahlfächern bestehen (DEUTSCHER BILDUNGSRAT 1970, S. 154). Als Pflichtfächer ausgewiesen wurden: "Sprache (Muttersprache, Fremdsprache), Mathematik, Naturwissenschaft (Biologie, Chemie, Physik), Politik (Geschichte, Erdkunde, Sozialkunde), Musik, Bildende Kunst, Literatur, Leibesübungen, Religion, 'Arbeitslehre'" (ebd.).

Mit dem Anspruch einer allgemeinen und gleichwertigen Grundbildung verbinden sich fachübergreifende Aufgaben. Zu ihnen gehört insbesondere: "Die in der Sekundarstufe I organisierten Lernprozesse sollen diejenigen Kenntnisse und Verfahrensweisen vermitteln, die für jeden einzelnen als unabdingbare Voraussetzung dafür gelten können, daß er sowohl aus eigener Initiative seine Bildungsbemühungen fortführen ('ständiges Weiterlernen') als auch seine Rechte und Pflichten in der Gesellschaft wahrnehmen kann. Neben der Vermittlung dieser für alle notwendigen Fähigkeiten und Kenntnisse muß zunehmend Gelegenheit geboten werden, daß ein Schüler sich in Lernbereichen auszeichnen kann, für die er eine besondere Neigung und Befähigung besitzt und die er gegebenenfalls in der Sekundarstufe II weiterverfolgen will. Der Schüler muß dabei seine Fähigkeit zur Selbsteinschätzung erproben, damit er über die nächsten Schritte seines Bildungsgangs bewußter mitentscheiden kann." (ebd., S. 149)

Zieht man an dieser Stelle eine kurze Bilanz der Entwicklung und Verwendung des Begriffs der Grundbildung und der mit ihm verknüpften Aufgaben, so läßt sich festhalten:

- Allgemeine Grundbildung meint eine schulisch realisierbare Form allgemeiner Menschenbildung. Aufgabe einer so verstandenen Grundbildung ist es, den Heranwachsenden durch Entfaltung und Förderung grundlegender Kompetenzen zu einer Teilhabe an zentralen Bereichen der gesellschaftlichen Lebenspraxis zu befähigen. Sie dient dem Erwerb von Wissensbeständen, Fähigkeiten und Einstellungen, die im Kontext anderer Sozialisationsinstanzen wie u.a. der Familie nicht oder nicht zureichend erworben werden können, der beruflichen und berufsorientierten Differenzierung und Spezialisierung von Bildungsgängen vorausliegen und ein Plateau für Selbständigkeit und verantwortetes Handeln bieten.

- Zunächst streng nach Schulformen geschieden und an deren berufspropädeutischer Funktion ausgerichtet, nivellieren sich mit steigenden allgemeinbildenden Voraussetzungen in den Berufsfeldern die Differenzen hinsichtlich des Niveaus und der curricularen Bandbreite. Parallel zur Entkräftung eines einheitlichen Kanons von Fächern in der höheren Schule und steigendem Differenzierungsangebot in den Klassen 11-13 wird Grundbildung zu einem Auftrag und Ziel der Schulformen der Sekundarstufe I.

- Vergleichsweise konstant bleiben die Lernbereiche und das Set an Fächern, durch das "Grundbildung" curricular näher bestimmt wird. Dazu gehören Deutsch und (mindestens) eine Fremdsprache, Mathematik und Naturwissenschaft, der gemeinschaftskundliche bzw. gesellschaftswissenschaftliche Bereich (Geschichte, Geographie, Sozialkunde, Politik) sowie der musisch- künstlerische Bereich. Anspruchs- und Differenzierungsniveau innerhalb einzelner Lernbereiche sowie das Gewicht einzelner Lernbereiche bleiben zwar schulformspezifisch unterschieden, werden jedoch sukzessive einander angenähert. Mit wachsender Annäherung verbindet sich gleichzeitig die Forderung, Grundbildung in einem fächerübergreifenden Sinne zu verstehen und durch fächerübergreifende didaktische Prinzipien zu gewährleisten.

Die relative Konstanz der Lernbereiche und Fächer sowie Annäherung und Angleichung der für "Grundbildung" erforderlich erachteten Anspruchniveaus - bei gleichzeitiger Profilierung des Anspruchniveaus nach unterschiedlichen Schwerpunkten - lassen sich unterschiedlich interpretieren. Vorgeschlagen wird, beides kommunikationstheoretisch zu verstehen: Die in einzelnen Lernfeldern vermittelten Fähigkeiten und Kenntnisse schaffen Voraussetzungen für die Teilnahme an der gesellschaftlichen Kommunikation zur Gestaltung der verschiedenen Bereiche gesellschaftlicher Lebenspraxis. In dem Maße, in dem diese Voraussetzungen nicht mehr sozial- und berufsständisch differenziert und fragmentarisiert werden - und mit steigender Interdependenz der gesellschaftlichen Teilbereiche die Voraussetzungen der Teilnahme an der gesellschaftlichen Kommunikation universeller werden, bedarf es einer Angleichung der Prämissen zur Teilnahme an der gesellschaftlichen Kommunikation innerhalb der nachwachsenden Generation. Dies hat eine Angleichung der Inhaltsdimensionen schulischer Bildungsprozesse zur Folge. In diesem Sinne lassen sich Auftrag und Aufgabe von allgemeiner Grundbildung in der Vermittlung und dem Erwerb von Voraussetzungen sehen, die für die gesellschaftliche Kommunikation über zentrale Bereiche gesellschaftlicher Lebenpraxis als universelle Prämisse zweckdienlich sind und sichern, daß der Einzelne für die gesellschaftliche Entwicklung und diese für den Einzelnen anschlußfähig bleibt.

Eine Analyse des Verständnisses von Grundbildung im "Allgemeinbildungskonzept" und in den Lehrplänen der ehemaligen DDR-Schulen im Vergleich mit der Entwicklung und Verwendung des Begriffs "Grundbildung" in den alten Bundesländern steht derzeit noch vor erheblichen "Übersetzungsschwierigkeiten", da einerseits analoge Ansprüche und Sachverhalte mit anderen Termini bezeichnet wurden, andererseits gleiche Begriffe häufig mit gänzlich anderen Inhalten belegt sind. Folgende Elemente weisen jedoch bereits auf gravierende Unterschiede in der Ausgangssituation, den Entwicklungsproblemen und dem Verständnis von Grundbildung hin:

- Pflichtschule war die 10-klassige Einheitsschule; sie gab es zwar in vielfältigen Ausprägungen, z.B. als Schule mit erweitertem Fremdsprachenangebot ab Klasse 3, als Spezialschulen u.a. für Mathematik, Naturwissenschaften, Sport, Musik, Ballett, als Sonderschulen für behinderte Kinder, Sprachheilschulen etc., ein vergleichbares Problem der Annäherung verschiedener Schulformen in der Sekundarstufe I hinsichtlich einer gemeinsamen Grundbildung bestand jedoch damit nicht;

- Schulangebot und Lehrpläne waren zentral für das gesamte Territorium einheitlich geregelt und in starkem Maße an ideologisch definierten Bedarfssituationen der weiteren Entwicklung des Staates ausgerichtet;

- Polytechnische Bildung wurde als ein zentraler Bestandteil von "Grundbildung" erachtet.

In den neuen Bundesländern legt die früher erzwungene Einheitlichkeit zunächst eine differenzierende Tendenz nahe, relativiert um das Maß an positiven Erfahrungen mit dem früheren Schulsystem. Wie die bisherige Schulgesetzgebung in den neuen Bundesländern zeigt, wirkt sich die unterschiedliche Ausgangssituation jedoch nicht auf Auftrag und Entwicklungsperspektiven einer allgemeinen Grundbildung aus. Im Kern liegen zu den alten Bundesländern übereinstimmende Leitvorstellungen vor; teils ergänzt um Elemente, die - z.B. hinsichtlich fächerübergreifender Inhalte - vorhandene Entwicklungslinien in den alten Bundesländern innovativ fortschreiben. Wie rasch und auf welchem Niveau die Leitvorstellungen einer allgemeinen und differenzierten Grundbildung unter den Bedingungen einer gleichzeitigen Veränderung aller zentralen Strukturelemente des Schulsystems umgesetzt und stabilisiert werden, ist gegenwärtig noch ungewiß. Absehbar ist gleichwohl schon heute, daß von den in den neuen Bundesländern in der Mehrzahl beschrittenen schulstrukturellen Wegen innovative Impulse auf den in den alten Bundesländern vorhandenen Entwicklungsstand einer allgemeinen und differenzierten Grundbildung ausgehen werden.

2. Zum gegenwärtigen Stand einer allgemeinen und differenzierten Grundbildung

Vergleicht man die Optionen des Strukturplans zu einer allgemeinen und differenzierten Grundbildung in der Sekundarstufe I mit der seither vollzogenen Entwicklung, so läßt sich trotz mancher Einschränkungen doch von einer weitgehenden Annäherung an die Empfehlungen des Strukturplans sprechen. Sieht man von dem schulorganisatorischen Vorschlag ab, das dreigliedrige Schulsystem durch die Gesamtschule und die Abschlüsse der Sekundarstufe I durch das Abitur I zu ersetzen, so hat sich im Rahmen der Weiterentwicklung einzelner Schulformen ein hohes Maß an Annäherung in der Frage der 10jährigen Vollzeitschulpflicht, der Frage der für alle Schüler relevanten Lernbereiche und Fächer sowie der Frage der Gestaltung des Unterrichts nach gleichen didaktischen Grundsätzen ergeben.

Die Realisierung der Leitvorstellung einer allgemeinen und differenzierten Grundbildung hat in den einzelnen Elementen unterschiedliche Grade erreicht:

- Der Übergang auf ein 10. allgemeinbildendes Schuljahr ist in allen Ländern von allen Schulformen der Sekundarstufe I her grundsätzlich möglich, wenn auch in unterschiedlichen Ausbauformen, mit unterschiedlichem Ausbaustand und mit unterschiedlichen Zugangsbedingungen für die Schüler der verschiedenen Schulformen.
  * Einige Länder - Berlin, Bremen, Nordrhein-Westfalen - haben in Verbindung mit der 10jährigen Vollzeitschulpflicht die Hauptschule bis zum 10. Schuljahr ausgebaut und damit in allen Schulformen der Sekundarstufe I schulorganisatorisch den gleichen Grundbildungssockel verwirklicht.
  * Andere Länder - Hamburg, Hessen, Niedersachsen, Rheinland-Pfalz - haben ein freiwilliges 10. Schuljahr an der Hauptschule eingeführt, dies in allen Landesteilen zugänglich gemacht und sich auf diese Weise nachfragebezogen ebenfalls dem Vollausbau aller Schulformen der Sekundarstufe I bis zum 10. Schuljahr angenähert.
  * Zwei Länder - Bayern, Baden-Württemberg - haben auf einen Ausbau der Hauptschule um ein 10. Schuljahr zwar verzichtet, aber Übergangsmöglichkeiten für Hauptschüler mit bestimmtem Leistungsprofil in die Realschule geschaffen und damit partiell den Zugang zum mittleren Bildungsabschluß geöffnet.

Damit ist insgesamt gesehen der organisatorische Ausbau der Sekundarstufe I bis zur 10. Klasse begonnen, in der Mehrzahl der Länder durchgeführt und als Rahmen allgemeiner Grundbildung erkennbar.

- Die Abschlüsse der Sekundarstufe I aller Schulformen werden bei Einhaltung bestimmter inhaltlicher Standards zwischen allen Ländern anerkannt, unabhängig davon, in welcher Schulform sie erworben wurden; einschließlich der Gesamtschule.

- Die Überprüfung der Pflicht- und Wahlbereiche des Lernens in allen Schulformen der Sekundarstufe I hat zu einem nach Ländern unterschiedlichen, insgesamt aber hohen Grad an Vergleichbarkeit und Gleichwertigkeit über die Schulformen hinweg geführt.

- Die Lehrplanreform für die unterschiedlichen Bildungsgänge/Schulformen der Sek. I hat bewirkt, daß unbeschadet der schulformbezogenen Akzentuierung eine hohe Übereinstimmung in den Lernzielen, Inhaltsbeständen, Methoden und den Kriterien der Leistungsbewertung erreicht wurde.

- Die Lehrerausbildung ist dem Ziel einer über die schulformbezogenen Abgrenzungen hinausgehenden stufenbezogenen Professionalisierung in fachlicher, didaktischer und pädagogischer Hinsicht zwar nur sehr begrenzt nahegekommen - die Ausbildung ist noch stark von der schulformbezogenen Berufspraxis geprägt, - in allen Ländern wurden jedoch im Rahmen der Lehrerfortbildung schulformübergreifende Themen stärker berücksichtigt und unter Einbeziehung der Lehrer unterschiedlicher Schulformen bearbeitet.

- Nicht zuletzt haben schulformübergreifende Anforderungen und Aufgaben wie z.B. die politische Bildung, die Einführung neuer Technologien und die Integration von Schülern ausländischer Arbeitnehmer und von Aussiedlern die Abgrenzungen der Schulformen gelockert und zu einer verstärkten schulformübergreifenden Zusammenarbeit beigetragen.

3. Entwicklungsprobleme

Wer sich die zentralen Entwicklungstrends, sei es im Bildungssystem selbst, im Beschäftigungssystem, in der öffentlichen Kommunikation und Reflexion zentraler Probleme der gesellschaftlichen Entwicklung, im Bereich der familialen Sozialisation, in den Problemen der Persönlichkeitsentwicklung der Jugendlichen, und die davon ausgehenden Anforderungen und Kritiken besieht, gelangt zu dem Urteil, daß der Unterricht in der Sekundarstufe I in seiner bisherigen Gestalt grundlegenden Aufgaben und Funktionen nicht oder nur defizitär zu entsprechen vermag und einer curricularen und didaktischen Reorganisation bedarf. Die Entwicklungsprobleme zeigen sich auf verschiedenen Ebenen:

- auf schulorganisatorischer Ebene,
- auf der Ebene der inhaltlichen Anforderungen,
- auf der pädagogisch-sozialen Ebene.

Entwicklungsprobleme auf schulorganisatorischer Ebene

Die Entwicklung der Abschlüsse in der Sek. I zeigt, daß der sog. mittlere Abschluß zur Durchschnittsnorm wird: Von den Fünfzehn- bis Zwanzigjährigen besitzen gegenwärtig zwei Drittel den Realschulabschluß bzw. einen gleichwertigen Abschluß. Noch stärker zeigt sich der Nachfragetrend für anspruchsvollere allgemeinbildende Abschlüsse und Schulformen in den von Eltern für wünschens- bzw. erstrebenswert erachteten Abschlüssen wie im wachsenden Anteil derjenigen, die die fachgebundene oder allgemeine Hochschulreife erwerben. Die Nachfrage macht deutlich, daß ein möglichst hohes allgemeinbildendes Niveau - nach Möglichkeit das Abitur - als beste Voraussetzung angesehen wird, um für die Anforderungen des Erwerbslebens gerüstet zu sein. In der Tendenz erweist sich damit eine dreigliedrige Differenzierung eigenständiger Schulformen mit unterschiedlicher Dauer und Ausprägung aufgrund der faktisch für erforderlich erachteten allgemeinbildenden Eingangsvoraussetzungen der Berufsausbildung als überholt.

Mit der steigenden Nachfrage für Schulformen und Abschlüsse mit einem höheren allgemeinbildenden Anspruch zerbricht das arbeitsteilige Gefüge des überkommenen Schulsystems langsam, aber stetig und mit Sicherheit. Der Nachfrageverlust bei der Hauptschule mag nach Ländern und Regionen ungleichmäßig verlaufen, folgt aber einer stetig abfallenden Linie, welche die Hauptschule in ihrer Angebotsdichte und ihrer Funktion grundlegend verändert. Es ist davon auszugehen, daß sie die Ausnahmeschule im Gegensatz zu dem ihr zugedachten Auftrag und Stellenwert als "Hauptschule", d.h. als Schule der meisten Kinder, werden wird. Diese negative Nachfrage korrespondiert mit einer wachsenden Nachfrage für Gymnasien und - wo dies aufgrund der Ländergesetzgebung und des regionalen Angebots möglich ist - mit einer wachsenden Nachfrage nach Gesamtschulen bei relativer Konstanz in der Nachfrage nach Realschulen. An die Stelle der traditionellen Dreigliedrigkeit tritt dort, wo Gesamtschulen möglich sind, eine neue Dreigliedrigkeit von Gymnasium, Gesamtschule und Realschule. In einigen der neuen Länder zeichnen sich weitergehende Perspektiven einer Zweigliedrigkeit im Schulangebot ab: Neben das Gymnasium tritt teils unter dem Namen der Mittelschule, teils unter anderer Bezeichnung und in verschiedenen Organisationsformen ein zweiter Schultypus, der Elemente von Haupt- und Realschule, teils von Gesamtschule und Polytechnischer Oberschule integriert. Mit dieser Nachfrageverschiebung ist für die Hauptschule die Funktion einer die Randgruppen erfassenden Schulform mehrheitlich absehbar, für die übrigen Schulformen in jedem Falle ein hohes Maß an Heterogenität der Schülerschaft und ein Verlust eines klar bestimmten Schulformprofils. Dies führt zu einer Veränderung der Gestaltungsanforderungen: Der Bedarf an Differenzierung sowie an besonderen Förder- und Ausgleichsmaßnahmen wird in den alten Schulformen größer, die Berücksichtigung unterschiedlicher Lern- und Haltungsvoraussetzungen zwingender. Davon zentral tangiert ist die Realisierung der Leitvorstellung einer Grundbildung, denn der sich aus der Heterogenität der Schülerschaft ergebende fachliche und überfachliche Differenzierungsbedarf wird dazu führen,

- daß didaktische und methodische Fragen der Zugänge zu Fächern, Lernbereichen und Unterrichtsgegenständen Vorrang gegenüber der Erfüllung standardisierter fachlicher Anforderungen erhalten,

- daß Motivations-, Dispositions- und Verhaltensprobleme auf Schüler- und Lehrerseite an Bedeutung für die schulische Arbeit gewinnen

- daß sich für die Hauptschule das Konzept einer an gleichwertigen fachlichen Standards orientierten Grundbildung immer weniger wird halten lassen.

Die Ebene der inhaltlichen Anforderungen

Der Nachfrageentwicklung bei den allgemeinbildenden Schulabschlüssen korrespondieren die Veränderungen in den qualifikatorischen Grundanforderungen einer Vielzahl von Berufsfeldern, in denen teils aufgrund der technologischen Entwicklung, teils aufgrund einer effektiveren Gestaltung der Arbeitsorganisation der Anteil theoretischer Basiskenntnisse, kommunikativer und koordinativer Fähigkeiten, planerisch-analytischer sowie reflexiv-problemlösender Kompetenzen steigt und einen mittleren Schulabschluß als Einstiegsqualifikation der beruflichen Ausbildung wünschenswert macht.

Damit einher gehen im Beschäftigungssystem zunehmend höhere Anforderungen zur Übernahme einer stärkeren Verantwortung für das Arbeitsprodukt einer Gruppe, an Einbindungsbereitschaft für die Aufgaben und Ziele des Unternehmens, an funktionaler Ausrichtung der Arbeit und Flexibilität gegenüber neu auftauchenden Anforderungen.

Wie immer man diese Entwicklung beurteilt, wird man die Entwicklung entsprechender Fähigkeiten nicht allein der Sek. II zuweisen können. Es fallen der Sek. I damit Aufgaben zu, für die der Unterricht curricular wie didaktisch bislang nur höchst unzulänglich ausgelegt ist. Curricular, weil die Bandbreite einzelner Fächer und ihrer Inhalte - wie Lehrer immer wieder betonen - keine oder zu wenig Zeit für die vertiefende Einübung und reflexive Anwendung von Gelerntem zuläßt. Ein verstärkter Aufbau von Fähigkeiten und Kompetenzen im Rahmen der zur Verfügung stehenden Unterrichtszeit ist nur über eine Reduktion der Fächer und die Integration benachbarter Fächerinhalte möglich.

Kommt der derzeitige Unterricht der Sekundarstufe I den aus der technologischen und arbeitsorganisatorischen Entwicklung resultierenden Anforderungen der Anbahnung und Entfaltung berufsfeldübergreifend beanspruchter Fähigkeiten und Kompetenzen nur unzulänglich nach, so gilt dies in noch weit stärkerem Maße für die in der gesellschaftlichen Kommunikation erforderlichen Orientierungen und Denkformen. Sei es im Bereich von Themen wie Ökologie, Energieversorgung, Verkehr, Steuerung und Folgen des Technologiefortschrittes, Verhältnis von Industrieländern zur Dritten und Vierten Welt: in allen Bereichen ist schon für ein elementares Verständnis der Probleme, geschweige denn für die beurteilende Erörterung, vernetztes, systemisches Denken, die Zusammenschau von Wissensbeständen einzelner Disziplinen erforderlich. Die kompetente Teihabe an der Kommunikation und die Erhaltung der Anschlußfähigkeit des Einzelnen für die zentralen Probleme der gesellschaftlichen Entwicklung fordern zunehmend ein Wissen über Strukturen, Zusammenhänge, Interdependenzen und die Fähigkeit zur gedankenexperimentellen Simulation von Strukturveränderungen, ihrer Folgen und Voraussetzungen. Sollen die Gesellschaften nicht in eine Gruppe von "Sozialingenieuren und Insassen geschlossener Anstalten" unter gleichzeitiger Entkräftung demokratischer Strukturen zerfallen, soll der Einzelne an den für seine Lebensweise immer durchschlagender wirksam werdenden Problemen und Problemlösungen partizipieren können, dann werden praktische Systemrationalität, die Fähigkeit das eigene Handeln zu reflektieren und Problemlösungen im Lichte ihrer Folgen für verschiedenste Praxisfelder zu sehen und zu verantworten, zu einer Voraussetzung und Bedingung des Denkens und Handelns werden müssen.

Weder ist derzeit zu sehen, daß der Unterricht in der Sekundarstufe I entsprechende Denkformen und Fähigkeiten gezielt fördert noch, daß er dies derzeit könnte. Denn starke Abgrenzungen zwischen den Fächern führen bei der Vielzahl nacheinander anstehender Themen und Inhalte dazu, daß sich auf Seiten der Schüler vielfach ein "Stapelbewußtsein" entwickelt und ein Verhältnis gegenüber den Fächern und Inhalten, das er als abzuwickelnde Lerngegenstände sieht, an denen Gedächtnis, Artikulationsfähigkeit, Vor- und Nachwissen sowie ggf. operatives Denken geschult und geprüft werden. Nicht oder zu schwach entwickelt wird dabei ein Verständnis von Sachverhalten, das diese in einem Zusammenhang mit Fragen und Problemstellungen anderer Fächer sieht und das Wissensbestände als Problemlösungen begreifen läßt, an denen man sich kreativ beteiligen könnte, seine Fähigkeiten und die eigene Vernunft schulen könnte.

In dem Maße, in dem entsprechend gelagerte Anforderungen berücksichtigt werden, müssen Begriff und Verständnis von allgemeiner Grundbildung verändert und neu bestimmt werden. Konkret:

- Die fachlichen Anforderungen werden zunehmend aus der Bindung und dem Selbstverständnis der traditionellen Lehrplanbestände herausgelöst und neu bestimmt werden müssen. Die als notwendiges Orientierungswissen festlegbaren Bereiche werden insbesondere unter Bezug auf angestrebte methodische Befähigungen neu zusammenzustellen sein.

- Fachübergreifende Bezüge werden - durch geeignete Unterrichtsverfahren getützt - stärker als bislang herausgearbeitet, hergestellt und bewußt gemacht werden müssen, um die Verflechtung und Verknüpfung von Wissen und Fähigkeiten erfahrbar zu machen.

- Unabweisbar werden neue allgemeine Befähigungen, nicht nur über disziplinäre Akzentsetzungen des Unterrichts, sondern über die Bearbeitung komplexer Zusammenhänge Ziel der Grundbildung sein müssen.

Dazu gehören insbesondere:

- die Erweiterung kommunikativer Fähigkeiten in Wort und Schrift, möglichst auch in zwei Fremdsprachen unter Verwendung anderer Lernverfahren als bislang üblich;

- eine Befähigung zur methodischen Strukturierung von Arbeitsvorhaben im Sinne einer Befähigung zur Organisation und Reflexion des Zusammenhangs von Planung/Entwurf, Bearbeitung/Ausführung, Fertigstellung/Produkt;

- eine Befähigung zum Umgang mit neuen Technologien, einschließlich elementarer Formen der Reflexion ihrer Wirkungen in einzelnen Praxisfeldern;

- eine "ökologische" Kompetenz, verstanden als Befähigung zum Erkennen systemischer Zusammenhänge im Bereich von Natur und Gesellschaft;

- eine Medienkompetenz, verstanden als Befähigung zur Selektion und Verwendung des Medienangebots für die Informationsgewinnung über interessierende Sachverhalte, Fragen und Problemstellungen.

- Konflikt- und Konsensfähigkeit als Voraussetzungen demokratischer Auseinandersetzung und Willensbildung.

Die Berücksichtigung und Einbeziehung dieser neuen Kompetenzen dürfte die Aufgaben der Schule zunehmend bestimmen. Damit verbunden sind Eingriffe in die bislang leitenden Lernprogramme und Stundentafeln. In dieser Richtung wird die Schule der Sekundarstufe I ihre fachliche Grundbildungskonzeption erweitern und das Qualifikations- und Bildungsverständnis insgesamt verändern.

Die pädagogisch-soziale Ebene

Über die Erweiterung der Aufgaben und Zielsetzungen des Unterrichts hinaus werden in den Schulen zunehmend veränderte pädagogisch-soziale Anforderungen wirksam. Während im Zuge der berufspropädeutisch ausgerichteten Differenzierung der Sekundarstufe I die Bedeutung der Familie als Unterstützungssystem für schulischen Erfolg und als Instanz der Vermittlung lebensweltlicher Orientierungs- und Verhaltensmuster zunächst eher zunahm, kippt diese Entwicklung zunehmend um. Aufgrund der Veränderung der familiären Gesprächskulturen, der Rolle des Fernsehens, der Berufstätigkeit der Frau, im Zuge von Scheidungsrate und Einkindfamilie, der Auflösung tradierter Normen und Wertvorstellungen, der Pluralität von Lebensstilen, der Komplexität der Lebenswelt und von der Erwachsenengeneration vielfach selbst nicht mehr begriffenen Zusammenhänge, der komplexer und unsicherer gewordenen Voraussetzungen für beruflichen Erfolg und private Stabilität, nimmt für immer mehr Kinder und Jugendliche die lebensweltliche Orientierungsleistung der Familie ab. Wachsende Bedeutung für die lebensweltliche Orientierung übernehmen die Angebote der Medien und die Verhaltensmuster der Gleichaltrigengruppe. Mit dem wachsenden Einfluß der Medien nehmen für Kinder und Jugendliche aber gleichzeitig die normativen Spannungen und normativen Koordinierungsprobleme zu. Je größer ihr Einfluß, desto größer die Anforderungen einer Ausbalancierung zwischen den filmisch präsentierten Handlungs- und Erlebnismöglichkeiten, präsentierten Lebensstilen und der Lebenswirklichkeit, zwischen kurzfristiger Bedürfnisbefriedigung und den Voraussetzungen zur Erreichung einer für wünschenswert erachteten Lebensform, zwischen Gruppenerwartungen und Individualansprüchen. In dem Maße, in dem die Familie dabei als Instanz der Steuerung und Selektion, der kommunikativen Rückkopplung und disziplinierenden Willensbildung, der Ausbalancierung von Freiheit und Bindung, von Selbstentfaltung und Sozialpflichtigkeit, von kurzfristiger Bedürfnisbefriedigung und langfristigen Interessen entfällt, kann nur die Schule eine Korrektivfunktion übernehmen. Tendenziell kommt deshalb Schule eine wachsende Bedeutung bei der Gewinnung und Anbahnung von Orientierungs- und Verhaltensmustern zu, und sie wird in zunehmenden Maße erzieherische Aufgaben mitübernehmen müssen. Auf sie ist die Schule derzeit weder zureichend vorbereitet noch angelegt.

Während die Anforderungen an das Niveau der in der Sekundarstufe I vermittelten Grundqualifikationen steigen, hat vielerorts die Heterogenität der Voraussetzungen auf Seiten der Schüler gleicher Schulformen in einer Weise zugenommen, welche die im Unterricht erreichbaren Ergebnisse höchst unterschiedlich macht. Erfordert die Vielfalt und Widersprüchlichkeit der Ausgangssituationen von Kindern und Jugendlichen einerseits einen höheren Gestaltungsspielraum der einzelnen Schule bei der curricularen Gestaltung, so stellt sich doch andererseits damit zugleich verschärft die Frage nach den gemeinsamen Zielen bzw. die Frage, was innerhalb einer Varianz der curricularen Gestaltung zu sichernde Gemeinsamkeiten, Kern- und Grundbestandteile, Mindeststandards sind, die die Anschlußfähigkeit des Unterrichts für Schüler und Lehrer gewährleisten.

Die veränderten familialen Rahmenbedingungen, die sich verstärkenden normativen Koordinations- und Orientierungsprobleme der Jugendlichen und die Unterschiede in den sozialen Einzugsbereichen der Schulen und ihrer Schüler führen zu verstärkten Anforderungen

- in der intensiven Ausgestaltung des Schullebens,

- in einer pädagogischen Profilbildung der Einzelschule, die sich nicht in erster Linie an der Unterrichtsleistung festmacht,

- in der zunehmenden Nachfrage nach einer Ausgestaltung ganztägiger Betreuungsangebote,

- in den außerunterrichtlichen Aktivitäten und Zusatzangeboten entsprechend der Interessenlage der Jugendlichen, wie auch zum Ausbau unterrichtsergänzender Förderangebote,

- in der vom Unterrichtsgeschehen selbst ausgehenden Öffnung der Schule auf ihr Umfeld und die darin vorfindbaren Kooperationspartner.

In diesen gegenwärtig bereits feststellbaren Ausweitungen des schulischen Aktivitätsfeldes zeichnet sich deutlich eine strukturelle Erweiterung der Funktion von Schule ab, die die traditionelle unterrichtliche Kernfunktion um sozialpädagogische Elemente erweitert. So regional unterschiedlich und in unterschiedlichen Akzentuierungen die Schulen davon betroffen sind, so spiegelt sich doch in dieser Funktionserweiterung der Übergang zu einem Schul- und Bildungsgeschehen, das durch zwei Bezugsbereiche definiert ist: Den unterrichtlichen Kernbereich, bestimmt von hoher Systematik und dem Pflicht- und Leistungscharakter des Lernens auf der einen Seite und dem außerunterrichtlichen Bereich sozial kommunikativer Aktivitäten andererseits, gekennzeichnet durch freie und freiwillige Initiativen und offene Arbeitsstile. Beide Aktivitätsräume sind unter dem Aspekt der Bildungswirksamkeit von Schule in Hinblick auf eine kompetente Teilhabe an zentralen Bereichen der gesellschaftlichen Lebenspraxis, die Entfaltung von Interessen und Neigungen, die Gewinnung von Selbständigkeit und Gemeinsinn, zusammenzusehen. Daraus folgt gleichzeitig, daß Begriff und Verständnis einer allgemeinen und differenzierten Grundbildung weiter zu fassen sind, als das bislang üblich ist. Einzubeziehen ist der in Schule zunehmend präsente Bereich der den Fachunterricht ergänzenden außerunterrichtlichen Aktivitäts- und Kommunikationssituationen und die in ihm liegenden Möglichkeiten der Unterstützung der pädagogischen Aufgaben von Schule.

Die daraus resultierenden Aufgaben bei der Ausgestaltung der Leitvorstellung einer allgemeinen und differenzierten Grundbildung betreffen u.a.:

- die Sicherung der unterrichtlichen Zielsetzungen und Arbeitsformen der Schule,

- die Gestaltung des Schullebens und die Erweiterung der Gestaltungsmöglichkeiten für den Unterricht im Zusammenwirken mit außerschulischen Partnern,

- die Befähigung der Lehrer zur Profilgebung der Schulen auf der Grundlage eines erweiterten Verständnisses von allgemeiner Grundbildung, das gleichzeitig geeignet ist, der hohen Unterschiedlichkeit pädagogischer Ausgangslagen Rechnung zu tragen.

4. *Vorschläge zur Weiterentwicklung einer allgemeinen und differenzierten Grundbildung*

Eine Aussage darüber, wie die Sekundarstufe I den veränderten und unterschiedlichen Anforderungen gerecht werden kann, erscheint um so schwieriger, als diese in einigen Bereichen schwer miteinander vereinbar sind: Tendenziell stehen die steigenden Anforderungen in den berufsfeldübergreifenden Grundqualifikationen in einer Spannung zur stärkeren Berücksichtigung der lebensweltlichen Orientierungsprobleme und einer stärkeren Gewichtung der erzieherischen Aufgaben, die Anforderungen hinsichtlich der Vermittlung komplexer Denkformen und der für sie grundlegenden Kenntnisse mit den aufgrund zunehmender Unterschiede in den Eingangsvoraussetzungen der Schüler bereits vorhandenen Problemen differenzierter Curricula. Sowohl Vertiefung als auch Erweiterung von Kenntnissen und Fähigkeiten sollen geleistet werden, gleichzeitig noch eine ganz neue Kategorie von Aufgaben übernommen werden. Verbindet sich mit der Vertiefung von Kenntnissen und anspruchsvolleren Fähigkeiten eher der Gedanke einer Reduktion der Fächer und Inhalte, so mit der Orientierung an komplexeren Denkformen und Themen eher eine Ausweitung von Inhalten und Wissenselementen. Fächergrenzen gilt es abzubauen, aber dies im Rahmen eines fachlich begründeten und nach Fächern ausgelegten Unterrichts. Schule soll sich für ihr soziales Umfeld und die lebensweltlichen Probleme der Schüler öffnen, gleichzeitig gilt es dabei die Gefahr einer Hierarchisierung von Schulen nach Schülern, die vermehrter erzieherischer Zuwendung bedürfen und solchen, welche die habituellen und kognitiven Voraussetzungen für eine gezielte Vermittlung komplexer Denkformen und Grundqualifikationen mitbringen, zu vermeiden. Außerunterrichtliche Aktivitäts- und Kommunikationsräume gilt es einzubeziehen und zu nutzen, nicht aber darf der Schüler in totalisierender Weise vereinnahmt werden, Schule zur alles beherrschenden Instanz der Lebenswelt der Schüler werden.

Problemlösungen werden sich nur unter gleichzeitiger Berücksichtigung der Möglichkeiten auf drei Gestaltungsebenen gewinnen lassen:

- der Ebene der Organisation von Schule und Unterricht,
- der Ebene der curricularen Gestaltung,

- der didaktisch-methodischen Ebene und der sie im außerunterrichtlichen Bereich stützenden und ergänzenden Maßnahmen.

Organisation von Schule und Unterricht

Eine allgemein akzeptierte Festlegung der schulischen Organisationsform, in welcher die Aufgaben einer zeitgemäßen Grundbildung optimal erfüllt werden könnten, erscheint weder theoretisch möglich noch praktisch sinnvoll. Wie die Erfahrungen mit der strukturellen Weiterentwicklung des allgemeinbildenden Schulwesens seit den 70er Jahren deutlich machen, bestimmt sich die Präferenz für einzelne Schulformen nicht in erster Linie von deren pädagogischer Konzeption her, sondern aus einer Vielzahl anderer Einflußfaktoren. Wie alle bisherigen Befunde zur Qualität von Schule ausweisen (vgl. BARGEL/STEFFENS 1990), ist die Organisationsform mit Blick auf die Realisierung pädagogischer Aufgaben und Ziele allenfalls von limitierender Bedeutung.

Unter Berücksichtigung der Entwicklungstendenzen in den alten und den neuen Bundesländern lassen sich dennoch einige Aussagen über die schulorganisatorischen Bedingungen und die schulformabhängigen Ausrichtungen machen, unter denen eine Realisierung des Grundbildungauftrages sinnvoll und erreichbar ist.

Deutlich erkennbar ist für den Bereich der Sekundarstufe I eine Entwicklung zur Zweigliedrigkeit. Mit ihr verbinden sich unterschiedliche Ausformungen von Bildungsansprüchen. Ausgehend von dieser Entwicklungstendenz zu einem zweigliedrigen Schulangebot in der Sekundarstufe I sowie von der Unterscheidung entsprechender Neigungsausrichtungen erscheint es sinnvoll, eine curriculare Profilierung der Grundbildung nach zwei Seiten hin zu entwickeln: zum einen in Richtung eines stärker pragmatisch-anwendungsbezogenen Profils, zum anderen in Richtung eines stärker theoretisch-grundlagenorientierten Profils. In Hinblick auf darüber zu erzielende Abschlüsse und Berechtigungen ist deren beider Gleichwertigkeit zu sichern. In Anbetracht der bildungstheoretisch und bildungspolitischen Unteilbarkeit des Auftrages und der übergreifenden Aufgaben der Grundbildung versteht es sich von selbst, daß beide Profile sich nicht hinsichtlich ihrer allegmeinen Zielsetzungen, sondern lediglich hinsichtlich ihrer curricularen und didaktischen Realisierungsformen unterscheiden. Ihre Unterschiedlichkeit findet ihre Grenzen an der prinzipiellen Durchlässigkeit zwischen den Schulformen und der Gleichwertigkeit von stärker praktisch ausgerichteten und stärker theoretisch ausgerichteten Zugangsweisen und Lernformen. Wie dies im Rahmen übergreifender curricularer Elemente gesichert werden kann, läßt sich nicht vorwegnehmen, sondern nur im Vollzug der Erarbeitung der entsprechenden Curricula sichern. Mit Blick auf die Bildungswirksamkeit des Unterrichts wird es dabei von entscheidender Bedeutung sein, daß die curricularen Rahmenvorgaben den Erfordernissen einer schülerabhängigen Ausgestaltung des Unterrichts flexibel entsprechen können. Lehrer müssen im Rahmen einer pädagogisch orientierten Organisationsentwicklung zu einer entsprechenden Curriculumarbeit für die einzelne Schule befähigt werden. Kernstück einer grundbildungsbezogenen Lehrerfortbildung müssen neben der Befähigung zu einer interdisziplinären Unterrichtsgestaltung die Motivation und die Technik der fach- und schulübergreifenden Zusammenarbeit sein.

Welche Bedeutung bei der Realisierung einer so konzipierten Grundbildung der wachsenden Nachfrage nach ganztägigen Angebotsformen zukommt, läßt sich noch nicht voll abschätzen. Vermutlich wird aber die Ausweitung von Ganztagsangeboten unter Einbeziehung außerschulischer Partner die Gestaltungsmöglichkeiten auch für die Grundbildung erhöhen, denn ein erweiterter zeitlicher Rahmen dürfte in vielen Fällen neue Arbeitsformen, selbstgesteuerte Aktivitäten und erfahrungsbezogenes Lernen in stärkerem Maße möglich machen.

Curriculare Gestaltung

Es kann kein Zweifel daran bestehen, daß ohne Änderung der vorhandenen Curricula und ohne ein stärkeres Zusammenwirken einzelner Fächer bei der Realisierung der leitenden Zielsetzungen von Grundbildung der Unterricht in der Sekundarstufe I nicht nur seinen allgemeinbildenden Auftrag verfehlt, sondern die Schule ihre Bildungswirksamkeit zu verlieren droht. Nur wenn der Unterricht insgesamt geeignet ist, auf Seiten des Heranwachsenden ein Verhältnis gegenüber zentralen Bereichen der gesellschaftlichen Lebenspraxis zu konstituieren, das ihn in die Lage versetzt,

- sich selbst als wichtigen Konstrukteur von Praxis zu begreifen,

- die in einzelnen Praxisfeldern wirksamen Anforderungen und Entwicklungen zu verstehen,

- Informationen und Deutungsmuster erkenntniskritisch zu beurteilen und

- Motive und Orientierungen für selbständiges Denken und Handeln aufzubauen und zu stärken,

kann der Unterricht allgemeinbildende Funktion übernehmen, für den Heranwachsenden Motivationskraft entfalten und d.h. zugleich bildungswirksam sein. Unverzichtbar verbunden sind damit

- die Erweiterung kommunikativer Fähigkeiten,

- die Befähigung zum Erkennen systemischer Zusammenhänge im Bereich von Natur und Gesellschaft,

- die Befähigung zum Umgang mit neuen Technologien, einschließlich der Reflexion ihrer Wirkungen in einzelnen Praxisfeldern,

- die Befähigung zur Selektion und Verwendung des Medienangebots für die Informationsgewinnung,

- die Befähigung zur methodischen Strukturierung von Arbeitsvorhaben, zur Übernahme von Team-Aufgaben, zur Einteilung von Zeit und zur Gewinnung von Präferenzen unter Berücksichtigung der Folgen von Entscheidungen und Verhaltensweisen,

- die Befähigung zu demokratischer Konfliktbewältigung und Konsensfindung.

Ebenso unrealistisch wie bildungstheoretisch unsinnig wäre es, den neuen Aufgaben durch die Einrichtung zusätzlicher Fächer, durch eine Erhöhung des Gesamtstundenvolumens, eine Kürzung des Stundenvolumens im Kernfächerbereich bzw. Verschiebungen zwischen Kern- und Wahlpflichtbereich entsprechen zu wollen. Im Gegenteil fordern Aufgaben wie die Erweiterung kommunikativer Fähigkeiten, die Befähigung zum Erkennen systemischer Zusammenhänge und die Entfaltung vernetzten Denkens, die reflexive Anwendung von Gelerntem im Kontext einzelner Praxisfelder eine Stärkung des Kernfächerbereichs, allerdings eine Stärkung, bei der die Grenzziehungen der einzelnen Fächer gleichzeitig überwunden werden.

Praktisch möglich wird eine Entwicklung der überfachlichen Kompetenzen durch das Zusammenwirken einzelner Fächer auf der Basis verbindender Elemente, die, fächerübergreifend konzipiert, zu bestimmten Anteilen in die Curricula einzelner Fächer integriert werden und so als Bestandteil des Curriculums einzelner Fächer zur Gewinnung der angestrebten überfachlichen Befähigungen entscheidend beitragen. So erscheint es z.B. mit Blick auf die Befähigung zur Selektion und Verwendung des Medienangebots zweckmäßig, Unterrichtseinheiten zu entwickeln, die innerhalb eines festgelegten Stundenkontingents von den Fächern des sprachlich-literarischen Lernfeldes (Deutsch, 1. Fremdsprache) sowie ggf. von den Fächern des mathematisch-naturwissenschaftlichen oder des ästhetisch-gestalterischen Lernfeldes übernommen werden. Vergleichbares gilt für die anderen der genannten Kompetenzbereiche.

Besondere Vorkehrungen sind für die Schüler zu treffen, die den Anforderungen in keinem der beiden Grundbildungsprofile zureichend entsprechen können. Im Rahmen der Entwicklung eines praktisch-anwendungsbezogenen Profils wird Förderung und Integration in dem Maße erleichtert werden, in dem diesen Schülern in Abhängigkeit zu fachlich je vorhandenen Leistungsschwächen geeignete berufsnahe Unterrichts- und Fördereinheiten angeboten werden. Die Ziele der Grundbildung bleiben hiervon unberührt.

Didaktik-Methodik

Ebenso wie sich die mit einer zeitgemäßen Grundbildung stellenden Aufgaben curricular nur im Zusammenwirken der Fächer werden realisieren lassen, wird sich die Bildungswirksamkeit eines entsprechend inhaltlich ausgerichteten Unterrichts nur gewinnen und sichern lassen, wenn dabei den alters-, entwicklungs- und situationsbedingten Motivations- und Interessenlagen in geeigneter Weise Rechnung getragen wird. In der zweiten

Zeithälfte der Sekundarstufe I, spätestens in ihrem letzten Drittel, beginnt, was man als "Hinein-und Heruntertropfen der Lebenshaltung des Erwachsenenlebens in die Jugendzeit" bezeichnen kann. Verbunden mit der tentativen Übernahme von Rollenelementen des Erwachsenenstatus verschaffen sich Ansprüche und Interessen zur selbständigen Gestaltung des Lebensalltags, zur selbständigen Orientierungsgewinnung und der sozialen Reziprozität verstärkt Geltung. Sie konkretisieren und artikulieren sich zwar in Abhängigkeit u.a. vom sozialen Umfeld höchst unterschiedlich, klagen jedoch generell ein höheres Maß an eigenverantwortlichem Lernen ein und knüpfen die Bildungswirksamkeit des Unterrichts an Bedingungen der Motivation und des Interesses für den infragestehenden Unterrichtsinhalt. So verschieden die Formen sind, wie dem Bestreben nach höherer Eigenverantwortlichkeit im Lernen Rechnung getragen werden kann, so verlangt dies doch generell, in didaktischer wie methodischer Hinsicht den Unterricht so zu gestalten, daß der Einfluß des Einzelnen auf Gestaltung und Ergebnis des Unterrichts erkennbar wird, Teilhabe und Verantwortlichkeit für den Lernprozeß erweitert und gesteigert werden können, gleichzeitig Vielschichtigkeit und Mehrperspektivität von Themen und Akzentuierungen zur Geltung kommen können.

Jede Konzeption von Bildung muß sich daraufhin prüfen lassen, inwieweit sie nicht nur bildungstheoretischen Ansprüchen und pädagogisch sich stellenden Aufgaben gerecht wird, sondern auch daraufhin, welche Auswirkungen ihre praktische Realisierung mit Blick auf bildungspolitisch übergeordnete Anforderungen der Gestaltung des Schulangebotes erwarten läßt. Unter diesem Aspekt ist insbesondere zu prüfen, inwieweit die vorgestellten Überlegungen einer allgemeinen und differenzierten Grundbildung geeignet sind, Disparitäten im Schulangebot der Sekundarstufe I und in den Chancen zum Erwerb der auf dieser Stufe zu erwerben möglichen Bildungsabschlüsse zu verringern und vorhandene Benachteiligungen in den Bildungs- und Lebenschancen abzubauen. Eine sozialräumlich hinreichend tief gegliederte Analyse der Möglichkeiten und erwartbaren Auswirkungen einer praktischen Realisierung des Konzepts einer allgemeinen und differenzierten Grundbildung kann mit Rücksicht auf die schulentwicklungsplanerisch dabei zu berücksichtigenden Unterschiede an dieser Stelle nicht vorgenommen werden. Mit Blick auf die in der Regel anzutreffenden Rahmenbedingungen des Sekundarstufen I-Angebotes spricht jedoch vieles dafür, daß die vorgestellte Konzeption in einem erheblichen Umfang zu einer Verringerung vorhandener Disparitäten und zu einem Abbau vorhandener Benachteiligungen und damit zu einer größeren Einheitlichkeit der Lebensverhältnisse beitragen kann. In diesem Sinne ist eine gemeinsame Grundbildung die Voraussetzung dafür, daß sich ein pädagogisch aufgeklärtes, strukturell differenziertes und auf die neuen gesellschaftlichen Herausforderungen vorbereitendes Schulwesen entwickeln kann.

Literatur

BARGEL, T./STEFFENS, U.: Erkundungen zur Qualität von Schule - Bilanz der Workshops. Wiesbaden-Konstanz 1990.

BUND-LÄNDER-KOMMISSION FÜR BILDUNGSPLANUNG UND FORSCHUNGSFÖRDERUNG: Wie öffnet sich die Schule neuen Entwicklungen und Aufgaben? Bonn-Oedekoven 1990.

DEUTSCHER AUSSCHUSS: Empfehlungen und Gutachten für das Erziehungs- und Bildungswesen 1953-1966. Gesamtausgabe, hrsg. von BOHNEKAMP, H./ DIRKS, W./KNAB, D., Stuttgart 1966.

DEUTSCHER BILDUNGSRAT: Strukturplan für das Bildungswesen. Stuttgart 1970.

HERRMANN, U.: Allgemeinbildung. Hintergründe und Problemdimensionen, Neuorientierungen und praktische Konsequenzen einer bildungstheoretischen und pädagogisch-politischen Argumentationsfigur, Denkschrift im Auftrag des BMBW. Tübingen 1988.

OECD, Quality in Education and Training. Core skills and the curriculum, verf. Manuskript. Paris 1985.

SPRANGER, E.: Grundlegende Bildung, Berufsbildung, Allgemeinbildung, in: Preußische Fortbildungsschulzeitung Jg. 9 (1918), S. 65-77; wieder abgedruckt in: ders., Gesammelte Schriften Bd. I, Geist der Erziehung, hrsg. von BRAUNER, G./FLITNER, A., Heidelberg 1969, S. 7-19.

Helmut Heid

Erfordernisse und Schwierigkeiten einer Ziel- und Inhaltsbestimmung von Bildung - im Spannungsfeld von Bildungs- und Beschäftigungssystem

I.

Unter den Zielen schulischer Bildung besitzt die Befähigung Heranwachsender zur Erfüllung gesellschaftlicher (Arbeits-) Aufgaben herausragenden Stellenwert. Besondere Aufmerksamkeit erfahren dabei die (absehbaren) Anforderungen, die "das Beschäftigungssystem" an die Qualifikation der Absolventen "des Bildungssystems" und an das System der Qualifizierung zu Beschäftigender stellt. Bei der Suche nach einer Antwort auf die Frage nach den Gründen für das Erfordernis und für die Schwierigkeiten einer Inhaltsbestimmung als unabweisbar geltender Qualifikationsanforderungen wird gegenwärtig besonders häufig auf die Entwicklung und Anwendung neuer (Informations-)Techniken in Produktion und Administration sowie insbesondere auf die davon beeinflußte gesellschaftliche Entwicklungsdynamik verwiesen. Dieser Ansatz ist aus folgenden Gründen problematisch:

1. Ihm liegt die fragwürdige Vor-Entscheidung zugrunde, aus manifesten Ansprüchen *eines* sozialen und (technisch-organisatorischen) Systems, nämlich des Beschäftigungssystems (in welcher Konkretisierungsform auch immer), könnten und "dürften" *einseitig* Anforderungen an ein anderes soziales System, nämlich das Bildungssystem, und an zu qualifizierende Menschen "abgeleitet" werden. Die Frage, ob es nicht Gründe dafür geben könne, auch in umgekehrter Richtung Ansprüche aus den Rechten, kulturellen Bedürfnissen und bereits vorhandenen Qualifikationen konkreter Menschen (Beschäftigter) an die Gestaltung des Beschäftigungssystems und insbesondere der Arbeitsorganisation "abzuleiten", diese Frage kommt im Kontext herkömmlicher Qualifikationsforschung vergleichsweise selten oder "nur" im Zusammenhang von Erörterungen vor, in denen es beispielsweise um unterschiedliche Modelle geht, Personal-Rekrutierungs- oder -Transaktions-*Kosten* in ein möglichst

günstiges Verhältnis zum damit bezweckten ökonomischen *Nutzen* zu bringen. Auch im sogenannten "Absorptions- bzw. Penetrationsansatz" kommt - von forschungsmethodischen Problemen abgesehen - weniger der Gesichtspunkt des personalen Interesses an Arbeits- und Lebensqualität, als vielmehr die Engführung des Gedankens einer dem jeweiligen Qualifikationsangebot (besser) entsprechenden ökonomischen Qualifikationsverwertung zur Geltung. Es geht dabei zunächst nur um die Frage, ob und wieweit ein die jeweilige Nachfrage übersteigendes Angebot insbesondere an höher Qualifizierten geeignet ist, sich selbst eine entsprechende (also zusätzliche) Nachfrage zu schaffen.

2. In scheinbarem Widerspruch dazu steht die Tatsache, daß in der Entwicklung einer Produktions- und Administrationstechnologie sowie einer bestimmten Arbeitsorganisation - ein wenig hochtrabend formuliert: - stets und notwendig eine "Anthropologie" enthalten ist. Bereits Konzeption und Konstruktion von Technik und Arbeitsorganisation antizipieren zumindest *Möglichkeiten* der Erfüllung jener Anforderungen, die sich aus den Funktionserfordernissen von Technik und Arbeitsorganisation "ergeben", durch konkrete Menschen. Dabei kommt es nicht nur darauf an, was Menschen - als Adressaten des Qualifikationsanspruchs - leisten *können*, sondern immer auch darauf, was sie leisten *sollen*. In der Verwirklichung dieses Vorhabens werden voneinander abgrenzbare Gruppen Qualifizierter bzw. zu Qualifizierender unterschieden. Hier bedeutsame Kriterien der Unterscheidung zwischen verschiedenen Menschen (-Gruppen) sind zum einen Umfang bzw. Höhe und Inhalt der Qualifizierung sowie soziale Positionen der Qualifikationsverwertung. Ebenso wichtig ist andererseits die Unterscheidung zwischen Subjekten und Adressaten des Qualifikationsanspruchs: Die Möglichkeiten, auf die Bestimmung dieses Anspruchs Einfluß zu nehmen, sind sozial ungleich verteilt. Die Gruppe jener Menschen, deren Interessen bei der Bestimmung des Qualifikationsanspruchs eine "untergeordnete" Rolle spielen, darf wohl nicht allzu klein veranschlagt werden.

Dennoch besteht die *Notwendigkeit*, bei der arbeitsorganisatorischen Konkretisierung von Ansprüchen "des Beschäftigungssystems" *das manifeste*, allerdings durch verfügbare Maßnahmen (z.B. durch Weiterbildung) beeinflußbare, *Qualifikationsangebot* in quantitativer und qualitativer Hinsicht nicht aus dem Auge zu verlieren. (Dabei spielt auch der Preis Qualifizierter - der Tariflohn - eine wichtige Rolle.) Außerdem beweist der beträchtliche Aufwand zur Erforschung beispielsweise des "Wertewandels" Heranwachsender, daß bei der Formulierung und Rechtfertigung von Qualifikationsansprüchen, bei der Entwicklung von Strategien zur Rekrutierung von Beschäftigten und wohl auch bei der Gestaltung des Beschäftigungsangebots - zumindest gegenwärtig - das "Bewußtsein" und das Anspruchsmuster der Adressaten von Qualifikationsanforderungen nicht völlig belanglos ist. "Gut behandelte Mitarbeiter leisten mehr".

3. Diese Bezugnahme jeder Bestimmung schon des Begriffs "Qualifikationsanforderung" auf (erwünschte!) Muster jener Handlungsbereitschaft (Qualifikation), die es nicht außerhalb konkreter Menschen geben kann, erweckt den Eindruck, daß nicht nur der Anspruch selbst, sondern auch die Instanzen, auf die in der Anspruchsbegründung Bezug genommen wird (ökonomischer Strukturwandel, neue Technologien), "humane Qualität" besäßen. Wirtschaft, Produktion, Administration, Technologie ... sind Menschenwerk, von Menschen für Menschen konzipiert und realisiert. In dieser abstrakten (und deshalb kaum widerlegbaren) Sprechweise wird jedoch unterschlagen, daß man "den Menschen" unter sehr verschiedenen Gesichtspunkten betrachten und zu sehr verschiedenen Zwecken beanspruchen oder gar verwenden kann. Bereits TAYLOR hat bei seinen Studien zur Optimierung der Arbeitsorganisation buchstäblich "am Menschen" Maß genommen. Sein primäres Interesse galt aber nicht der Würde und dem kulturellen Anspruch der von ihm vermessenen Menschen. Seine Frage lautete vielmehr: Wie sind Anatomie und die Physiologie dieser Menschen beschaffen und wie muß dementsprechend eine Arbeitsorganisation aussehen, die das Optimum an Arbeitseffektivität aus diesen so beschaffenen Wesen herauszuholen vermag. Was nach Humanität aussah und aussieht, war und ist nicht der Zweck, sondern (nur) das Mittel einer effektiven Arbeitsorganisation und eines rentablen Einsatzes kostspieliger Produktionstechnologien. Daß bei diesen als "Humanisierung" bezeichneten Maßnahmen zur Produktionsrationalisierung auch (partielle) Verbesserungen menschlicher Arbeitsbedingungen herauskommen können und herausgekommen sind, ändert nichts an dem erwähnten Zweck-Mittel-Verhältnis. Tenden-

ziell gilt, daß keine Maßnahme der Humanisierung des Produktions- und Verwaltungssektors auf längere Sicht Bestand haben dürfte, wenn sie den Prinzipien der Effektivität, der Produktivität und der Rentabilität zuwiderliefe.

4. Ähnlich verhält es sich mit der überaus *abstrakten* Nominierung von Qualifikationsmerkmalen, die angesichts ökonomischer und technischer Entwicklungen als besonders wichtig apostrophiert werden und überdies als Kennzeichen aufgeklärter Humanität gelten (Kreativität, Kritikfähigkeit, Verantwortungsbewußtsein, Selbständigkeit, abstraktes Denken, Denken in Zusammenhängen, Kooperationsfähigkeit, soziale Kompetenz, Flexibilität ...). Zunächst wird die (meist implizite) Inhaltsbestimmung dieser "Fähigkeiten" und Tugenden vor allem vom Interesse und gesellschaftlichen Handeln derer bestimmt, die als Repräsentanten des Beschäftigungssystems ("der Wirtschaft") allgemein anerkannt sind. Zweitens werden diese Fähigkeiten, Fertigkeiten und Tugenden in den Dienst der möglichst effektiven Erfüllung vom "Kapitalinteresse" bestimmter Organisationsziele sowie der Legitimierung für die Zielerfüllung optimaler (Arbeits-) Organisationsformen der Qualifikationsverwertung gestellt. Das mag inhaltlich in vielen konkreten Fällen unproblematisch sein, auf die Frage nach der Qualität der Gründe für die interpersonale Ungleichheit der sozialen Definitions- und Handlungsmacht enthält diese Feststellung jedoch keine Antwort.

Dazu ein Beispiel: Die Auffassung ist verbreitet, daß "die Einsatzmöglichkeiten neuer Technologien ... hohe fachliche Kompetenz des Menschen ..., aber auch ein hohes Maß an Verantwortungsbereitschaft für die ökonomischen und sozialen Folgen" ihres Einsatzes erfordern. Was heißt das konkret und vor allem dann, wenn die Wahrnehmung von Verantwortung mit jeweiligen konkreten Produktionszwecken und Arbeitsaufträgen in Konflikt gerät? Wie soll jemand Verantwortung für ökonomische und soziale Folgen einer Technik tragen können, wenn er sowohl von der Bestimmung als auch von der Kontrolle jener Zwecke ausgeschlossen ist, für die die technische Innovation und Investition nur die Mittel liefern? Unter gegebenen Voraussetzungen ist die geforderte Verantwortlichkeit geradezu *strukturell* darauf reduziert, daß jeder den jeweils vorgefundenen Produktionszweck und Arbeitsauftrag sich selbst zur Gewissensangelegenheit macht und daß er akzeptiert und möglichst aus eigenem Antrieb tut, was von ihm verlangt oder erwartet wird. Die Abstraktheit des Verantwortungsappells verschleiert die außerordentliche Verschiedenheit der subjektiven und objektiven Bedingungen der Möglichkeit, tatsächlich verantwortlich zu sein.

5. Die Problematisierung der eingangs skizzierten Neigung zur Einseitigkeit des Erkenntnisinteresses der Qualifikationsforschung und der Qualifizierung darf nicht zu dem möglichen Mißverständnis führen, es könne "umgekehrt" eine "*rein* anthropologische" oder "*rein* pädagogische" Begründung von Ansprüchen an die Qualifizierung und auch an das Beschäftigungssystem geben. "Die" Lernfähigkeit "des" Menschen - Ausgangspunkt nahezu aller Systeme pädagogischen Denkens und Handelns - ist prinzipiell nur in Abhängigkeit von Art und Niveau eines Wozu, eines konkreten Anspruchs definierbar und identifizierbar. Und empirisch gilt, daß bei der Entstehung und Entwicklung eines konkret-inhaltlichen Bedarfs an Bildung oder Qualifizierung Einschätzungen absehbarer Möglichkeiten der Qualifikationsverwertung nach wie vor eine große Rolle spielen, auch wenn der "konsumptive" Aspekt, also der "Eigenwert" von Bildung (nicht nur im fortgeschrittenen Lebensalter) an Bedeutung zu gewinnen scheint. Organisation, inhaltliche und formale Ausgestaltung des Bildungssystems korrespondieren - wie indirekt, unvollkommen und verspätet auch immer! - mit der Entwicklung von Ansprüchen, bei deren Bestimmung Repräsentanten des Beschäftigungssystems in bildungspolitischer und in bildungsadministrativer Praxis (wiederum) besonders einflußreich sind. Scheinbare Verwertungsferne bestimmter Inhalte und Formen ("allgemeiner") Bildung darf nicht über deren wohl stets auch soziale Funktion (z.B. Selektionsfunktion) hinwegtäuschen.

6. Ich fasse zusammen: Grundsätzlich muß wohl davon ausgegangen werden, daß die wissenschaftliche Entwicklung, die ökonomische Realisierung und die soziale Gestaltung neuer Produktions- und Administrationsstrategien und -technologien, die sich in bestimmten Realisierungsformen der Arbeitsorganisation konkretisieren, auf "den Menschen" und seine Lern- wie Leistungsfähigkeit zugeschnitten sind.

Höchste Priorität hat dabei jedoch die Frage, durch welche Organisation der Arbeit die vorfindlichen und durch qualifikatorische Interventionen herstellbaren menschlichen Leistungspotentiale derjenigen optimal genutzt werden können, die zum Verkauf ihrer Arbeitskraft gezwungen sind. "Der Mensch" ist keineswegs immer der *Zweck* oder "das Maß", sondern häufig nur *Mittel* ("Produktionsfaktor") technischer und ökonomischer Entwicklung. Was als gesellschaftlich oder ökonomisch "notwendig" (und gelegentlich deshalb auch als "ethisch geboten") gilt, wird von den Erfolgsbedingungen "des Beschäftigungssystems", letztlich von jener Rentabilität eingesetzten Kapitals bestimmt, ohne die es keine Investition in Produktionsmittel und nicht einmal die Investitions*bereitschaft* von Personen gäbe, die das dafür unentbehrliche Kapital besitzen oder aufbringen können. In der gesellschaftlich-politisch geschaffenen und ausgestalteten Konkurrenzwirtschaft fungiert das Erwerbsmotiv als Maxime gesellschaftlicher Entwicklungsdynamik.

Investoren andererseits können darauf rechnen, daß diejenigen, die auf den Verkauf (allein) ihrer Arbeitskraft angewiesen sind, um die Mittel ihres physischen und kulturellen (Über-)Lebens sicherzustellen, "alles" tun werden, um jene Arbeitsaufgaben erfüllen zu können, von deren Gestaltung sie in der Regel (weitgehend) ausgeschlossen sind, und zwar auch dann, wenn bei der Bestimmung dieser Arbeitsaufgaben jene Lern- und Leistungsbereitschaft Beschäftigter antizipiert wird, die "erfahrungsgemäß" oder wahrscheinlich durch Bildungsangebote ermöglicht werden kann. Bei der Gestaltung dieser Bildungsangebote hängt nämlich wiederum wenig vom nicht-affirmativen Wollen Lernender ab. Diesen steht es - jenseits des durch Schulpflicht Festgelegten - lediglich frei, sich jener vorgegebenen Bildungsangebote zu bedienen, in deren Nutzung sie nicht mehr und nicht weniger als die intrapersonalen Voraussetzungen der Möglichkeit (Chance) entwickeln, für eine je vorfindliche Qualifikationsnachfrage (Angebot eines Arbeitsplatzes) geeignet zu sein. Trotz Geltung (d.h. nicht auch schon Befolgung) des Leistungsprinzips - ist die erfolgreiche Nutzung eines gegebenen Bildungsangebots dennoch nicht geeignet, einen (Rechts-)Anspruch auf einen der Qualifikation entsprechenden Arbeitsplatz zu begründen.

II.

Als "Bildung" und "Qualifizierung" werden immer nur in bestimmter Weise qualifizierte Handlungen oder Handlungsergebnisse bezeichnet und bewertet, die stets zielgerichtete Auseinandersetzungen mit einer Sache (i.w.S.) zum Inhalt haben. Wer Bildung oder Qualifizierung organisiert, muß explizite oder implizite die Frage beantworten, *was* jemand *wozu* bzw. aus welchen Gründen lernen, womit jemand sich zu Bildungszwecken beschäftigen soll. Wer nun versucht, aus einer Analyse der Arbeitsorganisationen des Beschäftigungssystems Informationen zur Beantwortung der Frage zu gewinnen, wieviele Menschen zu welchem Zeitpunkt wie qualifiziert werden sollen, der steht vor folgenden Schwierigkeiten:

1. Empirisch feststellbare Arbeitsaufgaben sind ebensowenig wie bestimmte Arbeitsorganisationen *feste* (der gesellschaftlichen Beeinflussung und der unvorhersehbaren Entwicklung entzogene), weit über den Untersuchungszeitpunkt hinaus *stabile* und an sich schon *optimale* Größen. Arbeitsaufgaben von "gestern" und "heute" sind nur eine höchst unzuverlässige Voraussetzung der individuellen und staatlichen Planung von Bildung für das nächste Jahrzehnt. Denn Bildung ist ein über viele Jahre "reifendes Gut", das weit vorausschauende Prognosen erfordert. Zu einem *Problem* wird diese Notwendigkeit dadurch, daß die Abschätzung (Prognose) künftiger, weit in der Zukunft liegender Gegebenheiten und Erfordernisse um so unsicherer wird, je schneller sich die Bezugsgrößen verändern (Entwicklungsbeschleunigung), je größer die zeitliche Entfernung und je präziser der Informationsbedarf ist. Diese Prognoseunsicherheit resultiert aus der Tatsache, daß die gesellschaftliche Entwicklung Resultat sozialen Handelns willensfreier und schöpferischer Personen ist und daß die Entwicklung jenes Wissens und Könnens unvorhersehbar ist, von denen die Möglichkeiten des Wollens und Handelns der Subjekte gesellschaftlicher Entwicklung bemessen werden.

2. Damit ist bereits ein weiteres Problem angesprochen: Man muß unterscheiden zwischen dem, was künftig der Fall sein kann, was künftig der Fall sein *soll* und was künftig unter jeweils gegebenen Bedingungen (in "Anwendung" sozialwissenschaftlicher Theorien) mit angebbarer Wahr-

scheinlichkeit der Fall sein *wird*. So sehr diese drei verschiedenen Fragestellungen logisch auseinandergehalten werden müssen, so sehr wirken sie praktisch wechselseitig ineinander. Die im Beschäftigungssystem und im Bildungssystem denkbaren *Soll*vorstellungen bleiben in allen ihren Konkretisierungen an das jeweils *"Machbare"* (Kann) gebunden. Und alle (noch so unsicheren) Vorhersagen darüber, wie Beschäftigungssystem und Bildungssystem sich entwickeln *werden*, haben mit der im Rahmen des Möglichen freien Entscheidung der Akteure im Beschäftigungssystem und im Bildungssystem zu rechnen. Zu diesen Entscheidungen gehören auch *Reaktionen* der Prognoseadressaten im Bildungs- und Beschäftigungssystem, die durch diese Prognosen allererst begründet werden und Entwicklungen auslösen können, die von der prognostizierten Entwicklung mehr oder minder stark abweichen. Die Unkalkulierbarkeit so vieler überdies entscheidungsabhängiger Faktoren der Vorhersage, nämlich des künftigen Wissens, Könnens, Wollens und Handelns sowohl im Beschäftigungssystem als auch im Bildungssystem machen langfristige Planungen zumindest aus der Sicht einzelner schwierig und unsicher.

3. Zu den "Ableitungsvoraussetzungen" für Ansprüche an das Bildungssystem gehören Annahmen über die Entwicklung nicht nur des Beschäftigungssystems, sondern auch der Bildungsnachfrage und hier besonders der Bevölkerungsentwicklung. Da es in diesem Zusammenhang nicht möglich und wohl auch nicht nötig ist, auf alle Modelle der Bildungsforschung und -planung einzugehen, möchte ich die Aufmerksamkeit im folgenden nur noch auf jene Größe richten, die unabhängig zu sein scheint von den (betriebswirtschaftlichen, produktionstechnischen und arbeitsorganisatorischen) Determinanten der Entwicklung des Beschäftigungssystems, nämlich auf die *Bevölkerungsentwicklung*. Selbst wenn sich diese leicht quantifizierbare Entwicklung auch über Zeiträume hinaus zuverlässig prognostizieren ließe, in denen mit bereits Geborenen "gerechnet" werden kann, würde dadurch das *Erfordernis politischen Handelns* keineswegs beeinträchtigt. *Entschieden* werden muß beispielsweise über die regionale Verteilung der verschiedenen Organisationsformen des Qualifizierungssystems; über die horizontale und vertikale Struktur des Bildungssystems und über die äußere und innere Gliederung einzelner Organisationsformen der Bildung; über die Größe einzel-

ner Organisationsformen des Bildungssystems; über die Gruppengrößen (Klassenstärken); über Kriterien und Prozeduren der "Lenkung" von "Strömen" zu Qualifizierender; über die Dauer organisierter Qualifizierung auf den verschiedenen Stufen des Bildungssystems; über Ziele, Inhalte und Formen der Qualifizierung; über Kriterien und Verfahren der Erfolgsmessung.

Alle beispielhaft genannten Sachentscheidungen haben Entscheidungen über Optimierungskriterien und Wissen über die Erfolgswahrscheinlichkeit benannter Optimierungspraktiken zur Voraussetzung. Damit werden Voraussetzungen geschaffen, die zu den realen Bedingungen der *Möglichkeit* gehören, daß Heranwachsende ihren individuellen Bildungsbedarf überhaupt erst entwickeln und sozial geltend machen können. Überdies wird die Entwicklung individuellen Bildungsbedarfs von den (u.a. auf Arbeitsmärkten konkretisierten) Chancen beeinflußt, Qualifizierungserfolge (beruflich) zu verwerten. Damit gerät also auch die Bildungs*nachfrage* in Abhängigkeit von Qualifizierungserfordernissen des Beschäftigungssystems. Und das scheinbar "harte Datum" der Bevölkerungsentwicklung determiniert keineswegs die Strukturen des Qualifikationssystems. Auch der "Zwang" zu weiterführender Bildung, der sich aus deren allgemeiner Expansion zu ergeben scheint, hat seine tiefste Ursache in jenen hierarchischen Strukturen des Beschäftigungssystems und der Gesellschaft, die die Absolventen des Bildungssystems zur Konkurrenz um knappe erstrebenswerte Positionen "zwingen".

4. Zu diesen Problemen, die sich aus einzelnen Planungsmodellen ergeben, kommen *generelle* Strukturprobleme, vor denen jede Qualifikationsforschung und -planung steht:

Eines dieser Probleme besteht darin, daß für das Beschäftigungssystem und für das Bildungssystem verschiedene *Planungsfristigkeiten* gelten. Während die in sich recht komplexen Einheiten des Beschäftigungssystems unter gegebenen Bedingungen - begünstigt durch diverse Arbeitszeit- und Betriebszeit-Flexibilisierungsstrategien - zu eher *kurzfristigen* Personaldispositionen tendieren und häufig auch gezwungen sind, sind Planungen im Qualifikationssystem in der Regel nur über *längere Zeiträume* möglich bzw. sinnvoll.

Ein weiteres Strukturproblem besteht in der Differenz der *Entscheidungszuständigkeiten*: Für die Planung des Arbeitskräftebedarfs sind einzelne Betriebe bzw. Unternehmungen zuständig; die Entscheidung über die Qualifizierung fällt demgegenüber in die Zuständigkeit einzelner Individuen; Planung und Realisierung insbesondere der rechtlichen Voraussetzungen und organisatorischen Strukturen des Bildungs- bzw. Qualifikationssystems sind in der Regel Sache des Staates.

III.

1. Die beispielhaft skizzierten "Strukturmängel" der Qualifikationsforschung gehören zu den wohl immer noch unterschätzten Gründen für allenthalben feststellbare Planungsschwierigkeiten. Ein einheitlich hoher natur- und ingenieurwissenschaftlicher Entwicklungsstand ist weit davon entfernt, einen bestimmten (Grund-)Typ betrieblicher Arbeitsorganisation zu determinieren. Selbst dort, wo das Volumen der Investition in Technik und der "Stand der Technik" gleich hoch sind, können deren Konkretisierungsformen von Betrieb zu Betrieb und auch von Land zu Land sehr verschieden sein. Die einen setzen auf totale und zentrale Vernetzung, andere auf dezentrale Systeme computergestützten und -verbundenen Arbeitens. Die einen treiben die Roboterisierung der Produktion möglichst weit; andere halten - fast im Sinne einer Wiederentdeckung - die freilich computergestützte und -überwachte traditionelle Arbeitsteilung in weiten Bereichen der Produktion für die Arbeitsorganisation der Zukunft. Auf die Gestaltung konkreter Arbeitsaufgaben wirkt sich das sehr verschieden aus. Wenn dennoch der Eindruck entsteht, daß hinsichtlich der meistgenannten Qualifikationsanforderungen weitgehende Einigkeit bestehe, so muß dieser Eindruck durch folgende Feststellungen relativiert werden:

   a) Die wohl immer auch auf soziale Anerkennung zielenden Benennungen der Qualifikationsanforderungen sind in der Regel so abstrakt, daß sie inhaltliche Differenzen verdecken.

b) Ubiquitäre Qualifikationen sind mit durchaus verschiedenen Arbeitsaufgaben und Konkretisierungsformen von Arbeitsorganisation vereinbar (Substitutionselastizität).

c) Bildung und Qualifizierung haben zumindest auch immer eine von jeweiligen Qualifikationsinhalten und inhaltlichen Qualifikationsanforderungen unabhängige soziale Auslese- oder Filterfunktion.

d) In den Qualifikationsanforderungen wird stets auch das Bemühen erkennbar, "Strukturdefizite" traditioneller Qualifikationsforschung bloß formal zu kompensieren oder zu unterlaufen. Darin dürfte wohl auch eine "Erklärung" für die beispiellose Karriere des Konzepts "Schlüsselqualifikationen" liegen.

Damit soll nicht generell bestritten werden, daß sich auch Entwicklungs*tendenzen* identifizieren lassen, die zumindest mit bestimmten Grundtypen oder Stufen organisierter Qualifizierung korrespondieren.

2. Die Forderung nach generell *höherer fachlicher Qualifikation* ist besonders weit verbreitet und wird folgendermaßen begründet:

a) Bedingt insbesondere durch die Entwicklung neuer Technologien nehmen jene Arbeitsaufgaben immer stärker ab, die ohne besondere Anforderungen an die allgemeine und fachliche Qualifikation erfüllt werden können. Genaue Quantifizierungen sind - wie immer - riskant. Die *Tendenz* zu dieser Entwicklung scheint unbestritten. Der "programmatische Anteil" eines Teils derartiger Prognosen sollte allerdings nicht unterschätzt werden.

b) Jene Wirtschaftssektoren, in denen der Anteil höher und hoch Qualifizierter vergleichsweise hoch ist, wächst ständig an. Dazu gehören der Sektor sozialer Dienstleistungen (Lehren, Betreuen, Beraten, Rechtspflege, psychisch-physische Versorgung und Behandlung ...) sowie die Expansion der Tätigkeitsfelder, Forschung, Entwicklung und Entscheidungsvorbereitung. Immer wieder wird in diesem Zusammenhang auch auf das Anwachsen der Freizeit und der damit verbundenen Aktivitäten etwa auf dem Medien- und Kultursektor hingewiesen.

c) Die Bundesrepublik - so ein verbreitetes, und programmatisch verlängertes Votum - ist ein rohstoffarmes Land, das in besonderem Maße in Qualifikation investieren muß, um international wettbewerbsfähig zu bleiben. Dabei wird unterstellt, daß die herausragende Qualität der im internationalen Wettbewerb erfolgreichen Produkte hohe fachliche Qualifikation derer zur Voraussetzung hat, die diese Produkte herstellen. Der "Rohstoff" unseres Wirtschaftssystems sei die Qualifikation, oder - so eine andere symptomatische Formulierung - "die Qualifikation" der Arbeitskräfte sei ein wesentlicher Standortfaktor und -vorteil der Bundesrepublik.

d) Es wird vermutet, daß die Wanderungen insbesondere (beruflich) hoch Qualifizierter über die Grenzen der Mitgliedsstaaten des europäischen Binnenmarktes durch die fortschreitende Internationalisierung der Märkte für Dienste und für Güter zunimmt, und daß dabei insbesondere in der Bundesrepublik eine "Qualifikationslücke" entstehen könnte, die ausgeglichen werden müßte.

e) Das Erfordernis höherer fachlicher Qualifikation muß aber auch als Konsequenz einer allgemeinen Bildungsexpansion betrachtet werden: In dem Maße, in dem die sozial durchschnittliche Qualifikation steigt, gerät in Wettbewerbsnachteil, wer sich nicht oder erfolglos um weiterführende und insbesondere fachliche Qualifikation bemüht. Solange und soweit für die Erfüllung auch solcher Arbeitsaufgaben, die keine besondere Fachqualifikation voraussetzen, Facharbeiter rekrutiert werden (können), muß damit gerechnet werden, daß Anbieter von Arbeitskraft ohne höhere fachliche Qualifikation geringere Beschäftigungschancen haben (Theorem der "Arbeitskräfteschlange" - THUROW).

f) Damit hängt zusammen, daß unter gegebenen Bedingungen das Risiko, arbeitslos zu bleiben oder zu werden umso größer ist, je geringer die Qualifikation bleibt.

g) Hinzu kommt, daß die "demographische Verknappung" den Trend zur kontinuierlichen Höherqualifizierung weiter stützen wird. Während Mitte der achtziger Jahre die Gruppe der 20- bis 30-jährigen in den alten Ländern noch über 10 Millionen "stark" war, wird es in dieser

Altersgruppe schon im Jahr 2000 im Gebiet der alten Länder nur noch deutlich unter 7 Millionen Menschen geben. Dies wird zu einer Wiederbelebung des Programms "Ausschöpfung der Begabungsreserven" führen.

Ich vermute, daß die Prognose eines Bedarfs an *generell* steigenden Qualifikationen weniger auf arbeitsinhaltliche als vielmehr auf statistische Aspekte des Problems verweist: die Anzahl Unqualifizierter sinkt - aus welchen Gründen auch immer. Freilich erfordert der EDV-Einsatz entsprechend neue, deshalb aber nicht auch schon "höhere" Qualifikationen. Für einen Teil der Beschäftigten genügt die Kenntnis und Beherrschung der jeweiligen Betriebssysteme. Neuere, z.T. noch unveröffentlichte Untersuchungen kommen zu dem Ergebnis, daß die Arbeitsaufgaben im kaufmännisch-verwaltenden Sektor häufig auf regelgerechten - nicht notwendig auch durchschauten - Umgang mit Informationen reduziert werden. Teilweise sind sogar bemerkenswerte Qualifikationseinbußen zu verzeichnen. Diese Feststellungen rechtfertigen die Empfehlung, mit konkurrierenden Prognosen des Bedarfs nach Höherqualifizierung behutsam umzugehen.

3. Besondere Aktualität besitzt die *Forderung* nach *Berücksichtigung außer- oder überfachlicher Qualifikationsmomente*. Bei außerfachlichen Qualifikationen kann man - nahe an vorfindlichen Benennungen und ohne Rücksicht auf kategoriale Sauberkeit der Systematik - zwischen *formalen, sozialen* und *ethisch-normativen* Qualifikationen unterscheiden:

a) Formale Qualifikationen im Sinne formaler Bildung werden auch folgendermaßen umschrieben: Lernen des Lernens; Fähigkeit und Bereitschaft, ständig hinzu- und umzulernen; Anpassungsfähigkeit; Flexibilität ... Der am weitesten verbreitete Begriff zur Kennzeichnung dieser Qualifikationen heißt "Schlüsselqualifikationen". Er wird allerdings in so vielfältigen Zusammenhängen verwendet, daß sein Informationsgehalt immer geringer und unklarer wird.

Den meisten Aussagezusammenhängen, in denen Schlüsselqualifikationen postuliert werden, ist das Bemühen zu entnehmen, die Prognoseunsicherheit auf dem Qualifikationssektor zu überwinden: Wenn schon nicht zuverlässig ermittelt werden könne, welche inhaltlichen Qualifikationen der in das Bildungssystem Eintretende beim Eintritt in das Beschäftigungssystem benötige, dann solle der hier und jetzt zu Qualifizierende wenigstens lernen *selbst* zu lernen, was er später brauche. Da das Lernen des Später-selber-Lernens aber nur im Kontext *inhaltlichen* Lernens möglich ist, muß der sich Qualifizierende noch etwas lernen, nämlich selbst die "Verantwortung" für das Risiko inhaltlicher Fehlqualifizierung zu übernehmen. Wenn er sich nicht entschließen kann, die Bereitschaft zu erlernen, im Hinblick auf neue Arbeitsaufgaben als unqualifiziert zu gelten und im Beschäftigungssystem entsprechend plaziert zu werden, muß er schließlich lernen, sich mit der "Notwendigkeit" abzufinden, nach Maßgabe beschleunigten Wandels fremdverfügter Anforderungen lebenslänglich umzulernen.

Wo liegt das Problem? Wohl kaum in der unstrittigen "Teilwahrheit" fortbestehender Lernerfordernisse und auch nicht in der Einsicht, daß erlernbare Lernstrategien den Erfolg weiteren Lernens verbessern können. Problematisch ist vielmehr die Vernachlässigung der Tatsache, daß formale Bildung sich nicht an sich bzw. außerhalb inhaltlicher Bildung erwerben läßt. Die Suspendierung der Frage nach Qualität und Relevanz jener Argumente, mit denen unvermeidbare (!) *Entscheidungen für bestimmte Inhalte* konkreten Lehrens und Lernens begründet werden können, ist völlig ungeeignet, auch die Inhalte selbst oder die Entscheidung für Inhalte aufzuheben oder aufzuschieben. Freilich ist es möglich und vielleicht auch oft beabsichtigt, von der Frage nach Dignität und Relevanz unverzichtbarer Ziele und Inhalte abzulenken, Ziele und Inhalte den politischen, sozialen, beruflichen oder betrieblichen Wechselfällen jeweils opportuner Beanspruchung auszuliefern, Inhalte zu instrumentalisieren für Zwecke, hinsichtlich derer die Inhalte als solche völlig belanglos sind, beispielsweise für die soziale Selektion oder für eine Einübung in die Fraglosigkeit bereitwilliger Unterwerfung unter *beliebige* (Lern- und) Arbeitsaufgaben. In der gesellschaftlichen Wirklichkeit gibt es jedoch immer noch viele Aufgaben, deren unbefragte Erfüllung die Würde und sogar die Existenz (nicht nur) von Menschen bedrohen und beeinträchtigen. Eine Flucht aus der Entschiedenheit und Verbindlichkeit inhaltlicher Bildung in die Unverbindlichkeit formaler Qualifikationen kann überdies einen (vielleicht erwünschten) *affirmativen* Effekt haben. Wo so gelehrt und gelernt wird, daß es auf die pädagogisch begründbare Besonderheit der Inhalte nicht ankommt, werden zum einen Austauschbarkeit und fortlaufende Entwertung inhaltlicher Bildung geradezu systematisiert. Andererseits wird damit der "Gebildete" wechselnden Verwendungszwecken ausgeliefert, bei deren *inhaltlicher* Bestimmung es auf ihn selbst (in der Regel) bisher nicht ankommt. Ihm ist lediglich "freigestellt", jeweils vorgefundene Lernvoraussetzungen ökonomischer Qualifikationsverwertung zu erfüllen.

Wenn dieser Effekt vermieden werden soll, werden Bildung und Qualifizierung in die *kritische* inhaltliche Auseinandersetzung mit der gesellschaftlichen Wirklichkeit eintreten müssen. Das u.a. von LITT charakterisierte Versagen der Bildung und der Gebildeten im "Dritten Reich" sollte uns vor der Zuversicht warnen, die spezifischen Probleme (u.a. und dieses Mal) der "technisch-industriellen Zivilisation" ließen sich durch eine "Gegensteuerung" bewältigen, für die außer dem überkommenen Kanon der als klassisch geltenden Allgemeinbildung heute insbesondere die Schlüsselqualifikationen immer häufiger geltend gemacht werden.

Es gibt auch lerntheoretische Einwände gegen eine Überbewertung von Schlüsselqualifikationen: Formale Qualifikationen vermögen die inhaltlichen (Wissens-)Voraussetzungen erfolgreichen Weiterlernens nicht zu ersetzen oder zu erübrigen (WEINERT u.a.). Schließlich darf man die Übertragbarkeit bereichsspezifischen Sachwissens nicht überschätzen.

Ich benutze diese höchst fragmentarischen Anmerkungen zu der Anregung, über Kriterien und Modalitäten des Verhältnisses von formaler und materialer, von allgemeiner und spezieller Bildung - nicht zuletzt unter den Bedingungen neuester technologischer Entwicklungen in Produktion und Administration - neu oder weiter nachzudenken. Es wäre zu prüfen, ob die mit dem Begriff "Schlüsselqualifikationen" postulierten bildungspolitischen und -programmatischen Bestrebungen nicht eine Entwicklung begünstigen, in der zum einen die unverzichtbaren und unvermeidbaren Inhaltsbestimmungen jeglicher Bildung vernachlässigt und damit aus pädagogischer Kontrolle und Verantwortung entlassen werden, und in der andererseits die Kompetenzspezialisierung zu kurz kommt und auch zu spät einsetzt.

b) Der Terminus "soziale Qualifikationen" wird häufig als Sammelbezeichnung für (alle) nicht fachliche(n) Qualifikationen verwendet. Im besonderen wird damit (viel zu abstrakt) jene Kooperationsfähigkeit postuliert, die zuvor in der "Konkurrenzwirtschaft" des Bildungssystems systematisch vernachlässigt wird.

Daß Kooperationsfähigkeit je nach sozialem Status des Adressaten dieser Qualifikationsanforderung etwas sehr Verschiedenes bedeutet, wird in der meist allzu abstrakt geführten Diskussion verschwiegen oder übersehen. Für Führungskräfte bedeutet Kooperationsfähigkeit - so die Formulierung eines Experten für die Ausbildung von Führungskräften - lernen, sich mit Fingerspitzengefühl (!) *durchzusetzen* (ANDREAS KÜHNE). Demgegenüber sollen zu Führende die Fähigkeit und Bereitschaft entwickeln, jene vorgefundenen Kooperationserfordernisse zu erfüllen, die eine Optimierung der Arbeitserfolge bezwecken. (Effektivität ist übrigens ein völlig legitimes Ziel zur Bewertung jeglichen Handelns, solange die Zwecke des Handelns wie die Mittel und Sozialformen der Erfüllung dieser Zwecke mit dem Prinzip der Menschenwürde für alle Menschen vereinbar sind.)

Zu den sozialen Qualifikationen wird angesichts verbreiteter Annahmen über die Entwicklung neuer Technologien besonders häufig die (kreative, soziale) *Technikgestaltung* gerechnet. Aber was soll oder kann in der Wirklichkeit der Produktions- und Administrationssysteme wirklich gestaltet werden? Die Mehrzahl Beschäftigter ist weitgehend davon ausgeschlossen, an der Gestaltung der Anspruchs*grundlage* für das Postulat der Technikgestaltung mitzuwirken. Technikgestaltung kann dann nur heißen, den *Einsatz* einer gegebenen oder einer zur Einführung in Betracht gezogenen Technik für die Erfüllung jener Arbeitsaufgabe zu gestalten, von deren Begründung der Adressat dieses Qualifikationsanspruchs in relevanter Hinsicht weitgehend ausgeschlossen ist.

c) Unter den ethisch-normativen Qualifikationsmomenten nimmt die *Verantwortungsbereitschaft* eine Sonderstellung ein, auch wenn die als klassisch geltenden industriellen Tugenden kaum an Bedeutung verloren haben oder unter ganz anderen Namen wieder auftauchen. "Gegen" die überaus verbreitete Forderung einer Erziehung zur oder der Erzeugung von Verantwortungsbereitschaft möchte ich folgende Bedenken zur Diskussion stellen: Soweit die notwendigen individuellen und gesellschaftlichen Bedingungen der Möglichkeit verantwortlichen Handelns erfüllt sind, *ist* ein Mensch verantwortlich und die Forderung nach einer Erziehung zur Verantwortungsbereitschaft entbehrlich. Solange es notwendig ist Menschen verantwortlich zu *machen*, sind diese Voraussetzungen nicht erfüllt und ist mit einer Erfüllung dieser Voraussetzungen wohl auch nicht zu rechnen. Sonst würde man nämlich nicht Verantwortlichkeit postulieren, sondern Menschen befähigen und institutionell gewährleisten, daß die Zwecke zu verantwortenden Handelns vom Verantwortlichen (mit-)bestimmt, die zur Erfüllung dieser Zwecke geeigneten und akzeptablen Mittel selbst verfügt und die Kriterien der Handlungsbewertung wiederum von denjenigen selbst beeinflußt werden können, die dann nicht mehr eigens verantwortlich "gemacht" werden müssen. Dazu gehört freilich ein hinreichendes, relevantes und bestmöglich gesichertes Wissen, das nicht auf arbeitsorganisatorisch segmentierte Zuständigkeit limitiert und auch nicht auf jene Zusammenhänge reduziert sein darf, deren Beachtung lediglich die effiziente Erfüllung unbefragter Arbeitsaufgaben gewährleistet. Wer nicht wirklich Subjekt seines Handelns und der sein Handeln letztlich bestimmenden Zwecke ist, der muß allerdings verantwortlich "gemacht" werden. Nur eine solche Verpflichtung auf ein inhaltlich konkretisiertes Sollen ist geeignet, tatsächliche Verantwortung zu begründen, an dessen Bestimmung, Geltungsbegründung und Erfüllung der je Verantwortliche selbst wesentlichen Anteil hat.

4. In Begründungen für das Erfordernis, die allgemeine und berufliche Weiterbildung auszubauen, spielen zwei Argumente eine zentrale Rolle. Zum einen wird auch in diesem Zusammenhang auf die gesellschaftliche Entwicklungsdynamik und auf das darin begründete Erfordernis lebenslangen Um- und Hinzulernens hingewiesen. Beschleunigt habe sich nicht nur der Zuwachs und die damit verbundene "Veralterung" wissenschaftlich kontrollierten Wissens, also des Wissens*angebots*, sondern auch des in der Entwicklung der Arbeitsorganisation "begründeten" Wissens-

bedarfs. Zum anderen - und diese Feststellung ist von besonderer thematischer Bedeutung - wird der Hinweis auf Weiterbildungserfordernisse und -möglichkeiten auch dazu benutzt, quantitative und qualitative Restriktionen im Grundbildungsbereich zu rechtfertigen. Im einzelnen und darüber hinaus geht es dabei u.a. um folgendes:

a) Aufgrund problematischer wirtschafts-, gesellschafts- und bildungspolitischer Rahmenbedingungen war die Zahl der Fehlqualifizierten lange Zeit bemerkenswert hoch. Erinnert sei an die Parole "(irgend-) eine Ausbildung ist besser als keine", oder an die Forderung, auf Vorrat auszubilden. Erwähnenswert ist auch die Tatsache, daß vor allem in solchen Berufen, Betrieben und Branchen über Bedarf ausgebildet wurde, in denen einerseits die Ausbildungskosten vergleichsweise niedrig bzw. die Ausbildungserträge relativ hoch und andererseits die künftigen Berufsaussichten vergleichsweise ungünstig waren. Unter Voraussetzungen dieses Typs dient(e) Weiterbildung immer auch der "Kompensation" jener Planungsfehler (im Bildungs- und Beschäftigungssystem), mit denen insbesondere aufgrund struktureller Mängel jeder Bildungsplanung regelmäßig gerechnet werden muß.

b) Weiterbildung sollte Gelegenheit bieten, die unter restriktiven Arbeitsmarkt- und Lehrstellenmarkt-Bedingungen zunächst aufgeschobenen ökonomisch-finanziellen, berufsinhaltlichen und auch soziokulturellen Ansprüche einzulösen, und zwar bevor noch an beruflichen und sozialen Aufstieg zu denken war. Weiterbildung sollte also einen Bildungsbedarf decken, der über unmittelbare Gelegenheiten oder Anforderungen zur Qualifikationsverwertung hinausgeht.

c) Die Zahl der (zu) niedrig Qualifizierten und der jungen Erwachsenen ohne Ausbildung ist immer noch bemerkenswert hoch. Diese Feststellung wird als eine weitere Ableitungsvoraussetzung für die (allerdings relativ illusionäre) Forderung nach Weiterbildung zwecks *Nach*qualifizierung angesehen.

d) Analog verhält es sich mit dem Qualifikationsbedarf für traditionell oder durch herkömmliche gesellschaftliche Praxis benachteiligte gesellschaftliche Gruppen. In diesem Zusammenhang werden besonders häufig ausländische Bürger, aber auch Frauen erwähnt.

e) Die am häufigsten genannte, aber auch informationsärmste Begründungsformel bezieht sich - wie erwähnt - auf den permanenten, immer rascheren und tiefgreifenderen Strukturwandel in Wissenschaft, Wirtschaft, Technik und Gesellschaft. Daraus wird die Forderung ständigen Um- und Hinzulernens "abgeleitet". Weiterbildung, in diesem Zusammenhang auch als "Anpassungsweiterbildung" bezeichnet, wird dabei immer mehr zu einem Instrument flexibler betrieblicher Personalpolitik. Jedoch in dem Maße, in dem betriebliche Weiterbildung auf betriebsspezifische Arbeitsaufgaben reduziert bleibt, wird den Weitergebildeten die Gelegenheit vorenthalten, ihre Arbeitsmarktposition zu verbessern.

f) Schließlich ist auch für den Weiterbildungsbereich ein Effekt allgemeiner Bildungsexpansion anzunehmen: Je mehr Menschen weiterführend qualifiziert sind, desto stärker wird unter gegebenen Bedingungen der "Zwang", durch Weiterbildung die individuelle Konkurrenzfähigkeit zu erhalten oder gar zu verbessern. Umso stärker werden auch die Fähigkeiten einzelner und deren Bereitschaft zur Weiterbildung zunehmen.

Ich verzichte darauf, die skizzierten Begründungen für den Ausbau der Weiterbildung - über einige Andeutungen hinaus - kritisch zu analysieren. Statt dessen möchte ich einige übergreifende Erwägungen zur kritischen Würdigung des bisher Skizzierten zur Diskussion stellen.

IV.

Zunächst wäre nach den *Kriterien* für eine Beurteilung zu fragen: Welchen *Zwecken* dienen jene Organisationsformen gesellschaftlichen und insbesondere beruflichen Handelns, auf die in Begründungen jeweiliger Qualifikationsanforderungen Bezug genommen wird? Wer ist *Subjekt* der Bestimmung zunächst der Zwecke und sodann der Qualifikationsanforderungen? Wessen *Interessen* kommen in den Zweckbestimmungen und Qualifikationsanforderungen zur Geltung?

Die informative Beantwortung dieser Fragen wird durch die schon beanstandete Abstraktheit und Undifferenziertheit der dafür zentralen Begriffe erschwert. Es fehlt nicht an Vokabeln, die das Herz jedes Humanisten höher schlagen lassen. Vernachlässigt werden (1.) inhaltliche Spezifizierungen und Differenzierungen sowie (2.) eine ausreichende Berücksichtigung der realen gesellschaftlichen und beruflichen Bedingungen der Möglichkeit, das zu werden, zu sein und zu leben, was bildungstheoretisch, bildungspolitisch und bildungspraktisch postuliert wird.

1. Über die Abstraktheit und Undifferenziertheit der Qualifikationsanforderungen wurde bereits einiges ausgeführt. Insgesamt kommt dabei die Befähigung zur kritischen Befragung und die praktische Ermöglichung einer Beeinflussung insbesondere der Zwecke und Inhalte jenes Handelns zu kurz, für das oft allzu abstrakte Qualifikationen gefordert oder beansprucht werden.

2. Wenn freilich auf einen bestimmten Grad an Abstraktion nicht verzichtet werden kann und muß, dann sollten aber zumindest die *realen gesellschaftlichen und insbesondere die institutionalisierten Bedingungen der Möglichkeit*, abstrakt benannte Qualifikationen zu realisieren und zu verwenden, in die Analyse, in die Programmatik und in die Praxis der Qualifizierung einbezogen werden. Jede einzelne Schlüsselqualifikation erfährt ihre Inhaltsbestimmung auch in jener Position, die der Qualifizierte in der gesellschaftlichen und beruflichen Hierarchie, im Betrieb und in der jeweiligen Arbeitsorganisation einnimmt. Gestaltungsfähigkeit, Verantwortungsbereitschaft, Kooperationsfähigkeit ... bedeuten je nach Stellung in der betrieblichen und gesellschaftlichen Hierarchie inhaltlich häufig etwas sehr Verschiedenes, manchmal sogar etwas Gegensätzliches, beispielsweise: Sich (mit Fingerspitzengefühl) *durchzusetzen* versus jeweilige Anordnung gewissenhaft und effektiv *erfüllen*.

   Nicht jeder dieser Unterschiede muß problematisch sein, aber auch längst nicht jeder ist unproblematisch. In dem Maße, in dem die Begründung einer Handlungsaufforderung und einer Handlung sich inhaltlich argumentativ überzeugend und konsensfähig auszuweisen vermag und menschliche Diskriminierung ausschließt, hätte die Beweislast beim Kritiker der Handlungsaufforderung oder Handlung zu liegen. In dem Maße jedoch, in dem die Wahrheit der Argumente zur Handlungsbegründung durch die soziale (auch institutionelle) Macht der Geltendmachung dieser Argumente ersetzt oder beeinträchtigt wird, ist die "zu verantwortende" gesellschaftliche Praxis problematisch. Da der Übergang zwischen einer Geltungsbegründung durch wahrheitsfähige Argumente einerseits und durch argumentativ nicht bevollmächtigte soziale Macht andererseits fließend ist, bleibt die *kritische* Analyse und Kontrolle hierarchisch strukturierter gesamtgesellschaftlicher Handlungszusammenhänge eine Daueraufgabe. Vielleicht läge in der Erfüllung dieser Aufgabe das *Zentrum* einer (neuen) Allgemeinbildung!

Resümee und Ausblick

Politische, ökonomische und technische Strukturwandlungen werden - auch in pädagogischen Aussagen- und Handlungszusammenhängen - immer wieder als "Ableitungsvoraussetzung" für Maßgaben bildungspolitischen und bildungspraktischen Handelns interpretiert und damit auch "anerkannt". Die Auffassung, daß gesellschaftliche, politische, ökonomische oder technische Veränderungen an "den Menschen" oder an "das Bildungswesen" bestimmte Anforderungen stellen, ist ebenso falsch wie verbreitet. Dabei wird nämlich übersehen, daß die diagnostizierten und (unzuverlässig) prognostizierten Veränderungsprozesse einerseits aus gesellschaftlicher Praxis resultieren und also jene (größere oder geringere) Handlungskompetenz zur Voraussetzung haben, für die sich in gesellschaftlicher Arbeitsteilung pädagogische Zuständigkeiten herausgebildet haben. Auf der anderen Seite sind aus gesellschaftlicher Praxis resultierende Tatsachen niemals nur Gegebenheiten, die eine Unterwerfung "des" Menschen und seiner Bildung oder Erziehung erfordern oder gar rechtfertigen, sie sind vielmehr immer auch "Aufgegebenheiten", d.h. Gegenstände der *Bewertung* und änderbare Bedingungen der *Gestaltung* dieser Praxis. Die "Ableitung" von Anforderungen hat also wertende Stellungnahmen zu jenen Feststellungen zur Voraussetzung, in denen die bloß faktischen Ableitungsvoraussetzungen beschrieben werden.

Die Betonung einer relativen Unabhängigkeit bzw. Eigenständigkeit der personalen Entwicklungsaufgabe impliziert freilich nicht die Anerkennung der unter Pädagogen ebenso verbreiteten Neigung oder Forderung, Bildung und Erziehung seien "rein anthropologisch" zu begründen. Wer gegen die Vereinseitigung einer "nachfrageorientierten" Argumentation in Bildungspolitik, Bildungsforschung und Bildungspraxis allzu abstrakt "das Bürgerrecht auf Bildung" reklamiert, der übersieht, daß Subjekte eines solchen Rechts durch eine gesellschaftliche Praxis geradezu gezwungen werden, die vorfindlichen gesellschaftlichen und ökonomischen Chancen der "Verwertung" ihrer Bildung und Qualifikation (wie undurchschaut bzw. unreflektiert auch immer) zu antizipieren und bei der Geltendmachung ihres Rechtes zu "realisieren". Zuvor und ganz elementar konstituieren jene Lern- und Bildungsbedürfnisse, auf die Erziehungsphilosophen so nachdrücklich zu rekurrieren neigen, sich allererst in der Auseinandersetzung mit den soziokulturellen Gegebenheiten, unter denen die jeweiligen Bedingungen für individuelle Anerkennung und gesellschaftlich-berufliche Karriere zentrale Bedeung haben.

Individuelle Entwicklungsmöglichkeiten und soziokulturelle Entwicklungsgelegenheiten stehen in einer dialektischen Wechselbeziehung, und zwar sowohl faktisch als auch normativ im Sinne personaler wie sozialer Entwicklungs*aufgaben*. Bildung und Erziehung haben sich auf die gesellschaftliche Wirklichkeit zu beziehen, ohne sich ihr zu unterwerfen. Sollen die viel diskutierten gesellschaftlichen Veränderungsprozesse von allen Menschen nicht bloß reaktiv und affirmativ, sondern konstruktiv und innovativ gestaltet werden, so müssen dafür in der pädagogischen Praxis die notwendigen Voraussetzungen geschaffen werden. Der Beitrag, den wissenschaftliche und pädagogische Praxis zur Weiterentwicklung unseres Gemeinwesens leisten können, hängt unter anderem von der Urteils- und Handlungskompetenz der Subjekte gesellschaftlicher Praxis und von der Qualität der diese Praxis fundierenden und ermöglichenden Arbeit von Erziehungswissenschaftlern und Erziehungspraktikern ab.

Wenn meine Behauptung richtig ist, daß keine Arbeitsorganisation unberücksichtigt lassen kann, was konkrete Menschen letztlich leisten können und leisten *wollen*, dann läge darin *die* Möglichkeit humanitärer Innovation gesellschaftlicher Praxis begründet, vorausgesetzt, die Beschäftigten würden sich in menschlich ruinösem Wettbewerb nicht selbst zur Aufgabe ihrer humanitären Ansprüche zwingen. Diese hier nur grob skizzierbare Perspektive hat zwei Aspekte, und zwar einen pädagogischen und einen politischen:

1. Pädagogisch wären Lernende zu befähigen, gesellschaftliche, ökonomische und politische Handlungszusammenhänge zu durchschauen, den eigenen Standort darin zu bestimmen und Organisationsformen zu nutzen oder zu entwickeln, in denen konsensfähig begründete eigene Interessen sozialstrukturell, ökonomisch und politisch geltend gemacht werden können. Nicht Affirmation, sondern kritische Kompetenz wäre die Leitkategorie dieses pädagogischen Programms. Die Zuständigkeit des Bildungssystems erstreckt sich auf die *personimmanenten Voraussetzungen* dafür, daß gesellschaftliche Praxis und berufliche Arbeit nicht *nur* effektiviert, sondern auch kultiviert werden. Dazu genügt es nicht, "abgeleitete" Qualifikationsansprüche betriebspsychologisch zu "humanisieren". Die Adressaten des Bildungssystems müssen befähigt werden, die Anspruchs*grundlagen* für Qualifikationsanforderungen verantwortbar mitzugestalten.

2. Für das Bildungssystem Zuständige hätten als Anwälte der heranwachsenden Generation energisch zu versuchen, in *allen* Bereichen der Politik und der gesellschaftlichen Praxis die immer wieder beschworenen und deklarierten Rechte der nachwachsenden Generation inhaltlich und konsequent zu vertreten. Es geht hier also um die Geltendmachung humanitärer Ansprüche bei der Gestaltung gesellschaftlicher Praxis und insbesondere des Beschäftigungssystems. *Innere* Schulreformen, rein innerpädagogische Qualitätsverbesserungen effektivieren und legitimieren auch jene Qualifikationsverwertung, die mit den Idealen unserer christlich-humanitären Tradition und der Tradition der Aufklärung *nicht* vereinbar ist. Wer die gesellschaftlichen, ökonomischen und beruflichen Bedingungen der Möglichkeit humaner Existenz bei innerpädagogischen Reformen außer Betracht läßt, der liefert den humanitär Qualifizierten diesen Verwertungsbedingungen aus. So hätten Pädagogen - um es an einem Beispiel zu konkretisieren - Einspruch einzulegen gegen jede Organisation gesellschaftlich notwendiger und wünschenswerter Arbeit, die auch nur den geringsten Anlaß dafür böte, einer bestimmten Anzahl von konkreten Menschen entweder bestimmte *Inhalte* oder bestimmte *Grade* von Bildung vorzuenthalten, nur damit der in

einer Gesellschaft immer noch bestehende Bedarf auch an Minderqualifikation und an Unterwerfung motiviert, engagiert, konzentriert und mit Freude erfüllt wird. Hohe Qualifikation ist eine notwendige, nicht aber auch schon hinreichende Voraussetzung kritischer Kompetenz.

Wenn die bisherigen - wie auch im einzelnen zu beurteilenden - Ergebnisse "der" Bildungs- und Qualifikationsforschung eines zeigen, dann ist es dies, daß es weder Sachzwänge noch deterministische Zusammenhänge gibt. Alle Bezugsgrößen hier thematischen ökonomischen und pädagogischen Handelns sind *Ergebnisse, Bedingungen und Aufgabenfelder gesellschaftlicher Praxis und damit Inhalte gesellschafts- und bildungspolitischen Handelns.*